HZ BOOKS

华 章 图 书

一本打开的书，一扇开启的门，
通向科学殿堂的阶梯，托起一流人才的基石。

金融科技

INTELLIGENT RISK CONTROL PLATFORM
Architecture, Design and Implementation

智能风控平台
架构、设计与实现

郑 江◎著

机械工业出版社
China Machine Press

图书在版编目（CIP）数据

智能风控平台：架构、设计与实现 / 郑江著 . -- 北京：机械工业出版社，2021.7（2022.6 重印）

（金融科技）

ISBN 978-7-111-68638-5

I. ①智…　II. ①郑…　III. ①金融风险 - 风险管理 - 管理信息系统　IV. ① F830.2

中国版本图书馆 CIP 数据核字（2021）第 138392 号

智能风控平台：架构、设计与实现

出版发行：机械工业出版社（北京市西城区百万庄大街 22 号　邮政编码：100037）

责任编辑：董惠芝　李 艺　　　　　　　　　　　责任校对：马荣敏

印　　刷：固安县铭成印刷有限公司　　　　　　版　　次：2022 年 6 月第 1 版第 2 次印刷

开　　本：186mm×240mm　1/16　　　　　　　印　　张：15.75

书　　号：ISBN 978-7-111-68638-5　　　　　　定　　价：89.00 元

客服电话：（010）88361066　88379833　68326294　　　投稿热线：（010）88379604

华章网站：www.hzbook.com　　　　　　　　　　读者信箱：hzjsj@hzbook.com

为何写作本书

回顾过去二十年科技发展历程，从传统行业时代跨越到互联网时代，再到现在的数字科技时代，不断涌现和创新的技术，都是每个时代演进的核心要素。得益于科技浪潮的红利，各行各业都在快速发展，但是随之而来的风险也在不断增加。这种技术催生的新风险，应该用技术来抗衡。

作为一名入行多年的互联网风控从业人员，我见证了互联网业务的高速增长，也见证了互联网业务的风险肆虐，深知互联网业务的风控的重要性，希望能写一本书，分享我对智能风控平台的最新思考和总结，展示如何基于实际行业场景构建智能风控平台，并进一步展示智能风控平台对风险控制的价值。

本书主要特点

随着互联网的发展，各种与互联网业务相关的风险不断滋生，例如娱乐、游戏、社交、电商、金融等行业的营销风险、支付风险、运营风险、欺诈风险、信用风险等，不仅种类多而且迭代快，这就需要有更高效、更智能的风险控制技术和平台来应对。

本书介绍的智能风控平台主要是基于不同业务场景的智能风控方法而构建的通用产品体系，是一个从数据到计算再到决策并应用于业务的全流程产品平台。该智能风控平台的系统产品能够承载互联网业务中的大部分风险控制方案。

本书以金融行业的智能风控为例，从宏观平台到微观系统，逐步深入，突出智能风控平台和实际业务的紧密联系，通过对风控基础知识的介绍，风控原理的介绍，再到风控平台的架构、设计和实现的介绍，由浅入深地指导读者构建智能风控平台。

本书读者对象

本书是一本包含基础风险知识、基础风控知识、风控系统产品知识的智能风控平台设计书，适合以下几类读者阅读：

❑ 风控专业领域的产品人员、模型人员、策略人员、技术研发人员和风控业务人员；

❑ 互联网风控、金融行业从业人员；

❑ 对风控和反欺诈技术感兴趣的人员。

本书内容

本书分为智能风控基础、智能风控平台和智能风控平台设计三部分，共7章。第一部分（第1～3章）主要是对智能风控基础知识的论述，包含智能风控的定义、智能风控的进化史、智能风控的业务应用等内容。第二部分（第4～5章）主要是对实现智能风控平台系统的介绍，包含智能风控平台的业务架构、智能风控平台系统的功能架构、智能风控平台系统的技术架构等内容。第三部分（第6～7章）是对智能风控平台产品功能设计的介绍，包含智能风控平台的核心系统，如决策引擎系统、指标管理系统、接口管理系统、风险管理系统，以及次核心系统，如贷中监控系统、贷后管理系统、平台管理系统。

致谢

感谢我的爱人、我的同事对我写作的全力支持。

Contents 目　　录

智能风控基础

各行各业都存在着风险，智能风控是对风险的科学化、自动化、智能化控制管理。智能风控的核心目标是对抗风险、提升效率、增加精准度、提高规避风险的能力。第一部分分为3章，介绍智能风控的基础知识，包括智能风控的概念、智能风控的历史、智能风控在业务场景中的应用。

认识智能风控

万千世界中事物的发展总是伴随着不确定性，蕴藏着风险。从某种意义上说，人类社会的进步是建立在人类识别风险、应对风险的能力提升的基础之上的。风险的识别和应对可以追溯到很久以前，例如古人通过囤积粮食或者根据时令播种来应对气候等不确定因素对收成的影响。风险的识别和应对通过体系化的方法和科学技术的加持逐步发展成专业风控。对人类而言，风控既熟悉又陌生，熟悉的是风险无时无刻不在，陌生的是系统、科学的风控方法。本书的核心是智能风控，但是智能风控的基础是传统风控，不管是智能风控还是传统风控，依赖的核心都是风控，所以在介绍智能风控之前，我们需要先理解风控。

1.1 什么是风控

风控是一个抽象的概念，是风险控制的简称。风控最开始是由趋利的需求主导的，是为了规避不确定的风险而诞生的一种经验，这种经验通过和科学知识的结合逐步形成标准化、体系化的方法论。本节主要介绍风控的定义和作用以及现有主流的大数据风控和智能风控。

1.1.1　风控的定义和作用

在解读风控前,首先应该对风险有清晰的认识。风险指的是未来结果的不确定性或损失,换句话说,风险就是不确定性,而不确定性可能造成损失。从具体表现来看,风险分为狭义风险和广义风险:狭义风险表现为损失的不确定性,说明风险只能表现出损失,没有从风险中获利的可能性;广义风险表现为成本或代价的不确定性,最终的风险结果会出现损失、盈利和盈亏平衡三种可能。风险在商业中是客观存在的,图 1-1 是抽象后的商业模型。

利润等于收入减去成本,所以狭义风险直接表现为利润为负,广义风险直接表现为成本、收入不可确定,最终导致利润不可确定。风险、不确定性、利润在一般情况下是成正比关系的,图 1-2 展示了一般情况下三者的关系图。

图 1-1　商业模型

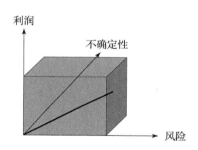

图 1-2　一般情况下的风险、不确定性、利润的关系图

风控指风险管理者采取各种措施和方法,减少或者消灭风险事件发生的各种可能性,减少风险事件发生时造成的损失。风险控制实际上是风险管理的一个流程。

有效的风险控制,可以通过清晰地识别风险类型,采取多维的控制措施和方法,尽可能地避免风险的发生,并且减少风险发生造成的损失,在商业上实现最大化的利润输出。

比较经典的风险控制模型是领结图,它因形似男士的领结形状而得名,能够抽象地表达出风险控制的核心元素,如图 1-3 所示。

图 1-3 中各名词解释如下。

❏ 触发事件:特定的动作或动作流。

❏ 阻止措施:阻止风险源演变成风险事件的方法。

❏ 风险事件:危险元素不断积累到意外释放,造成持续损失,是一个持续化的过程。

❏ 缓解措施:缓解发生的风险事件造成的后果。

❏ 后果:风险事件导致的损失。

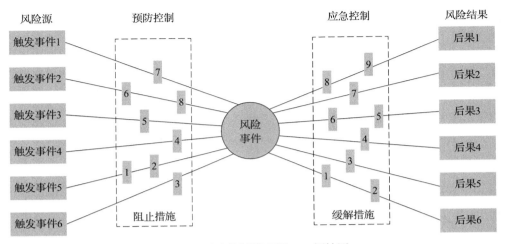

图 1-3 风险控制模型图——领结图

在风险控制模型中，风险源会诱导风险事件爆发，而风险事件会产生不同的后果。在风险源演变成风险事件前，可以通过不同的阻止措施进行预防控制；在风险事件造成风险结果后，可以通过不同的缓解措施对风险事件造成的损失进行应急控制。

常用的风险控制流程主要包括风险识别、风险分析、风险决策、风险监控、风控优化，图 1-4 是连续风险控制流程图。

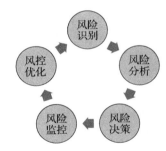

图 1-4 连续风险控制流程图

1. 风险识别

在风险控制之前，必须先识别出风险事件才能对风险进行控制。识别风险就是对风险进行收集，需要明确风险的类型，风险在什么时候、什么地点发生，风险发生的机制，风险发生的条件等要素。

2. 风险分析

风险识别完成之后，可以进行风险分析。风险分析是对未知风险事件的定位、可能性判断以及风险结果的确认。风险分析方法主要包括定性分析和定量分析，涉及两个维度：一是风险发生概率的分析，二是风险结果的分析。按照风险发生概率的高低，对风险发生可能性进行等级划分，可分为很易发生、较易发生、可能发生、较不易发生、不易发生。按照风险影响的大小，对风险结果进行等级划分，可分为影响特别大、影响大、

影响较大、影响一般、影响小。结合风险发生概率、风险结果影响，运用风险的定性和
定量分析，通过矩阵分析确认风险等级。表 1-1 是风险等级矩阵分析表。

表 1-1　风险等级矩阵分析

风险结果影响＼风险发生概率	很易发生	较易发生	可能发生	较不易发生	不易发生
影响特别大	VI	VI	V	V	IV
影响大	VI	V	V	IV	III
影响较大	V	V	IV	III	II
影响一般	V	IV	III	II	II
影响小	IV	III	II	II	I

　　风险等级矩阵是一种风险可视化的工具，主要用于风险的评估，根据不同的使用场
景，可以对发生概率、结果影响进行自定义划分，如表 1-1 将风险划分为罗马数字 I（低
风险）、II（中风险）、III（较高风险）、IV（高风险）、V（严重风险）、VI（特严重风险）的
6 个等级，每个交叉点的风险等级根据实际风险发生的概率和结果的影响共同决定。不同
场景对风险等级的划分不同，风险等级矩阵方法具有通用性，但是风险等级的划分，对
每个场景具有唯一性。

3. 风险决策

　　风险决策是指在将风险识别出来并且分析评估后，制定风险预防和缓解方案，发起
风险降低行动。风险决策是风险控制的关键，优秀的风险预防、缓解方案可以很好地减
少风险带来的损失。

4. 风险监控

　　把风险决策投入降低风险行动中，就能够控制风险吗？风险控制的效果到底怎么样
呢？为了评估风险控制的效果，我们需要引入风险监控。风险监控是指对风险决策的能
效和作用结果进行回溯，提炼出能够评估风险决策稳定性和作用质量的指标。例如在信
贷风控业务中，对风控模型的监控是通过"首期逾期比例""连续逾期超过 90 天"等指标
进行判断的。

5. 风控优化

　　风控优化是在成熟风险控制的前提下，对通过风险监控反馈出来的风控决策效果进
行风控决策方案的优化调整，实现风险控制的循环迭代和持续优化。

1.1.2 什么是大数据风控

大数据风控即大数据风险控制，是指利用大数据构建模型的方法对风控目标进行风险的控制和风险提示。大数据风控中大数据、模型作为核心要素在风险控制中起着关键的作用，抽象出来就是图 1-5 所示的大数据风控模型图。

图 1-5 大数据风控模型图

大数据风控模型也是大数据风控的核心流程。首先将大数据输入风控模型，由风控模型通过决策引擎系统进行数据的运算和策略决策，最终通过决策引擎输出风控结果或者风险提示。

互联网时代，大量的数字信息被记录、存储下来，形成了一个巨大的数据库。通过对这些数据进行大规模的运算、深度的挖掘，提炼出可用的有价值的信息，指导风险控制，提升风险控制质量和效率。互联网时代催生了风控技术的多样化，推动了风控技术的发展。

大数据风控与传统风控的基础理论本质没有发生大的变化，都是对目标信息的决策。相比传统风控，大数据风控的优势是数据量大、数据维度丰富、风控客观、效率高、适用范围广。

1. 数据量大

互联网的发展带来了数字信息的爆发式增长，根据 IDC 预测，2017 年全球的数据总量为 21.6ZB（1ZB 等于 2^{70}B），预测到 2025 年全球数据总量达到 175ZB，我国的数据量将达到 48.6ZB（1ZB 等于 2^{60}B）。拥有了足够多的数据，基于大量数据的风险挖掘才有用武之地。大数据是支撑大数据风控的基础。

2. 数据维度丰富

大数据通常分为结构化数据、半结构化数据、非结构化数据三种类型。结构化数据指能够用数据或者统一结构来表示的信息，是高度组织和整齐格式化的数据，业界多指关系模型数据（即用关系型数据库管理的数据），如姓名、身份证、电话号码、地址等。半结构化数据是介于结构化数据与非结构化数据之间的数据，是数据的结构和内容混在一起、没有明显区分的一种自描述信息，如 XML、JSON 等文档数据。非结构化数据是没有固定结构的数据，即在数据库中的字段长度不可控，如 Word 文件、图片、视频、语音等数据。大数据的三种类型包含个人数据、行为数据、社交数据、事件数据、机器和传感器数据等多维数据。大数据风控根据多维数据实现目标全面的风控画像，输出丰富的风险特征，实现全面的风险控制。丰富的数据维度助推了风控的多元发展。

3. 风控客观

大数据风控不仅包含传统风控的经验判断，还包含非传统风控的数据分析和决策，它采取技术手段对多维数据进行客观分析、评审，覆盖尽可能多的风险因子以确保风控的全面性。大数据风控在运行逻辑上弱化事物的因果关系，更强调统计学的相关性，可以有效地避免人为主观判断造成的失误。客观风控更能确保风控的准确性。

4. 效率高

大数据风控可以通过技术方法进行数据的实时采集，使用预制的风控模型对采集的数据进行实时的风险评级，实现秒级的风控结果输出、对风险的毫秒级处理。大数据风控省去了传统风控烦琐的风控流程，提高了风控的效率。

5. 适用范围广

传统风控根据具体的垂直行业进行风险控制方案的输出，其方案存在特殊性和唯一性，导致适用范围受限，且传统风控受限其垂直领域的数据，例如金融信贷风控，传统风控方案在征信数据缺失的时候，就会面临风险无法定性、定量的尴尬局面。但大数据风控在征信数据缺失时，可以通过对客户的其他数据（如消费数据、行为数据、个人基本数据、社交数据等）进行风险的定性和定量分析，最终输出风险评级，因此大数据风控适用范围更广。

1.1.3　什么是智能风控

智能风控是指在大数据风控的基础上，通过强化算法、算力等人工智能技术对风险进行深度挖掘，实现全链路风险控制的自动化、高效、准确。智能风控是互联网时代技术发展的产物，是"站在大数据风控肩上的巨人"。大数据风控是对数据的初级运用，而智能风控则是对数据的充分运用。

智能风控的核心是人工智能和大数据。伴随着互联网的发展，互联网金融也蓬勃发展，风控方法根据风险的演变不断优化迭代，从人工审核→自动化审核→智能化审核，从单一风险控制→多维风险控制→多维多流程风险控制，智能风控一直在和升级的风险对抗，不断优化迭代，例如在金融信贷业务中，引入了图文识别、活体检测、地理位置追踪等反欺诈高新技术。智能风控模型常用的先进机器算法有神经网络算法、随机森林算法、决策树算法、梯度算法、遗传算法等。结合智能的风控业务平台，智能风控在风险的识别精度、效力、效率等方面都有长足进步。

1.2 风控的目标

风险控制是风险管理的一个流程，也是一种方法。任何风控行为都有一个特定的目标。很多时候风控目标都是以结果去定量的，认为能够减少损失的风控就是优秀的风控，显然这样的理解是狭隘的。风控的效力可以通过风控结果去定量，但是并不是减少损失的风控就是优秀的风控。风险和收益是紧密相关的，风控如果只考虑控制风险，忽略了权衡收益，最终可能本末倒置。很多投资、金融风险的控制就是如此，例如现金贷的风控目标就是在风险可控的范围内尽可能地实现收益的最大化，这样的风控目标实际应该拆解为三部分——控风险、稳增长、保平衡。

1.2.1 控风险

现金贷企业的盈利模式如图 1-6 所示。

如图 1-6 所示，现金贷企业借款给客户 5 万元，到期后客户归还 5.5 万元给企业，企业从中获得 0.5 万元的利润，这 0.5 万元就是金融信贷中的利息费。实际业务中存在的风险主要是客户的信用风险包含还款意愿风险和还款能力风险，如客户存在逾期不还款情况，最终会导致归还给企业的钱变少或者没有，从而给企业带来损失。现金贷企业的利润计算公式如下：

图 1-6 现金贷企业的盈利模式

$$利润 = 还款金额 - 逾期未还金额 - （资金成本 + 其他成本）$$

现金贷的利润由企业收入（还款金额）、客户风险（逾期未还金额）、企业成本（资金成本 + 其他成本）共同决定，其中企业收入与企业成本在产品初期就可以确定，但是客户风险却有不确定性。因此现金贷企业的利润和客户的风险息息相关，现金贷企业对客户风险的控制是其风控目标的核心。换句话说，现金贷企业的风险控制（即信贷风控）主要是识别客户的信用风险，传统的方法就是对客户的还款意愿、还款能力进行风险分析和评估。随着大数据的发展，数据维度越来越丰富，对于信用风险评估的维度也在丰富，通常是对客户的个人基本信息、历史信用信息、履约能力、消费信息、社交信息等进行风险分析和评估。

1.2.2　稳增长

现金贷企业经营的业务逐渐趋于稳定，企业的客户风险发生的概率、产生的损失也会趋于稳定，企业的利润受客户风险的影响，同时也受企业收入的影响。金融信贷类业务市场和风控总是相互矛盾的，企业的生存既需要依靠市场，又需要依靠风控，所以市场和风险总是在相互博弈。例如某现金贷企业，客单贷款金额是 5 万、年利率为 10%、客单资金成本是贷款金额的 4%、客单其他成本是贷款金额的 1%，根据风险等级把客户分为 A、B、C、D、E 五个等级，五个等级客户的逾期未还款（这里指坏账）率分别为 1.0%、1.5%、3.0%、6.0%、7.0%，A、B、C、D、E 五个等级分别有 2 000 个客户，则该现金贷企业的利润收入如表 1-2 所示。

表 1-2　某现金贷企业的利润收入

风险等级	客户数量	客单贷款金额（元）	利息（年）	客单资金成本	客单其他成本	逾期未还款率	利润（元）
A	2 000	50 000	10%	4%	1%	1.0%	4 000 000
B	2 000	50 000	10%	4%	1%	1.5%	3 500 000
C	2 000	50 000	10%	4%	1%	3.0%	2 000 000
D	2 000	50 000	10%	4%	1%	6.0%	−1 000 000
E	2 000	50 000	10%	4%	1%	7.0%	−2 000 000
合计							6 500 000

从表 1-2 中可以看出，现金贷企业的利润合计为 650 万元，虽然总利润为正，但是其中 D、E 等级的客户因为违约率太高、利润为负，导致总利润下降，如果风控未识别出风险等级为 D、E 的客户，即未对高风险客户进行拦截，导致 D、E 客户数量大量增加，最终可能导致亏损。此外，企业风控识别出了风险客户，但是由于市场客户整体信用太差，大部分客户被拦截，最终能够放款的客户太少，使得收入低于企业成本，导致企业出现亏损。实际中的信贷业务也会存在市场和风控博弈的关系，市场想要拓展收入，会

增加客户数量，但是并不会考虑客户的风险情况，而风控想要降低坏账率，必定会限制放款的客户数量，最终就形成了市场和风控的博弈。优秀的风控不能只考虑风险的控制，还应该考虑企业经营利润最大化。比如，可以对上例中的现金贷企业的客户风险等级再进行精细化分析，在 C、D 风险等级中加入 C1 风险等级，且 C1 风险等级的客户满足收入大于等于企业成本和坏账损失，并且对 C1 以下的客户（包含 D、E 风险等级的客户）进行拦截，在拦截坏账客户的同时对 C1 以上的客户（包含 A、B 风险等级的客户）进行扩大放款，基于市场和风控的平衡实现企业利润的增长。风控、营收、利润相辅相成，风险控制是核心，稳定增长是方向，保持平衡是目的。

1.2.3 保平衡

保平衡即保持风险和市场的平衡。在稳增长中 D 风险等级的客户实际的利润表现为负，并未给企业带来利润，所以我们对客户进行精细化分析，拆解出了满足收入等于企业成本和坏账损失的 C1 风险等级客户，并在一开始对风险等级为 D、E 的客户进行拦截。表 1-3 是某现金贷企业精细化利润表。

表 1-3　某现金贷企业精细化利润表

风险等级	客户数量	客单贷款金额（元）	利息（年）	客单资金成本	客单其他成本	逾期未还款率	利润（元）
A	2 000	50 000	10%	4%	1%	1.0%	4 000 000
B	2 000	50 000	10%	4%	1%	1.5%	3 500 000
C	2 000	50 000	10%	4%	1%	3.0%	2 000 000
C1	500	50 000	10%	4%	1%	5.0%	0
D	0	50 000	10%	4%	1%	6.0%	
E	0	50 000	10%	4%	1%	7.0%	
合计	6 500						9 500 000

细化风险等级以及拦截风险客户之后，虽然最终放款客户数量减少到了 6 500 个，但是利润却增长到了 950 万元。

风控和利润的抽象关系如图 1-7 所示。

风控强度小于 V 时，随着风控强度的下降，利润下降，实际现金贷业务中表现为对 C1 风险等级下的客户（即 D、E 等级的客户）进行了放款，此时客户产生的坏账已经超过了客户带来的利润。风控强度大于 V，随着风控强度的增强，利润下降，实际现金贷业务中表现为 C1 风险等级以上的客户被拦截，即利润为正的客户被拦截。当风控强度等于

V 时，此时的利润最高，为 T，实际现金贷业务中表现为 C1 风险等级确认且 C1 风险等级以下的客户被拦截。实际现金贷企业的市场、业务都是动态变化的，风控与市场的平衡也是动态变化的，维持利润的最大化对应的风控策略需要跟随市场、业务进行动态调整，因此保持风险和市场的动态平衡、实现企业利润持续最大化是目的。

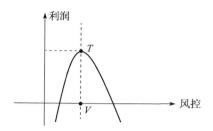

图 1-7 现金贷企业风控和利润的关系图

风控目标三部曲是控风险、稳增长、保平衡：控风险是现金贷企业的核心，只有做好了风险的控制才能决定企业未来可以走多远；稳增长是现金贷企业的方向，只有源源不断的新增优质客户才能使企业的收入持续增长；保平衡是现金贷企业的目的，只有保持好风控和市场平衡才能够使企业持续获得最大利润。

1.3 风险的管理

风险管理是指企业、个人或者组织把未来发生风险的概率和发生风险后造成的损失通过风险控制降至最低的管理过程。风险管理技术主要围绕风险的识别、风险的分析、风险的决策、风险的监测和风险技术的迭代展开，风险管理的核心流程就是持续风险控制的流程。风险管理是企业长远发展的核心，风险管理是项目成功的关键要素。

金融企业出生就带金融风险属性，金融风险广泛存在于金融企业中，金融风险管理作为金融企业的核心，一直以来都是金融企业的首要任务，后面主要围绕金融风险讲述风险的管理。在讲述金融风险的管理之前，首先简单了解下什么是金融、什么是金融风险，以及什么是金融风险管理。

1. 什么是金融

金融是货币资金融通的总称，是以货币本身为经营标的、通过货币融通使货币增值的经济活动，主要指与货币流通和银行信用相关的各种活动。

2. 什么是金融风险

金融风险是指金融活动中产生的风险，如市场风险、信用风险、法律法规风险、流动性风险等。

3. 什么是金融风险管理

金融风险管理指金融风险的控制过程，包含金融风险的识别、分析、评估、决策等。金融风险是客观存在的，不能完全规避，且金融风险只有部分能够量化。金融风险管理的目的不仅是降低风险，还包括风险控制下的利益最大化。

金融风险管理是一门复杂的学科，也是一个体系化的工程，本书只会简要介绍银行风险管理的常用框架。根据巴塞尔协议定义的八大风险类型，银行主要是通过三道防线、七大系统、五大体系进行风险的管理，银行常用的风险管理模型如图 1-8 所示。

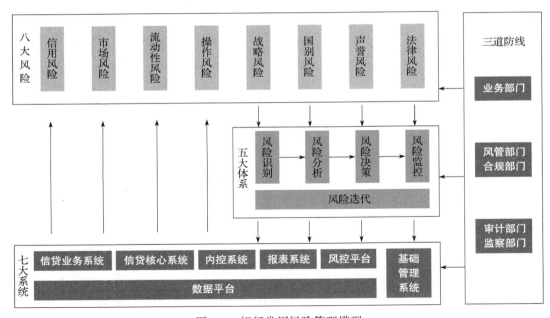

图 1-8　银行常用风险管理模型

可用一句话简单概括银行风险管理模型，即什么人（三道防线，即组织和角色）基于什么工具（七大系统，即工具）通过什么方法（五大体系，即风控方法和流程）控制了什么风险（八大风险，即风险类型）。

1.3.1　三道防线

三道防线是指根据组织和角色划分关联的银行核心部门，分别是业务部门、风管部门、合规部门、审计部门、监察部门。

第一道防线主要是指业务部门，是风险管理的第一责任部门。业务部门作为业务前端直接面对市场、触达客户，在承担业务发展的基础上应恪守风险管理的职责。如在真实的业务场景中，银行客户经理应该按照业务风控管理规则，在客户申请贷款的时候对客户的信息进行客观公正的尽职调查。

第二道防线主要是指风险管理部门以及合规部门，负责业务后端信用风险审核、合规风险控制，是机构的第二道风险控制防线，也是机构的最重要风控防线。信贷风险审核是一个专业的体系化任务，需要根据实际业务流程，实现具备前瞻、标准、专业、细致、高效的全流程风控，并进行尽职、合规监督。如银行审批中心部门根据风控业务流程，在某个结点进行基于个人征信报告的风险评估，需要信审组织提前制定标准化的个人征信模块审核策略，实现对客户风险信息的充分暴露和挖掘，最终控制不良客户的通过。

第三道防线主要是指审计部门和监察部门等，负责机构内部的风险控制。其中，审计部门负责机构内部的财务、经济、控制等审计工作，监察部门负责财务监督、风险控制、纪检监察等工作，通过审计部门和监察部门等实现机构的联合风控管理，提升内部风险控制能力，通过审计、监督的权威性和责任性，促进第一道防线、第二道防线的尽职履责。银行内控部门对于信贷业务办理流程标准化、资料标准化的监察就是第三道防线。

三道防线根据组织角色进行对应职责的划分，从而对风控任务进行分解，利用系统产品结合风控方法、政策形成全面的有效风险管理体系，实现风险管理的提升。

1.3.2　七大系统

风险伴随业务的发展不断滋生，而系统作为业务的支撑工具，既能产生风险，又能控制风险。银行业务的开展基于的核心系统主要有信贷业务系统、信贷核心系统、内控系统、报表系统、基础管理系统、风控平台、数据平台七大系统。银行的全量业务开展所需要的系统支撑远远不只这七大系统，这里只介绍与银行信贷业务关联的七大核心系统。

信贷业务系统支撑信贷业务的开展，是根据银行业务流程和特征建立的全流程的业务循环系统，负责的是信贷业务的非账务管理功能，例如从贷款产品的设计、上架，到信贷业务的营销获客、贷前审批、贷中放款、贷后管理等全业务周期的系统支持，同时包括全业务周期的风险管理支持，如对信贷业务流程中查验到的高风险类客户进行进件拦截。

信贷核心系统是信贷业务的基础，负责的是信贷业务的全周期账务管理功能，例如贷款业务的放款、计息、还息、还本、支付、账务、对账、清结算等功能。信贷业务的账务管理风险的防范通过信贷核心系统实现，如每日的对账风险可以通过系统批量、快速、高效地完成，同时对异常的数据进行风险任务生成，直接指派对应责任人进行风险问题解决。

内控系统负责银行内部风险的防范和处理，主要是对银行内部风险管理准则实施过程中的内部风险进行控制，是全银行的审计和合规监察，如信贷业务重大风险、合规风险等风险的主动预防、拦截。

报表系统负责银行运营数据的可视化呈现，为银行的经营方向提供数据决策建议，如财务报表、资产质量报表、业务运营报表、风险监控报表等。报表系统是风险可视化暴露的核心系统，通过对运营数据的形象展示，让风险信息更易被察觉，并且提供了风险信息被深度挖掘的可能性，如首期逾期率升高，信用风险增大。

基础管理系统负责银行的基础管理工作，为银行的业务开展保驾护航，如银行员工的角色权限、考勤制度、绩效核算等。基础管理系统是业务顺利开展的基石，保证了银行正常运转，起到了风险隔离的作用，如让客户经理不具备信审人员的审核权限。

风控平台负责信贷风险的控制，通过对信贷业务风险的识别、分析、拦截实现对信贷风险的管控。风控平台是信贷风险控制的核心系统，能够控制信贷全流程的风险，如对申请欺诈风险、信用风险、逾期风险等风险的识别、分析、拦截，最终降低信贷风险，提升信贷客户质量。

数据平台负责对各系统提供数据支撑和管理，对数据的采集、存储和使用进行有序化处理，如对客户从申请到放款以及后续还款的借贷数据进行管理。数据平台是各大系统的底部核心，也是数字资产的核心，能够对数据进行风险控制，如数据使用权限管理、数据加密存储、数据备份等，确保数据采集、存储、使用的合法合规，避免数据管理风险。

1.3.3　五大体系

作为风险管理的核心，风险控制是风险管理的基础流程，主要分为风险识别、风险分析、风险决策、风险监控、风险迭代五部分，即风险管理的五大体系。下面以银行信贷风险为例说明风险管理的五大体系的作用。

全生命周期的信贷业务流程分为贷前、贷中、贷后三部分，如图 1-9 所示。

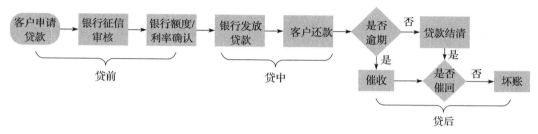

图 1-9　信贷业务核心流程

贷前包括客户申请贷款、银行征信审核、银行额度 / 利率确认，贷中包括贷款发放、客户还款，贷后包括逾期催收、风险预警等。在信贷业务中，从贷后还款情况可以直接确认的最重要风险是信用风险（即客户贷款后不还款），以及贷前进件、信审阶段发现申请人非贷款本人、提交虚假申请资料等欺诈风险，风险的识别是依据信贷业务流程对风险项的前瞻梳理。

风险分析即通过识别信贷风险和欺诈风险对其风险项进行分析，如坏账客户表现出来的信贷历史，通过分析发现曾经出现过连三累六（2 年内连续逾期三次或者累计逾期 6 次）的客户后期逾期概率很高且超过了平均的逾期率，并且通过逾期产生的损失也超过了平均坏账客户的损失，因此可以制定连三累六作为预测客户信用风险的一条重要特征。风险分析是对风险的量化，评测客户的基本信息、历史信用、履约情况、社交行为、消费行为等造成信贷损失的可能性，常见的模型、策略技术方法有反欺诈评分卡、申请评分卡、行为评分卡、催收评分卡、信贷规则等。

通过风险的分析、评估确认重要风险特征后，即可对特征进行风险决策的设定，如在征信审核的时候对连三累六的客户进行业务拒绝且半年内不允许再次进件。连三累六的拦截只是一个简单的例子，风险决策是风险策略的组合运用，包含评分卡、规则集、规则树等的组合使用，通过不同方式、多维度地对客户风险进行拦截。

风险的决策设置是概率学的一种运用，风险特征和信贷损失的关联是动态变化的，如业务在二三线城市制定的规则是"申请客户实际月供小于等于1万元,大于1万元拒绝",当业务开展到一线城市的时候,规则对于客群的通过率可能就会变小(因为一线的城市消费水平高,房价高,月供较多),这时候的规则拒绝率升高,业务通过率降低,会把部分优质的客户也拒绝在外。类似的业务变化可以根据风险监控业务通过率进行捕捉,最终回溯到根本的影响因素,指导风险决策的调整。市场在持续变动,风险也随之变动,通过各种监测方法,动态捕捉风险变化、数据异常,实现对业务、产品、规则、模型的持续监控,并及时响应风险问题、解决风险问题、持续跟踪风险问题,这是风险监控的核心目标。

风险迭代是基于风险监控以及未拦截到的风险进行回溯分析,检查风险识别、风险分析、风险决策、风险监控对风险预防、筛查、拦截的效力,如信贷业务中监控首期逾期指标,通过逾期指标的异常波动进行客户回溯分析,指导风控体系的不断优化。

1.3.4 八大风险

巴塞尔协议把银行的风险划分为信用风险、市场风险、操作风险、流动性风险、法律风险、国别风险、声誉风险和战略风险八大类。

信用风险俗称违约风险,是银行面临的主要风险之一,指借款客户未能履行合同所规定的义务或信用质量,影响金融产品价值,从而导致银行遭受经济损失的风险。

市场风险是指银行利率、股票、汇率、商品、资产等价格变化造成的银行损失的风险,主要有利率风险、股票风险、汇率风险、商品风险。

操作风险是指内部流程设计缺陷、人员问题、系统运行失灵以及外部事件导致损失的风险,主要类型有内部流程、人员因素、系统设计、外部事件。

流动性风险是指银行本身掌握的流动资金缺乏且不能及时地以合理成本获得资金以支付到期债务,从而使银行丧失清偿能力,影响银行发展、生存的风险。

法律风险是指银行的日常经营和业务活动因无法满足或违反法律、监管要求,包含但不限于因不能履行合同发生争议/诉讼或其他法律纠纷而给银行造成经济损失的风险。

国别风险是指某一国家或地区发生特殊事件导致该国家或地区债务人没有能力或者拒绝偿还银行债务,使银行在该国家或地区的商业遭受损失或者其他方面的损失的风险。

声誉风险是指引发银行声誉风险的相关行为或事件,主要是银行经营管理、外部事件导致外界对银行的负面评价风险。

战略风险是指银行在追求短期商业目的和长期发展目标的过程中,因不适当的发展规划和战略决策给银行造成损失的风险。战略风险影响着企业的目标、发展、文化和收益等方面。

八大风险囊括了银行面临的主要风险类型，也是银行面临的重要风险，互联网金融企业高速发展，不仅面临如上银行面临的八大风险，还面临着严峻的合规风险。

1.4 本章小结

本章主要从什么是风控、风控的目标、风险的管理层面逐层递进地讲解了风险、风险控制、风控管理，包含风险的定义，风险控制的定义，风险控制的作用、目标、方法，从传统的风险风控到大数据风控、智能风控，系统地概述了运用三道防线、五大体系、七大系统防范八大风险的风险管理架构。本章案例主要围绕金融信贷类业务展开，帮助读者认识智能风控的基础——传统风险定义以及风险控制方法。

智能风控进化史

智能风控的进化是传统风控到线上风控的演变，随着互联网信息时代的发展，数字信息裂变式增加，推动了大数据技术、人工智能技术的发展，智能风控应运而生。智能风控的发展主要经历了三个阶段：

1）2000 ～ 2010 年人工风控到自动化风控；

2）2010 ～ 2015 年自动化风控到大数据风控；

3）2015 ～ 2020 年大数据风控到智能风控。

第一阶段：银行最开始的风控主要是通过人工进行征信审核，后来才逐渐发展出系统辅助征信审核，是人工到自动化的转变。

第二阶段：随着大数据的发展，风控开启了大数据快速通道，从单一的强变量测评，拓展到了多维的弱变量测算，是自动化到大数据的转变。

第三阶段：互联网的发展衍生出了很多新颖的欺诈风险，因此风险控制技术需要在持续的风险对抗下不断更迭，所以结合人工智能等技术创造出了如关系图谱、生物识别等风险控制技术，是大数据到智能化的转变。

智能风控是自动化、自主化、大数据、人工智能的深度融合，它的进化离不开风控业务、风控数据、风控系统的发展。下面将围绕风控业务、风控数据、风控系统对智能风控 1.0、2.0、3.0 展开介绍。

2.1　智能风控 1.0

智能风控 1.0 是指线下人工风控到自动化风控的进化过程。20 年前中国的互联网还处于萌芽期,智能也只是停留在搜索、门户网站、社交网络化方向,银行业在互联互通的高速路上快速前进,但此时的金融市场信贷业务主要还是传统的线下业务,服务的目标更多的是传统的中大型企业以及部分个人,此时的风控业务、风控数据、风控系统才刚刚起步。

1. 智能风控 1.0 版本的风控业务

智能风控 1.0 版本的银行风控业务从传统的信贷业务起步,当时的智能主要是因为信贷工厂模式的诞生,通过流水化管理信贷业务,使得信贷风控业务较为标准化,但是智能风控 1.0 版本的风控业务核心还是人工审核,依赖大量的人员进行风险的审核,存在耗时、效率低等特征。

个人类信贷审核主要查看如下信息:

❑ 客户的基本信息,包含年龄、性别、学历、工作、婚姻等情况;

❑ 历史信用信息,包含信用卡使用、房贷还款、其他贷款还款等情况;

❑ 收入负债信息,包含月收入、资产、月供等情况。

企业类信贷审核主要查看如下信息:

❑ 企业基本信息,包含企业工商、企业章程、股权关系、行业等情况;

❑ 企业财务信息,包含资产负债表、利润表、现金流量表等情况;

❑ 企业经营管理信息,包含商业模式、管理架构、业务类型等情况。

智能风控 1.0 版本的银行风控业务需要风控人员深入到业务前端,实地考察客户的还款意愿和还款能力,最终通过客户提交的贷款申请资料、银行的尽调资料对客户进行信贷综合评估,得出利率和额度,资金方、资产方在这一过程中都会付出很高的时间、人力、物力成本。

相比银行的传统风控业务的缓慢发展,互联网电商、社交、搜索的风控业务却在快速发展。互联网业务产生了很多新的风险漏洞,如电商的刷单风险、账号盗用风险等开始滋生,互联网风险的应对方案也随之出现,风控业务逐步开始从传统风险控制变成多元化风险控制。

2. 智能风控 1.0 版本的风控数据

智能风控 1.0 版本的传统风控数据主要是信息维度单一的孤岛数据,当时银行的风控对数据还不敏感,受困于数据量大小,数据的获取、存储、利用等因素,银行的风控也只能停留在银行内部以及部分外部数据，此时数据是孤立存在的，数据的获取方式主要是人工收集。

银行的风控数据主要包含个人和企业的数据，个人类数据包含身份信息数据、职业信息数据、征信数据、工资收入数据、贷款负债数据等，企业数据包含企业工商信息数据、企业财务数据、企业经营流水数据以及银行存量的客户信息数据。因为采集的数据非标准化，所以智能风控1.0版本的数据具有很强的独特性，评估一个贷款客户所用到的信贷数据就显得独一无二。

智能风控1.0的非标准化、非结构化数据给信贷审核自动化带来了严重的障碍。在2006年以前个人信用信息数据、企业信用信息数据都还未能实现全国互联互通，直到2006年以后才实现全国联网，征信数据才逐渐成为智能风控1.0的核心数据，信贷风控业务数据才逐渐标准化，但此时风控数据依旧不能解决征信数据未能覆盖的问题。

互联网风控的数据主要还是各自的业务数据，电商、支付等业务的风控数据有设备数据、用户信息数据、交易数据等。

3. 智能风控1.0版本的风控系统

智能风控1.0版本的银行风控系统，严格来讲还不能称为智能风控系统，顶多是一个信贷业务审核系统。此时是信贷业务从全线下人工转变到部分线上系统办理的关键阶段，信贷风控工作主要是通过信贷审核系统开展，正是信贷业务的线上化转变以及信贷业务系统运用，才有了数据的标准化、结构化。

智能风控1.0版本的银行风控系统的发展经历了一个漫长的十年，从无到有，从有到不断优化完善，从最开始简单的手动规则计算器到后来半自动化的规则引擎，再到手动贷后风险预警规则引擎，风控系统作为风险控制的核心一直在不断地迭代升级。

互联网风控系统，初期因为互联网风险还未滋生，很多都是产品层面的规则，例如营销活动中优惠券创建的时候会有单个用户领取次数的限制，部分风险的拦截是通过硬编码的规则执行进行的。随着业务的发展、风险类型的增加和黑灰产业的爆发，互联网风控受到严重挑战，硬编码的规则已经不能应对新生的风险类型。为了应对灵活多变的风险，需要不定时地灵活配置风控规则的规则引擎诞生。简版规则引擎如图2-1所示。

智能风控1.0版本的系统就是简版规则引擎，可以对业务数据进行组合逻辑判断，输出最终的风险决策结果，实现对风险的拦截。图2-1表示某营销活动的规则是用户"满足优惠券领取数量小于等于2""用户是实名认证"且"用户历史购买次数不为0"才可以参加该营销活动。简版规则引擎更多还是应用于单一业务场景，通用性较差，如打造的营销活动场景时的风控规则引擎不适用于支付的风险规则配置。

图 2-1　简版规则引擎

　　智能风控 1.0 在风控业务、风控数据、风控技术、风控系统发展的十年期间，虽然还称不上智能，但却为智能风控做好了前期的准备。智能风控 1.0 阶段的业务变革引领了技术的发展，推动了数据的结构化，为后期智能风控的快速发展奠定了基础。

2.2　智能风控 2.0

　　2010 年为移动互联网元年，2012 年移动互联网爆发，电子商务、搜索、广告、游戏、社交成熟稳定发展，以移动支付引领的互金行业（互联网金融行业）也迎来了高速的发展阶段，智能风控在互联网金融发展的大背景下迈入了第二阶段。

　　互联网推动数字信息裂变式增长，大数据概念被推出，基于大数据的智能风控 2.0 的风控业务、风控数据、风控系统雏形初现。

1. 智能风控 2.0 版本的风控业务

　　智能风控 2.0 版本的风控业务，从传统的风控业务升级成线上风控业务，此时银行的风控业务随线上业务的拓展逐步发展并向欺诈风控转变，互联网市场互金、电商、支付的风控业务已步入生长期，新的风险开始暴露，如电商的刷单、营销活动的薅羊毛、支付的账号盗用、互金信贷欺诈等。

智能风控 2.0 阶段的金融信贷风控维度更加丰富，个人信用审核内容有基本信息、历史信用、消费行为、履约能力、社交信息、公众信息、资产负债信息等，个人欺诈审核内容有验证信息、黑 / 灰名单等。表 2-1 展示了智能风控 2.0 版本的金融信贷风控维度明细。

表 2-1　智能风控 2.0 版本的金融信贷风控维度明细

风控模块	类型	内容	示例
信用审核	基本信息	身份信息	姓名、身份证 ID、年龄、性别、联系电话、婚姻状况
		地址信息	居住地址、工作地址
		工作信息	单位名称、单位类型、职级
		学历信息	小学、初中、高中、大专、本科
	历史信用	历史贷款	贷款类型、贷款次数、贷款金额
		历史逾期	逾期次数、逾期金额
		信用卡信息	信用卡数量、信用卡余额、信用卡透支金额
		征信查询信息	查询类型、查询时间、查询次数
		征信账户状态	白户、正常、关注、次级、可疑、损失
		担保信息	担保笔数、担保状态
	消费行为	消费信息	消费金额、消费时间、消费类型、消费平台、消费次数
		消费状况	消费频率、消费区域、消费稳定性、消费活跃度
	履约能力	生活履约	水电气费用履约、电信费用履约、物业费用履约
		税务履约	个税履约
		租赁履约	租车履约、租房履约
	社交信息	社交联系人	联系人数量、联系人类型、联系人状况
		社交行为	社交时间、社交频率
		社交喜好	社交内容、社交主题
	公众信息	司法信息	执行人、失信人、失信被执行人
		公安信息	前科、涉毒、吸毒、涉赌、在逃
	资产负债信息	固定资产	房、车、股票、基金、存款
		流动资产	月收入、往来资金、工资
		负债	月供、在贷余额、在贷笔数
欺诈审核	验证信息	身份验证	实名信息验真
		运营商验证	三要素验证、在网时长、在网状态
		地址验证	居住地址验证、工作地址验证
		驾驶证、行驶证验证	驾驶证、行驶证真伪验证
		学历验证	学历信息验证
	黑 / 灰名单	金融黑 / 灰名单	多头申请名单、网贷黑名单、P2P 黑名单、银行黑名单
		设备黑名单	风险 IP、风险 IMEI、风险手机号

表 2-1 只是列举了个人信贷中智能风控 2.0 版本风控业务审核的核心维度，在不同场景下还需要把场景特征维度纳入考虑，例如汽车金融消费分期还应包含车辆的风险审核，包括车辆价格、车辆状态、车辆抵押情况等。大数据时代的到来以及信贷审核技术的发展，使智能风控 2.0 版本的风控业务从量变转为质变。

2. 智能风控 2.0 版本的风控数据

由于大数据的爆发，风控数据的数据种类变得丰富多彩，风控审核使用的风控数据维度从单一强变量衍生出了多维强变量和弱变量结合，风控数据更加精细。

智能风控 2.0 版本的风控数据来源也更加丰富，例如金融信贷场景下的风控数据从业务内部数据到征信数据再到各种类型的互联网数据，数据类型不断丰富，数据来源也不断丰富。

智能风控 2.0 版本的风控数据时效性更强，由于技术的发展，数据的产生、处理、利用方式都发生了改变，风控数据的产生、处理和利用的效率都有了大幅提高，风控数据的时效性大大增强了。

智能风控 2.0 版本的风控数据易变性更高，互联网业务灵活、多变、效率高，导致风控数据灵活多变，数据产生的效率也更高。

互联网发展丰富了风控数据的来源、种类，提升了风控数据的时效性、易变性，智能风控 2.0 版本的风控审核受益于风控数据的改变，风控业务变得更加精细、准确。以金融信贷为例，表 2-2 是智能风控 2.0 版本的金融信贷风控数据简介。

表 2-2　智能风控 2.0 版本的金融信贷风控数据简介

个人信贷数据		
数据类型	数据来源	数据明细
运营商数据	国有运营商机构	三要素验证 在网时长 在网状态
支付交易数据	国有支付机构 三方支付机构	交易金额 交易笔数 交易时间
财产数据	政府机构 证券公司 基金公司 交易软件	房产登记 车辆登记 股票信息 基金信息 保险信息

（续）

个人信贷数据		
数据类型	**数据来源**	**数据明细**
司法数据	政府机构	开庭公告 裁判文书 失信信息 被执行信息 失信被执行信息
公安数据	政府机构	二要素核验 人像对比 重点人核查
多头共债数据	网贷平台 P2P 平台 央行征信	多头借贷 多重抵押
逾期数据	网贷平台 P2P 平台 央行征信	借款类型 逾期金额 逾期次数 逾期时间
地理位置数据	基站定位 地图应用 应用定位 收货地址	居住地址核验 工作地址核验
学历信息数据	官方学历机构	学历层级 毕业时间 毕业院校
电商数据	电商平台 EPR 软件	购物次数 购物金额 购物时间 商品类型
个人税收数据	政府机构 代缴税公司	纳税主体名称 纳税金额 纳税时间
社保 & 公积金数据	政府机构 社保公积金管理软件	主体名称 缴费金额 缴费时间
航旅高铁数据	票务平台 出行软件	出行工具 出行时间 出行次数 票价金额
社交数据	社交软件	社交内容 喜好主题 粉丝数量 联系人

（续）

企业信贷数据		
数据类型	数据来源	数据明细
企业工商数据	国有企业登记机构	企业基本信息核验 企业董监高核验 企业状态查询
招投标数据	政府招投标机构	招投标内容 招投标数量 招投标时间
企业财务数据	企业内部 企业公开年报	资产负债表 营收利润表 现金流量表
企业征信数据	央行征信	借款类型 逾期金额 逾期次数 逾期时间
专利资质数据	政府专利资质机构	专利类型 专利时间 专利数量
司法数据	政府机构	开庭公告 裁判文书 失信信息 被执行信息 失信被执行信息
招聘数据	招聘软件	职位类型 职位数量 招聘时间
税务数据	政府机构 代缴税公司	纳税主体名称 纳税等级 纳税类型 纳税金额 纳税时间
舆情数据	媒体平台 自媒体平台 内容平台	事件类型 事件时间 事件扩散速度 事件传播路径

　　智能风控 2.0 版本的风控数据个人信贷核心数据包含 14 大类，企业信贷核心数据包含 9 大类，对应的数据明细为每个大类下使用的具体明细数据，根据信贷业务场景的不同，在核心数据的基础上还会加入场景数据，例如企业物流贷就会加入企业的物流运营数据。

智能风控 2.0 的风险量化和定性已从智能风控 1.0 时代的依赖信贷核心强相关数据，如征信数据，转变成了全面多维的风险刻画，覆盖了对借贷主体各个方面的审核，实现了风险的精细化评估。

3. 智能风控 2.0 版本的风控系统

智能风控 1.0 的风控系统是简单的规则引擎，是一个简单的产品，具有高耦合性，不能灵活地适用于不同业务以及同一业务中不同风控业务节点。智能风控 2.0 版本的风控系统是一个平台，比智能风控 1.0 版本的风控系统更加灵活、更加通用，能够应对不同的业务类型以及同一业务中不同风控业务节点。

智能风控 2.0 版本的风控系统是实现大数据风控方案的产品化。业务上，智能风控 1.0 版本的风控系统的研发是为了解决自有业务的风险控制，而智能风控 2.0 版本的风控系统不仅可以满足自有业务的风险控制要求，而且具备支撑金融科技对外输出的能力。功能上，智能风控 2.0 版本的风控系统比智能风控 1.0 版本的风控系统更加丰富，以核心系统决策引擎为例，智能风控 2.0 版本的风控系统除了能实现简单规则配置，还能够实现规则集、规则树、规则表以及评分卡等类型的风控策略配置。图 2-2 是智能风控 1.0 与智能风控 2.0 的决策引擎主要功能对比。

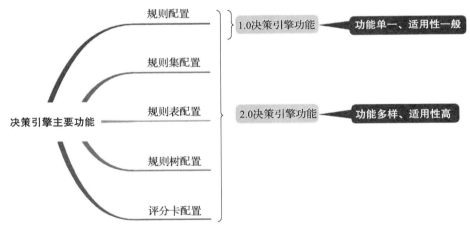

图 2-2　智能风控 1.0 与智能风控 2.0 的决策引擎主要功能对比

智能风控 2.0 版本的风控系统与智能风控 1.0 版本的风控系统相比，在技术和产品上都是巨大的进步。除了决策引擎主要功能的丰富，其他辅助的系统产品功能也进行了升级。如指标管理系统，智能风控 1.0 时风控系统可能还没有指标管理系统，只有一个变量增删改的维护模块，但到了智能风控 2.0 已经升级成了单独的指标管理系统；如智能风控 1.0 版本的很多风控系统都没有风控报告，但到了智能风控 2.0 版本的风控系统，因为风控业务的变化和完善，风控报告也随之诞生。智能风控 2.0 版本的风控系统已经脱离智能风控 1.0 版本的风控系统的构建初衷，转而向着专业的、易用的、灵活的、完善的智能风控平台发展。

智能风控 2.0 时期，伴随互联网的发展以及大数据风控技术的进步，银行业务的智能风控平台高速发展，互联网业务的智能风控平台逐渐成熟。智能风控平台在风控业务、风控数据、风控系统上都进行了大的迭代升级，智能风控 2.0 的系统平台也从业务系统中剥离，变得更加专注于风险控制。

2.3 智能风控 3.0

智能风控 3.0 时期，互联网进入成熟发展期，传统业务线上化也进入成熟发展期，风险随着互联网业务的不断滋生呈现出线上化态势，新的风险类型、风险手段、风险工具层出不穷。风险从最初的信用风险为主变成了欺诈风险为主，黑灰产风险业务肆虐，黑灰产风险从业人员达到百万级别，互联网金融、电子商务为欺诈风险的高发区。

智能风控 3.0 版本是大数据风控到人工智能风控的转变，从最初的运用大数据技术发展成深度融合大数据技术和人工智能技术。通过 OCR（Optical Character Recognition，光学字符识别）、自然语言处理、流计算、生物探针等人工智能技术，多样风险的拦截能力、风险决策的运算能力和风险控制的精准度得到了提升，风险控制的处理时效得到了提高。

1. 智能风控 3.0 版本的风控业务

智能风控 3.0 版本的风控业务的核心是反欺诈，互联网业务的风险主要是互联网金融、电子商务业务场景中的欺诈风险。互联网欺诈风险类型如图 2-3 所示，欺诈类型逐渐增多和互联网的发展息息相关。

营销欺诈有羊毛党和黄牛党。羊毛党是指通过批量注册新用户，以低成本或者零成本参与营销活动，获取丰厚利益的群体。黄牛党是指通过批量注册新用户，获取购买资格后，通过活动购买稀缺或者高价值商品，再以高价倒卖给其他用户的群体。

刷单欺诈是指商家付费请人模拟活跃用户，用以假乱真的方式对商品的成交数据或者评论进行故意操纵的作弊行为，不仅会误导客户对商品的判断，而且会造成电商市场的不公平竞争。

图 2-3 互联网欺诈类型

流量欺诈是指商家付费给三方流量渠道或者自有的营销活动来提高流量，吸引过来的用户不是真实的目标用户，而是批量伪造的虚拟用户，目的是通过造假提高视频播放量、广告展示和点击量、商品浏览量等流量的指标。

交易欺诈是指黑灰产业人员借助互联网交易全线上特征以及便利特征，利用互联网业务漏洞在业务的交易环节对商家进行欺诈获利。历史上就有电商商家利用电商平台客户生日当天购物送双倍积分等政策漏洞，通过自建网店和模拟真实客户进行积分套取，最终利用套取的积分兑换金钱，完成欺诈交易。

信贷欺诈是指借款人在提交申请材料时刻意利用伪造、盗用、隐瞒等手段对自身资质进行包装、骗取贷款的行为。信贷欺诈按照对象分为个人欺诈、团伙欺诈、中介欺诈，按照实施手段分为申请信息造假、伪冒他人申请、内外勾结欺诈、恶意借款欺诈、联系人虚假等。

套现欺诈是指利用违法或者虚假的手段在支付业务环节通过虚假的支付获得不正当利益的行为。常见的套现欺诈方式有信用卡套现、花呗套现、白条套现等。

电信欺诈是指利用电话、短信、网络作为主要的工具设置骗局，对受害人实施远程诈骗，诱使受害人打款或者转账，以此谋取利益的行为。常见的电信欺诈类型有冒充熟人进行欺诈，冒充政府机构或国家机关进行欺诈，以中奖、积分兑换等活动进行欺诈，以招聘等为由进行欺诈。

信息盗取欺诈是指利用盗取的信息对信息所属的主体进行欺诈，造成受害人资产、隐私信息暴露等损失。信息盗取欺诈类型很多，常见的有支付、交易账号的盗取，个人隐私信息的盗取等。

互联网欺诈类型主要有如上八大类。其中，电子商务业务的欺诈主要有营销欺诈、刷单欺诈、流量欺诈、交易欺诈、信息盗取欺诈，互联网金融业务的欺诈主要有营销欺诈、流量欺诈、信贷欺诈、套现欺诈、信息盗取欺诈。八大欺诈类型包含了 C 端个人对 B 端商家或平台的欺诈，B 端商家或平台对 C 端个人的欺诈，以及 C 端个人对 C 端个人的欺诈。

2. 智能风控 3.0 版本的风控数据

经历过智能风控 2.0 时期大数据的爆发后，智能风控 3.0 版本的数据类型、数据维度的增长放缓，其风控数据主要是基于智能风控 2.0 时期的大数据利用先进的算法以及技术进行深度挖掘创造出的衍生数据，衍生数据的主要特征是基于已有的结构化、非结构化、半结构化数据进行了二次创造输出。

金融信贷业务中以个人信贷数据、企业信贷数据挖掘出的图关系数据就是一种衍生数据。图关系数据即知识图谱数据，指原本孤立的单点数据通过多对多的关联关系形成的立体网状数据，它主要由点、边、点三元组模型构成。图关系数据的形成总是需要基于具体的业务场景，如企业知识图谱、金融信贷知识图谱、金融交易知识图谱、保险理赔知识图谱、电商交易知识图谱等，这里以企业知识图谱举例，如图 2-4 所示。

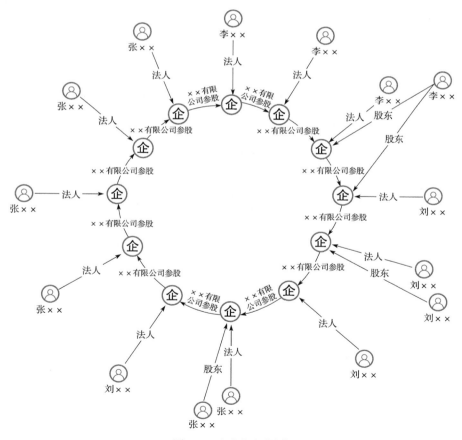

图 2-4　企业知识图谱

企业知识图谱中包含的实体（点）有人、企业两类，关系及边有参股、股东、法人三类，如果没有图关系数据，通过人工去进行关系推理分析，超过三度的关系人工基本就无法胜任，如企业注册多个壳公司，然后利用壳公司相互投资，最终运用较少的注册资金实现主公司的注册资金增加，注册资金并没有真正用于公司的增资，而是通过这样的壳公司相互参股的闭环回到了主公司的手中，这种类型的公司在投资业务、信贷业务场景下的风险都是极高的。人工对于如图 2-4 中十多度的企业参股闭环是无法识别的，但是图关系数据就能很好地解决很多复杂风险的识别问题，目前金融信贷业务中常用图关系数据进行团伙欺诈的识别。

智能风控 3.0 版本的风控数据包含了运用自然语言处理、OCR 等技术从非结构化数据和半结构化数据中提取的风控数据，如利用 OCR 技术识别的结构化发票数据、身份数据、营业执照数据、驾驶证数据、行驶证数据等，也有通过自然语言处理技术提取的结构化司法数据、失信数据、投资数据、股东数据、债券债务数据等公开数据。

基于智能风控 2.0 版本的风控数据利用机器学习、人工智能、神经网络等技术挖掘、分析、创造的风控数据也是智能风控 3.0 版本的风控数据，如在电商业务、金融业务中常用到的画像数据，主要包含账号画像、App 画像、操作画像、设备画像、应用行为画像等风险特征数据。表 2-3 是对画像风险特征数据的简单介绍。

表 2-3　画像风险特征数据

类型	介绍
账号画像	账号画像是指对应用账号的风险特征刻画，如账号与黑、灰产业的关联情况，账号的信用等级，账号的状态，账号的稳定性
App 画像	App 画像是指对 App 信息的风险特征刻画，如高危应用、金融信贷应用、金融工具应用、金融投资应用、在线支付应用、银行金融应用等的识别
操作画像	操作画像是指对设备使用的风险特征刻画，如设备点击行为、设备点击时间、设备按压感、设备点击间隔时间等的操作分析
设备画像	设备画像是指对设备的风险特征刻画，如设备的 ID、设备的型号、设备的信号、设备的 IMEI、设备的 MAC、设备 UDID、设备的位置、设备的 IP、设备的电量、设备的光感、设备的重力感应、设备的陀螺仪、设备的听筒、设备的麦克风等的识别、分析
应用行为画像	应用行为画像是指对应用使用的风险特征刻画，如应用的使用时长、应用的使用时间、应用的使用频次、应用的使用活跃度等的识别、分析

画像类的风险特征数据在支付、交易、信贷等场景中都已成熟使用，并且对场景的风险控制起到了很好的作用。

3. 智能风控 3.0 版本的风控系统

智能风控 2.0 版本的风控系统是专业、易用、灵活的智能风控平台，但是应对变化多端的欺诈类型时就显得比较无力。为了应对不断突发的风险类型，以及提升风险控制精细化管理的效果，智能风控 3.0 版本的风控系统应运而生。

智能风控 3.0 版本的风控系统的功能更加完善、更加智能，与人工智能、机器学习等先进技术的融合更加紧密，不仅能应对常规风险，还能应对突发多变的欺诈风险。图 2-5 是智能风控 2.0 版本的风控系统升级后的智能风控 3.0 版本的风控系统产品组成图。

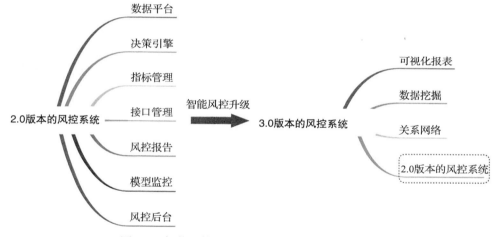

图 2-5　智能风控 2.0 到 3.0 的风控系统产品架构

智能风控 2.0 版本的风控系统主要包含数据平台、决策引擎、指标管理、接口管理、风控报告、模型监控、风控后台 7 个核心系统，智能风控 3.0 版本的风控系统在智能风控 2.0 版本的风控系统的基础上加入了关系网络、数据挖掘、可视化报表。不同业务场景的智能风控平台的系统产品架构有所不同，但以上核心系统产品基本都能满足风控业务的需求。

智能风控 3.0 版本的风控系统的目标不仅是专业、易用、灵活，而且要高效、快捷、精准，不仅能够支撑自有业务的风险控制，而且能够满足风控科技的对外输出。

2.4　本章小结

智能风控从 1.0 到 2.0 再到 3.0 的进化史，本质是互联网的发展推动了业务模式、数据形态、系统技术的发展，这也造成了多变的风险类型、易发的风险事件。为了应对日益严峻的风险问题，风险控制在风控业务、风控数据、风控系统层面不断优化升级，积极对抗风险。

　　智能风控三个阶段的主要区别如表 2-4 所示。

表 2-4　智能风控进化概述

风控维度	风控阶段		
	智能风控 1.0	智能风控 2.0	智能风控 3.0
风控业务	传统风控： 银行信贷风控、 电商营销风控	大数据风控： 电商、支付风控 互联网金融风控	大数据风控： 互联网欺诈风控 互联网金融风控
风控数据	自有的强变量数据 少量三方的强变量数据	自有的强、弱变量数据 三方的强、弱变量数据	衍生数据： 图关系数据、画像数据
风控系统	简版规则引擎系统	基础的智能风控系统	融入人工智能、机器学习等 先进技术的智能风控系统

　　智能风控 1.0 发展到智能风控 3.0 之后，风控业务核心从银行信贷风控、电商营销风控等传统风控发展成以互金风控、互联网欺诈风控、电商交易和支付风控为主的大数据风控；对风控数据的利用主要经历了从自有强变量数据到自有强、弱变量数据和三方强、弱变量数据的融合，再到图关系数据、画像数据等衍生数据的加入；风控系统从简版规则引擎系统发展到基础的智能风控系统，再到融入人工智能、机器学习等先进技术的智能风控系统。

　　智能风控不同阶段的目标、效力、特征也不相同，经历了横向风控系统的发展，纵向风控数据的演进。智能风控不同阶段的目标、效力、特征概述如图 2-6 所示。

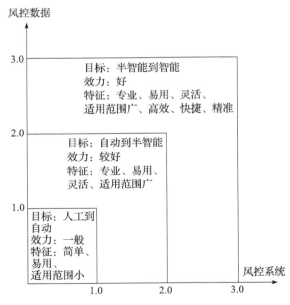

图 2-6　智能风控进化目标、效力、特征概述

第 3 章 | *Chapter 3*

风控与业务场景的契合

　　脱离业务场景，风控就只是一个工具，而且是没有生命的工具。只有与业务场景完美结合，风控才拥有"生命"，具有实际意义。

　　风控的运用离不开业务场景，业务的发展酝酿风险，风险伴随业务的开展不断滋生，效力不断累积，最终造成不可挽救的损失。业务场景下的风险爆发是一个量变到质变的过程，对风险的控制需要在业务场景中进行。

3.1　业务催生风险

　　新业务的开展一般会经历酝酿期、发展期、稳定期、衰退期四个阶段，风险会一直伴随业务，业务的发展也会催生新的风险。风险会对业务造成彻底的、不可修复的破坏，甚至很严重的损失。新的风险的产生一般会经历风险滋生、风险爆发、风险阻塞、风险迭代四个阶段，图 3-1 展示了风险产生与业务发展的关系，风险生命周期与业务生命周期相呼应。

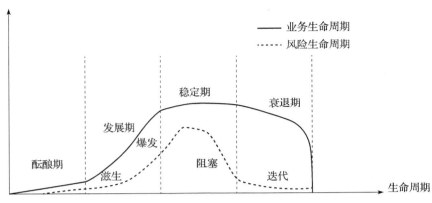

图 3-1　风险产生与业务发展的关系

3.1.1　风险滋生

　　风险的生命周期依靠业务生命周期发展，新的风险的产生具有延迟性，一般是在业务发生中或发生后开始产生，风险的滋生通常是在业务的酝酿期以及发展期。就如现金贷业务，起初现金贷还是线下业务的时候，主要面临的风险是信用风险，风险审核重点关注借贷人的还款意愿和还款能力。随着线上业务的拓展，现金贷业务开始线上化，业务流程、业务发生方式改变，新的业务漏洞也会增加，此时的现金贷业务面临的风险分为市场上常规的风险如信用风险，以及市场上不常规的风险如欺诈风险，由于欺诈风险是新的风险类型，且很多是事后才暴露，因此拦截的规则主要还是分析规则和专家规则相结合。

　　一个全新的现金贷业务在上线初期会根据已有的风险拦截策略制定、部署风控规则、风控模型，实现对风险的控制。设计好业务线上方案以及风险控制方案后，现金贷线上业务进入试单阶段，此时是业务生命周期的酝酿期，高风险的客户因为起初的风控策略可以被很好地拦截，这样的风控效果是很理想的。另一种情况就比较糟糕，金融市场曾经就有因为没有做好起初的反欺诈风控、信用风控，直接导致放贷出去的资金大部分被恶意借贷人员借走，造成了严重的经济损失，使得公司新上线的业务还没有发展起来就被风险直接扼杀在摇篮中。线上现金贷业务的线上借款人是远端操作，所以业务背后总是隐藏着各种攻击，不断试探业务的风控漏洞，漏洞一旦被击破，风险的控制就面临着失效，会造成严重的损失。实际上，在业务风控漏洞没有被击破的时候，风险也会一直伴随业务的全生命周期，只是优秀的风控会让风险始终停留在滋生期。

3.1.2　风险爆发

现金贷业务风控漏洞被触发，风险就会进入爆发期。风险爆发一般发生在业务的发展期，因为业务在酝酿期的表现较优，并且风控策略也有较好的效果。但是当业务进入发展期后，随着业务量的急剧攀升，现金贷产品传播的速度极速增加、范围极速扩大，触达黑灰产的数量也在快速增加，被黑灰产目标瞄准的概率攀升，黑灰产突破风控防御的可能性变大。另一方面，有些企业为了快速拓展业务、占领市场，会放宽风控的敞口。这些综合的市场因素也给风险爆发埋下了祸根。业务发展期是风险爆发对抗的重要阶段。

风险的爆发分为即时爆发和延时爆发：即时爆发指风险在业务场景的具体节点作用后立即造成了本业务的利益损失，如支付场景下的支付欺诈风险、账户登录场景下的账号盗用风险；延时爆发指风险在业务场景的具体节点作用后不会立即造成本业务的利益损失，而是堆积到业务后的某个时间点爆发，如现金贷场景下信用风险较高的客户。不管是即时爆发还是延时爆发，风险控制环节的风控识别和拦截都是最重要的，只有掐住这个环节的"咽喉"才能保持风险一直处于滋生期。

风险爆发期也是风险获利期，此时的风险爆发主导对象疯狂获利。风险爆发的时间、效力决定了业务的生命周期，爆发时间早、效力强的业务来不及进入稳定期就直接提前步入衰退期，这样的业务基本都是血本无归；风险爆发时间晚、效力强的业务稳定期短，企业操作得好的话不会亏损，但是利润一定会减少。

3.1.3　风险阻塞

风险阻塞是指对突然爆发的风险进行快速的、紧急的拦截，把处在爆发期的风险直接扼杀在风险增长的通道中。风险阻塞对不同类型的风险爆发提供不同的响应机制：即时爆发型风险的阻塞需立即针对风险输出风险控制策略；延时爆发型风险的阻塞需要提前预见风险，并且在风险作用环节后制定风险关联信息，尽早运用关联信息指标识别出风险因子，并采取有效的风控方法进行风险拦截。风险阻塞的速度直接影响风险造成损失的严重程度，决定业务的发展方向，好的风险阻塞可以确保业务进入稳定期并保持持续发展。

现金贷业务中的信贷风险是延时爆发风险，为了应对不同的风险类型，杜绝风险爆发，在现金贷业务中通常会制定准入、反欺诈、信用评级、定额定价等贷前进件风控流程，做好风险防控第一道关卡，成单业务还会制定行为风险扫描、行为评级等贷中风控流程，做好风险防控第二道关卡，风险爆发的监控通常使用业务通过率、业务拒绝率、贷后首逾等指标，能够较早地洞察到风险控制的异常。

3.1.4 风险迭代

风险迭代是指风险阻塞后，在当前业务场景下新的关联风险、新的风险漏斗被创造。风险阻塞后风险没有完全消失，只是得到了控制。随着业务的不断发展，风险会不断变异，寻找新的风险漏洞，伺机再次爆发。风险迭代是新的风险或者变异风险孕育期，它在风险生命周期中最易被忽略，但是往往会造成严重的损失，因此风险迭代期也是风险控制的重要环节。风险迭代决定业务稳定期的长短，风险迭代期优秀的风控可以确保业务长远的稳定发展，防止业务衰退期提前到来。

在现金贷业务风控流程信用评级环节，黑灰产客户可能会利用风控漏洞，如黑灰产人员通过单个移动设备冒用他人信息进行贷款申请，最终套取贷款金额获利。如果在贷中监控的时候发现相同移动设备出现在多个订单中，需要分析确认该类订单是否存在欺诈嫌疑，若存在则启动风险漏洞紧急修补方案，在贷前申请风控策略中加入移动设备号命中已有设备号拦截规则，有效控制该类型风险漏洞。虽然该风险漏洞短期内得到了修补，但是并不意味着风险就完全消除了，黑灰产从业人员会不断寻找新的漏洞或者利用其他技术对抗现金贷企业的风险拦截规则，如黑灰产人员寻找到改机工具对移动设备刷机，变更移动设备号突破风控拦截规则。在现金贷业务风险迭代期，类似的关联风险会在风控拦截策略下卷土重来，风险迭代期的风险控制形势依旧严峻，同样要求具有优秀风控。现金贷业务针对单设备多次申请欺诈风险漏洞快速封堵，风险进入迭代期后应该深入洞察欺诈行为，本质是识别是否有单人利用移动设备伪冒进行骗贷，风险控制的目标是识别单人伪冒欺诈，从人和设备两个对象进行全面风控策略设计，引入生物识别技术确认借贷本人是真实的申请人，另外对单一移动设备号的规则设计更迭为对移动设备的风险控制，包含设备的型号、设备的信号、设备的 IMEI、设备的位置、设备的 IP、设备的电量等多维度的异常拦截。提前对人和设备两个对象设定较为全面的欺诈风险拦截策略，可以确保现金贷业务风险迭代期风险可控。

业务催生风险，风险在业务场景中经历着风险滋生、风险爆发、风险阻塞、风险迭代的生命周期，以此形成了风险生命周期模型。

3.2　业务场景下的风控

业务催生风险，风险作用在业务场景中，风险的控制也作用在业务场景中。风控的运用和实际业务场景紧密相连，风控不能脱离业务单独存在，因为风控是基于业务场景运作的，所以风控因为不同业务场景有着不同的特征，不同业务场景中的风控存在唯一性。

在当下这个互联网业务快速发展的时代，风控行业常见的风控场景有电商风控、支付风控、信贷风控、保险风控等。

3.2.1　电商风控

国内电商行业从创立之初到现在已经历十多个年头，谈到电商的风控不得不先说说电商业务面临的风险。根据对象不同，可将电商风险分为 C 端用户风险、B 端商户风险、电商平台风险。这里介绍的电商风险主要是电商平台的风险，电商平台的风险根据电商业务流程分为下载与注册风险、内容风险、营销风险、交易风险、羊毛党风险、网络安全风险等，相应的核心风险控制类型主要有下载与注册风控、内容合规风控、营销风控、反欺诈风控，如图 3-2 所示。

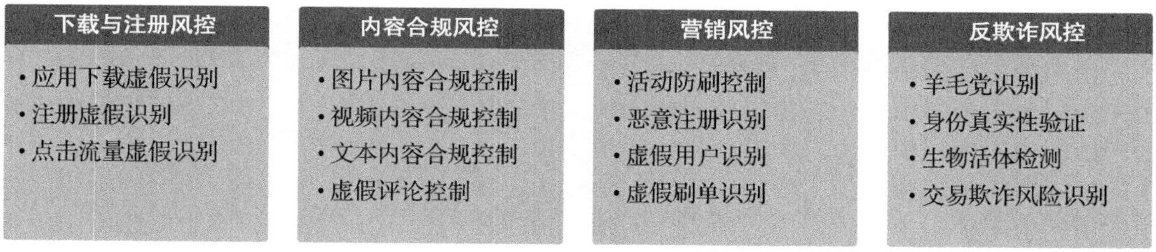

下载与注册风控	内容合规风控	营销风控	反欺诈风控
• 应用下载假虚识别 • 注册虚假识别 • 点击流量虚假识别	• 图片内容合规控制 • 视频内容合规控制 • 文本内容合规控制 • 虚假评论控制	• 活动防刷控制 • 恶意注册识别 • 虚假用户识别 • 虚假刷单识别	• 羊毛党识别 • 身份真实性验证 • 生物活体检测 • 交易欺诈风险识别

图 3-2　电商业务风控类型

电商行业的风控首要面对的是成熟的黑灰产风险，即羊毛党风险，以及虚假刷单风险。羊毛党风险会对营销活动造成严重的利润损失，刷单风险会影响平台的公平性，并且会影响消费者选择，危害网络环境。本节着重介绍羊毛党风控，先来了解下什么是羊毛党。

1. 羊毛党

羊毛党是指通过批量注册新用户，以低成本或者零成本参与营销活动，获取丰厚利益的群体。随着互联网的发展，羊毛党已经渗透到各行各业，不仅电商行业遭受到严重的羊毛党风险挑战，而且互金、视频、游戏、出行等行业也同样面临严峻的羊毛党风险。

❏ 电商行业羊毛党主要瞄准新手奖励、营销优惠券、超值商品秒杀、拼团；

❏ 互金行业羊毛党主要瞄准注册认证奖励、投标返利、返积分；

❏ 视频行业羊毛党主要瞄准薅平台礼物、刷直播间人气、刷排名、刷粉丝；

❏ 游戏行业羊毛党主要瞄准薅虚拟资产、刷任务奖励、刷经验升级、账号托管；

❏ 出行行业羊毛党主要瞄准恶意囤票、盗刷积分、流量作假、票务信息盗爬。

羊毛党产业已经形成完整的产业链，如图 3-3 所示。

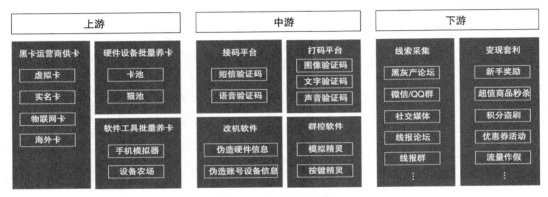

图 3-3　羊毛党产业链

羊毛党产业链分为上游、中游、下游三部分，上游包括黑卡运营商供卡、硬件设备以及软件工具批量养卡，中游提供接码平台、打码平台、改机软件、群控软件等黑灰产业务工具，下游包括羊毛党情报线索采集、变现套利实施。

（1）上游

互联网业务的发展改变了手机卡使用的本质，最开始的手机卡用于通信，随着三大运营商（电信、联通、移动）手机卡实名政策颁布，互联网业务将手机卡实名验证作为个人身份验证门槛运用到产品中，常用方法是手机接收验证码验证。黑卡运营商通常是与三大运营商代理存在业务关系的组织或者三大运营商代理本身，该运营商主要为黑灰产业务提供使用的手机卡，即羊毛党的作案身份 ID。羊毛党使用的手机卡分为两类。一类是实名认证的手机卡，包含实名卡。这类实名卡主要是利用盗用的大量身份证信息并且通过黑卡运营商批量进行手机卡实名验证所得，成本都偏高，单卡成本在几十元左右。另一类是非实名认证的手机卡，包含虚拟卡、物联网卡、海外卡。虚拟卡主要是虚拟运营商提供的手机卡，虚拟运营商类似代理商，它们通过与三大运营商合作来获取大批量的手机卡，然后通过自己经营获取的手机卡对外提供通信服务；物联网卡由三大运营商提供类似 SIM 卡，用于满足万联网行业智能设备联网的需求，如 GPS 定位使用的卡很多就是物联网卡；海外卡指国外的一些手机卡，由于实名认证后黑卡运营商很难通过代理商获得手机卡，因此能在国内直接使用的国外手机卡开始大量流入国内。作为羊毛党卡源，非实名认证的卡的成本较实名认证卡的低，单卡成本在几元左右。

硬件设备批量养卡主要是指猫池和卡池。猫池（Modem Pool）就是将相当数量的 Modem 使用特殊的拨号请求接入设备连接在一起，可以同时接受多个用户拨号连接的设备。卡池是 SIM 卡管理设备（SID），是基于猫池的扩展机器，不能单独使用，必须配合猫池一起使用，能够实现自动换卡。

黑灰产用户利用猫池和卡池控制多张手机卡进行业务操作。

软件工具批量养卡有设备农场、手机模拟器等工具。

设备农场即群控平台，分为真机农场、虚拟农场。真机农场即线控，是指运用一台电脑和群控软件通过连线、支架批量控制本地的多台手机。真机农场需要自己搭建服务器，手机建设成本较高，但抗风控能力强，羊毛党运用真机农场再辅以刷机工具即可进行黑灰产业务操作。虚拟农场即云控，又分为虚拟云控、真机云控。虚拟云控是指运用虚拟移动设备结合云控软件，通过三方服务器控制多台虚拟设备，虚拟云控的手机也是虚拟的；真机云控是指运用云控软件通过三方服务器对真实手机进行无线远程操作，真机云控的手机是真的手机。羊毛党通过虚拟农场进行黑灰产业务操作，不需要自己搭建服务器，建设成本低，但抗风控能力较弱。手机模拟器是指能够在 PC 端模拟移动设备的软件，主要分为 Android 模拟器、iOS 模拟器。模拟器最初是供系统研发人员测试使用的，但是却被羊毛党直接利用进行黑灰产业务操作，好在手机模拟器抗风控能力很弱，很容易被风控识别。

（2）中游

上游羊毛党批量养卡进行黑灰产业务操作赚取利润，但是随着羊毛党的滋生和规模的发展，很多平台意识到了羊毛党带来的严峻风险，开始研发、采用一些基础的风控规则，例如拉新活动、优惠券奖励活动等设备限制、验证码核验规则，这就使得羊毛党的黑灰产业务门槛升高，但是同时催生了支撑黑灰产业务破解平台简单风控的工具，黑灰产业务链中游核心是辅助黑灰产业务破解基础风控的工具，包含接码平台、打码平台、改机工具、群控设备。

手机卡是一种身份 ID，大部分的平台注册、登录、活动促销时都会通过手机验证码来进行身份验证。接码平台应用于需要通过手机卡注册和登录平台、接收大批量验证码的业务环节,负责手机卡的验证码批量接收,然后通过软件客户端或者 API 的形式输出给羊毛党。

随着接码平台的迭代升级,接码平台不仅提供验证码的批量接收,还支持批量识别、自动化分发,例如短信验证码接码平台收到、识别、处理完成后会分发给羊毛党提前设置好的接收工具,再辅以自动化软件就可以实现批量的注册、登录。接码平台的运用大大地提升了羊毛党对验证码的收发效率。

随着风控升级,验证码技术也在不断升级,验证码的形式也发生了改变,从最初的短信文本类验证码发展出声音、图像等验证码。声音、图像验证码的创造给接码平台提出了更高的技术要求,导致大量接码平台验证码自动识别功能失效,进一步提高了羊毛党从事黑灰产业务的门槛,但也催生了更多应对声音、图像验证的软件工具,即打码平台。打码平台主要负责把接码平台接收的验证码分发给羊毛党的设备,由于声音、图片的验证码很难自动识别,因此羊毛党不得不采用众包的形式通过人肉识别上传验证码进行验证码高效获取。初期的打码平台就采用众包模式对技术无法获取的验证码进行人工打码。

打码工作人员通过打码客户端抓取验证码图片,然后根据验证码图片输入验证码。随着技术的发展,现在的部分打码平台已经具备了人工智能自动识别能力,能够自动有效地识别图片、声音等验证码,高技术的打码平台结合接码平台一起使用能够快速破解验证码,大幅提升验证码的收发效率。

许多平台不仅使用验证码防控羊毛党,还会设置设备限制规则防控羊毛党,但是简单的设备限制已经被羊毛党所破解,他们通过改机软件快速破解平台的设备限制规则。改机软件通过对平台获取设备信息的接口进行劫持,篡改设备型号、IMEI 编号、GPS 定位、电池电量、MAC 地址、重力感应等设备信息,模拟伪造成其他全新设备,欺骗平台对设备的限制。

改机软件是一款安装在移动设备上的 App,通过伪造模拟移动设备的设备信息,不断创造新的设备指纹,以此蒙蔽平台的设备指纹检测风控规则,目前市场上主要有 iOS 和 Android 系统的改机软件。羊毛党通过一部手机加一个改机软件可以创造出许多部手机,移动设备成本很低。

猫池、卡池、设备农场、接码平台、打码平台、改机软件全部准备齐全,黑灰产业务核心要素——成千上万的身份 ID——就基本集齐,羊毛党从事的黑灰产业务形态已经初现，剩余需要解决的就是羊毛党实施黑灰产业务时的人力投入。想要批量高效进行黑灰产业务，必须通过机器自动化进行注册、登录、领取等业务流程操作，因此模拟人工控制批量设备的软件——群控软件被创造了出来。

群控软件是指安装在一台电脑上批量控制设备农场中虚拟或者真实的移动设备的控制管理软件，通过群控软件可以实现一个软件控制多部手机的目的，以及通过群控软件编码内置业务操作流程，实现多部手机自动化黑灰产业务操作。

群控软件主要分为两类。

1）简版的按键精灵和脚本的结合，通过对平台产品业务流程脚本化，然后利用按键精灵模拟真人进行移动设备的仿真操作。羊毛党以此完全实现全自动化黑灰产业务流程操作，提升了羊毛党实施黑灰产业务的效率，降低了操作成本。

2）随着风控的再次升级，风控检测从设备指纹识别升级到生物探针检测，风险的控制不仅检测移动设备的指纹，还会检测移动设备的操作行为特征。羊毛党为了对抗风控，引入了仿真生物模拟器，实现行为特征仿真模拟，以此欺骗生物特征识别。

此时的群控软件更应该叫作模拟精灵，它除了具备按键精灵的基础功能，还拥有一键导入真实行为操作特征以及智能学习行为操作特征。模拟精灵通过机器学习等技术不仅能够实现平台业务流程全自动操作，而且能够实现几乎接近真人的全自动操作。

群控软件的加入，使羊毛党从事黑灰产业务的工具全部准备齐全，一个高效、批量作业的产业链也逐步形成，最后仅剩下游线索采集、变现套利。

（3）下游

下游主要是线索采集、变现套利，也是羊毛党产业链最靠近用户的环节。

线索采集是羊毛党产业链的开始，也是羊毛党产业链的核心，易破解、优质、高效的目标决定羊毛党在有限的时间里能够获取的利益。线索采集组织发展到现在已经是一个高度军事化管理、传播性极强、受众面极广的社群，主要分为活动线报搜集、活动线报承接、活动线报分发，负责线报收集、分发、承接的角色最终都汇集到黑灰产论坛、微信群、QQ 群、社交媒体等线报论坛以及线报群。

线报收集主要来源于爬虫软件爬取和羊毛党人员自己参与活动发现奖励漏洞或者业务漏洞后的分享。线报被爬虫软件爬取后，专门的线报人员会对爬取的活动进行人工测试，挖掘活动漏洞或者业务漏洞，确定漏洞后会快速输出详细的黑灰产操作攻略，然后提报给线报承接人员（主要是这些论坛的负责人以及群主等），最后群主把这些黑灰产线报分发到论坛或者群里。既然有线报收集论坛和群肯定就有羊毛党的实施论坛和群，实施论坛和群就是最后羊毛党发起黑灰产业务攻击的聚集地,至此羊毛党线索采集的工作基本完成。

变现套利是羊毛党产业链的尾端,也是羊毛党直接获利的最后关卡,羊毛党欺诈后的主要价值标的很多都不是直接的现金收入,此时就需要末端变现套利的组织对价值标的进行变现处理。羊毛党直接获取的价值标的的种类繁多,如新手奖励获取的奖品、秒杀的商品、盗刷的积分、领取的优惠券、流量型任务获得的任务金等,最终这些价值标的会再经过变现套利群体变为现金。羊毛党产业链中变现套利群体是不可缺少的角色,变现套利群体手中握取的平台、人脉等资源决定着羊毛党的利润收入。

黑卡运营商、硬件设备、软件工具、接码平台、打码平台、改机软件、群控软件、线索采集、变现套利综合组成羊毛党产业链,再串联起黑灰产工具,就构成了羊毛党作案实施流程,如图3-4所示。

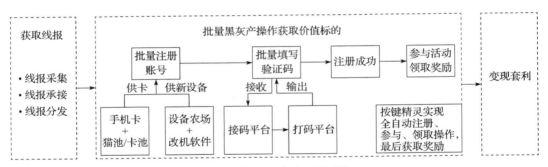

图3-4 羊毛党作案流程列举

借助黑灰产工具,羊毛党整个产业链的效率提高很多,羊毛党的危害也从最开始的电商业务不断向其他的互联网业务蔓延,羊毛党风险也成为互联网风控业务重点关注的风险。

2. 羊毛党风控

当前,仅仅使用传统的黑灰名单机制已经不能对抗不断升级的羊毛党风险,需要依靠融合人工智能、机器学习的大数据风控,通过实时检测抵御羊毛党的攻击。

羊毛党从事的黑灰产业务风险要有迹可循,所以需要着重关注设备、账号、行为三个点,羊毛党风险的对抗也主要是围绕设备、账号、行为进行风险的预防控制以及应急控制,不同场景下的羊毛党风控策略还会存在许多差别。常用的羊毛党风控策略如表3-1所示。

表 3-1　羊毛党风控策略

设备	账号	行为
设备信息 ◎设备唯一识别码黑白名单动态检验 ◎模拟机检验 ◎设备品牌、设备型号、设备 UDID、操作系统是否相同 ◎设备信号、设备电量、设备感应器综合画像是否正常 ◎设备 UDID、IMEI 关联账号个数检验 ◎登录设备 ID 变化检验	**账号信息** ◎账号状态是否正常 ◎账号是有历史记录 ◎账号活跃度、稳定性评级 ◎账号关联信息风险评级 ◎账号基本信息是否正常	**用户行为** ◎历史时间行为状态评估 ◎历史时间、频次评估 ◎注册、登录时间长度评估 ◎输入信息时间长度评估 ◎信息修改频次评估 ◎页面停留时间评估 ◎应用使用时间、频次评估 ◎设备点击行为评估 ◎设备点击时间、点击间隔时间评估 ◎设备按压感评估
设备环境 ◎ IP 黑白名单动态检验 ◎ IP 位置与设备位置交叉检验 ◎代理或 VPN 类型 IP 检验 ◎移动网络（3G/4G）IP 检验 ◎ IDC（互联网数据中心）IP 检验 ◎ IP 登录地址是否相同 ◎设备位置、设备通讯录是否正常 ◎设备 App 是否包含恶意应用	**个人信息** ◎手机号黑白名单动态核验 ◎三要素实名检验 ◎手机号检验 ◎邮箱检验 ◎出生日期、性别等基本信息画像是否正常 ◎人像对比以及活体识别检验	

羊毛党风险防控围绕设备、账号、行为，主要面向设备信息、设备环境、账号信息、个人信息、用户行为建立风险规则，同时利用大数据风控技术深入挖掘潜在隐藏风险，如基于设备、账号、行为的风控建模，利用多维变量建模输出黑灰产风险等级，通过等级制定自动差异化拦截。高风险直接拦截参与拉新、优惠奖励等活动；中风险依据风险类型调整业务核验方式，如新增实名验证、活体检验等；弱风险可以增加额外防控措施，如根据风险类型推送短信、语音、图片等不同的验证方式，并且对疑似风险账号适当减少奖励。

羊毛党风控以提高羊毛党作恶门槛，拦截确切羊毛党风险，快速修补羊毛党风险漏洞为目标，包括升级风控技术、改进策略、增加羊毛党的作案成本和伪装难度，同时对识别的羊毛党风险进行快速拦截响应，以最快速度堵住风险漏洞。

3.2.2　支付风控

支付行业从最初的传统线下支付到现在的线上支付发生了翻天覆地的变化，不管是传统线下支付巨头银联，还是新兴的线上支付巨头支付宝、财付通等，都面临支付风险。支付业务的快速发展催生支付风险不断滋生、演变，支付风控形势越来越严峻，从最初传统线下支付风险的防控到现在线下、线上支付风险的双重防控，支付风控的核心和目标也在不断迭代。

支付风险主要分为传统支付风险、新兴支付风险两类，如图 3-5 所示。

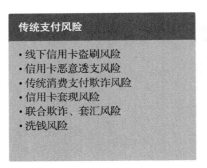

图 3-5　支付风险类型

传统支付的信用卡盗刷风险实施方式主要分为诈骗类盗刷、工具类盗刷两类。诈骗类盗刷主要是利用电话、短信通过提额、奖励等活动诱惑、欺骗持卡人说出卡号、验证码、密码，以此盗刷持卡人现金。工具类盗刷主要是利用磁条复制器在持卡人用卡时窃取、复制信用卡磁条信息，然后利用盗取的信息伪造信用卡实施盗刷，目前通过将磁条卡升级为芯片卡可以有效防止此类盗刷风险。

新兴支付的账户盗用风险是指用户在支付平台的账号被盗用并且资金被盗刷；恶意支付交易风险是指交易中的恶意行为导致支付资源占用、浪费，如机器批量抢购、支付；资金池挪用风险是指互联网业务支付交易中的在途资金、保证资金脱离监管被私自挪用；联合套现、欺诈风险类似传统的信用卡套现风险，只是套现的范围不仅包含信用卡，还包含花呗、白条等互联网金融产品；合规风险是指违反相关支付的法律法规造成资金处罚、声誉损失；操作风险是指支付平台或者支付终端因为人员违规操作、操作失误等导致损失；洗钱风险是指违法犯罪人员利用支付平台的业务漏洞、风控漏洞洗钱，使得支付平台沦落为洗钱工具。

支付行业风险类型繁多，其中账户盗刷是支付业务中最常见的风险，也是较为严重的风险，给支付风控带来了前所未有的严峻挑战。下面将重点介绍账户盗刷风险、账户盗刷风控。

1. 账户盗刷风险

账户盗刷（俗称"盗号"）不仅存在于支付业务中，而且存在于其他很多互联网业务中，如电商、互金、在线旅游（OTA）、娱乐等。由于互联网的高速发展，盗号黑色产业链愈发成熟，账户盗刷的风险问题也日益严峻。账户盗刷从最开始的木马病毒盗号，到后来的 Web 端跨站脚本攻击（XSS）或者跨站请求伪造（XSRF）等漏洞盗号，再到后来利用社会工程学研究人性的弱点通过钓鱼网站或者弱密码破解盗号，最后到现在的撞库盗号，盗号黑产业链发展越来越完善、成熟。相对的盗号风险控制技术也在不断迭代，从最开始的木马病毒扫描软件，到漏洞修复软件，再到后来钓鱼网站扫描以及验证码等技术的诞生，盗号风控一直在和盗号黑产对抗。

撞库盗号是当前较为严峻的账户盗刷风险，主要因为互联网在电商、娱乐、社交、出行、金融等行业普及以及手机作为主要的身份认证 ID 导致个人拥有的平台账号数量变多，同时普遍存在重复使用相同账号、密码的趋势（个人能够记住的账号、密码数量有限），因此由于数据库等安全问题泄露的数据信息被黑产人员利用，作为账户盗刷的首要资产。

现在的账户盗刷黑色产业链核心分为拖库、洗库、撞库三部分，图 3-6 展示了账号盗刷存在批量、大量、高效等特征。

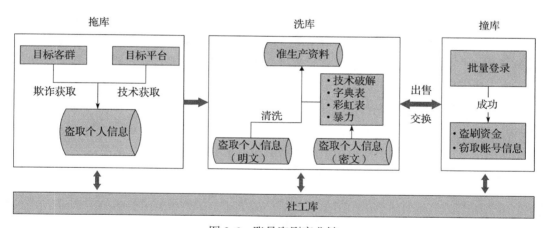

图 3-6 账号盗刷产业链

拖库是指黑产人员通过欺诈方式、技术方式盗取个人信息，是账户盗刷的第一步。盗取信息主要有账号、密钥、身份证、手机号等个人信息，盗取手段包括欺诈、技术两类。

❑ 欺诈手段

■ 利用人性的弱点，设置欺诈陷阱，如钓鱼网站、钓鱼邮箱、短信和语音通信欺骗等方式，骗取个人信息；
- 利用人性的弱点，通过高额利润骗取个人信息。
- □ 技术手段
  - 利用木马病毒、系统漏洞、三方插件漏洞等攻击平台系统、平台数据库获取个人信息；
  - 利用用户使用行为中弱密码、密码关联性等特征组建高概率密码破译个人信息。

黑产人员拖库完成后获得许多个人信息资料，但是因为个人信息资料维度各有不同且有明文、密文之分，同时每个黑灰产业务关注的资料信息侧重点不同，因此黑产人员还需要对拖库获取的个人信息数据进行分析，即洗库。

洗库是指黑产人员获取大量个人信息数据后，通过技术手段将个人信息数据清洗分类并通过黑灰产业链将清洗后的用户数据变现，是账户盗刷的第二步。洗库主要完成数据的清洗、分类以及密文数据的破译工作，目前数据主要包含金融类账户、社交论坛类账户、游戏类账户、影音娱乐类账户、电子旅游类账户、教育类账户、新闻广告类账户等。密文数据主要通过字典表、彩虹表、暴力破解技术实现破译，洗库会生成黑灰产业链中的准生产资料。

账户盗刷第三步就是撞库。撞库是指黑产人员利用清洗分类好的个人信息数据，主要是账号、密钥数据，对其他网站或者平台实施批量登录，通过已知平台账号去尝试破译其他未知平台的账户，进而获取更多的平台账号信息以及个人信息。成功破译账户后进一步实施其他的欺诈获取利益，如盗取支付平台账户，将其中的金融账户资金转出至黑产人员银行账户，或者通过电商、线下消费等渠道直接使用盗取的支付账户进行消费盗刷。

撞库获得的个人信息资料还会回流到账户盗刷产业链的洗库环节，获取的大量个人信息再次被清洗、处理、分析，拆分成各种黑产准生产资料进行售卖，如暗网中贩卖的姓名、身份证、手机、地址等个人数据。

黑产人员在实施账户盗刷时还会组建社工库（社工库指黑客与大数据方式相结合的一种产物，黑客们将泄漏的用户数据整合分析，然后集中归档的一个地方），在拖库、洗库、撞库的操作中都会与社工库有着密切的数据交互。社工库在黑产的支持下变得越来越大。

2. 账户盗刷风控

账户盗刷风险虽然背后已经有一套成熟的黑色产业链支撑，但是账户盗刷的风险还是可以防范和控制的。账户盗刷风控主要瞄准拖库、撞库两个环节进行重点防控，防控方向分软件安全、产品和业务安全、数据安全三方面。

软件安全主要是应对拖库风险，通过对应用软件系统风险漏洞自检来修复应用的软件漏洞，堵住黑产人员的技术攻击，同时远离有风险漏洞的三方组件，避免编码时就为黑产人员留下有机可乘的风险漏洞。

产品和业务安全是指在业务、产品设计的时候就需要考虑对抗洗库、撞库风险。

- 登录产品的设计应杜绝快速验证反馈（账号输入后提示是否已经注册或者提示是否正确），防止黑产人员在撞库时通过该功能判别账号是否是平台账号或者判断账号密码是否错误；
- 增强密码创建规则，如限制密码必须大于 8 位数且包含英文字母，通过增加用户创建密码的复杂度，增加黑产人员破译的难度；
- 登录产品增加图形、声音等验证码或者手机实名短信验证码等，提高黑产人员批量撞库的操作难度和成本；
- 登录产品增加密码错误输入时间或者输入次数限制规则，利用账户、密码试错的原理，有效控制批量撞库的实施；
- 登录产品设置 IP、设备可信 ID 的检验规则，有效识别、拦截黑产撞库风险；
- 登录产品接口安全统一管控，避免集团业务附属的登录产品遗漏风险检验、被黑产攻破。

数据安全是指数据库的存储安全和数据库的访问安全，如对数据库存储的密码数据进行 MD5 加密，但是若只是简单利用 MD5 加密则还是会被常用密码索引表即彩虹表所破解，因此核心机密数据的加密常采用"用户密码 + 随机密码（系统随机生成）"组合 MD5 加密，这样就增加了破解的难度。另外对于数据库中身份证号、电话、地址等其他敏感的个人信息数据也可以进行加密存储，及时处理数据库数据泄露也能够尽可能地减少损失。数据库访问安全可以通过设置 Ukey、密钥等进行数据库权限控制，也可以使用专业的运维防护工具如安全网关、堡垒机等控制。

账户盗刷风险只是支付风险的其中一类，支付平台还面临诸多风险，且因为支付平台能够获取的数据有限，所以支付平台的风控任务艰巨。支付风控通常设置在支付交易的最前端，当且仅当每笔交易通过支付风控后支付交易才会进行交易的处理。支付风控依赖的数据包含客户数据、交易数据、历史数据三部分：

- 客户数据主要指交易平台的用户信息、设备信息，包括身份 ID、姓名、手机号、设备类型、设备编号、定位等信息；

❑ 交易数据主要指交易的订单信息，包括交易类型、交易时间、交易金额、平台账号、支付账号等信息；

❑ 历史数据主要指支付平台的历史信息，包括历史的交易信息、用户信息等。

支付平台基于业务规则以及核心数据建立的支付风控分为业务规则风控、支付模型风控两类。业务规则风控是支付平台设计交易流程时，为应对洞察到的支付交易中可能发生的风险因子以及业务漏洞而制定的业务风控规则。如支付时需要输入支付密码，支付金额较大时需要进行业务验证（常用验证有手机实名验证、姓名验证、开户行验证等），新绑定银行卡时需要进行身份验证（支付账号实名身份需同银行卡实名身份相同）等。支付模型风控是支付平台利用支付交易获取的客户数据、交易数据、历史数据进行风控建模，创建能够识别出风险交易的风控模型。

3.2.3 信贷风控

金融信贷行业从创立之初发展至今已经逐渐成熟，无论是传统信贷、互联网金融信贷、企业信贷（小微企业信贷、中大型企业信贷）、个人信贷，还是供应链金融、汽车金融和消费金融，金融信贷业务遍布社会的方方面面。

前面第1章介绍过银行的八大风险，单笔信贷业务虽然业务场景类型不同，但是抽象后的风险都可概括为信用风险。信用风险主要考量的是借款人的"还款意愿""还款能力"两个维度：

❑ 还款意愿指借款人申请到借款后偿还该笔债务的意愿，决定还款意愿的因子主要是信用和违约成本；

❑ 还款能力指借款人申请到借款后偿还该笔债务的能力，决定还款能力的因子主要是收入、资产、负债。

当前基于互联网的新兴消费金融发展势头强劲，消费金融的信贷风控业务也发展快速，消费金融根据是否依托具体的消费场景，可以分为依托具体消费场景的消费贷和不依托具体消费场景的现金贷两种业务模式。参与的机构有商业银行、持牌类消费金融公司、持有小贷牌照的小贷公司、持有网络小贷牌照的互联网小贷公司。由于依托场景的消费贷根据不同的场景业务风控存在着细微的差别，所以这里的信贷风控着重介绍相似度更高的现金贷风险控制，不过在介绍现金贷风控前先讲解下现金贷业务和风险。

1. 现金贷业务和风险

小额现金贷款业务简称现金贷业务，是针对申请人发放的消费类贷款业务，该类业务具有实时快速审批、快速放款、借款方式灵活、还款方式灵活等特点。

由于互联网技术的发展，现在的现金贷业务更趋线上化。全流程的线上现金贷业务如图 3-7 所示。

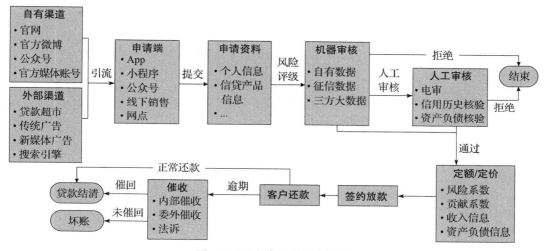

图 3-7　现金贷业务核心流程

现金贷业务核心流程从触达客户开始，即俗称的引流，常用的现金贷业务引流渠道包含官网、官方微博、公众号、官方媒体账号等自有渠道以及贷款超市、传统广告、新媒体广告、搜索引擎等外部渠道。触达客户后潜在目标客户通过 App、小程序、公众号、线下销售网点申请办理贷款业务，客户会提交姓名、身份证、手机号、地址、学历、工作、职位等个人信息以及贷款期限、贷款额度、还款方式、贷款用途等信贷产品要素。在客户提交申请资料后，风控系统会利用自有数据、征信数据以及三方大数据对客户进行风险评级，再利用风险系数、贡献系数、收入信息、资产负债信息对风险评级自动通过的客户进行最终授信额度和利息的评估；另一方面需要人工审核的客户流转到人工审核环节，通过人工电核、人工信用历史和资产负债等核验确认客户能否通过，再对人工审核通过的客户进行最终授信额度和利息的评估。评估完成后客户收到贷款结果，然后完成签约、获取放款。最后客户根据还款形式进行债务偿还，正常还款客户完成还款、订单结清；非正常还款（即逾期）客户会催收包含内部催收、委外催收、法诉等，若催收后客户还是未偿还贷款，则会形成坏账。核心业务流程简单地概括了现金贷的业务流程（包含贷前风控），并针对现金贷业务中贷中、贷后的风险检测和预警等风控做了省略，详细的风控业务流程会在现金贷风控中介绍。

现金贷业务场景通常分为存量客户信贷服务以及全新客户信贷服务两类，存量客户信贷服务有两种服务模式：一种是对存量客户先进行预授信，然后再进行产品营销，最后目标客户申请借款；另一种是对存量客户再次进行产品营销后，目标客户申请借款。全新客户信贷服务模式是对目标潜在客户进行产品营销后目标客户申请借款。

现金贷业务的核心三要素是流量、风控、成本，三者共同决定了现金贷业务最终收益，缺一不可。

❑ 流量的大小决定现金贷产品能够触达的客户量，结合客户转化率最终直接决定现金贷产品的客户申请数量。流量的好坏以及信贷产品要素如最高额度、期限、最低利率、准入门槛等影响着现金贷产品的转化率。

❑ 风控是现金业务的"咽喉"，决定着现金贷业务的放贷笔数、放贷金额以及最终收益，好的现金贷风控不是追求风险最小化，而是追求风险可控的范围内收益最大化。

❑ 成本既有人力成本也有资金成本，且资金成本是核心，现金贷业务的成本直接决定业务的收益大小，直接影响着产品利率的高低，间接影响着产品的竞争力。

现金贷业务的目标客户信贷需求"短、小、频、急"，客户需求特性决定业务必须高效、便捷，使得现金贷业务小额大量，现金贷风险小额分散。

由于现金贷业务中黑灰产不断渗透，并且当前现金贷业务基本都是全线上纯信用贷业务，因此现金贷风险从信用风险为主变成了信用风险和欺诈风险为主。

2. 现金贷风控

现金贷业务的快速发展得益于现金贷风控技术的快速发展，现金贷风控技术的发展得益于金融科技的高速发展，大数据、人工智能、云计算等技术在金融科技的融合，催生科技重塑传统金融行业，使得现金贷风控变得更高效、精准。

目前主流的现金贷风控是运用大数据构建模型的方法对借款人进行风险控制和风险预警，相比传统风控依靠风控团队人工完成，现在的现金贷风控更多依靠系统完成。目前现金贷风控业务已实现全面线上化流程，根据业务流程，可将现金贷风控分为贷前、贷中、贷后三部分，如图 3-8 所示。

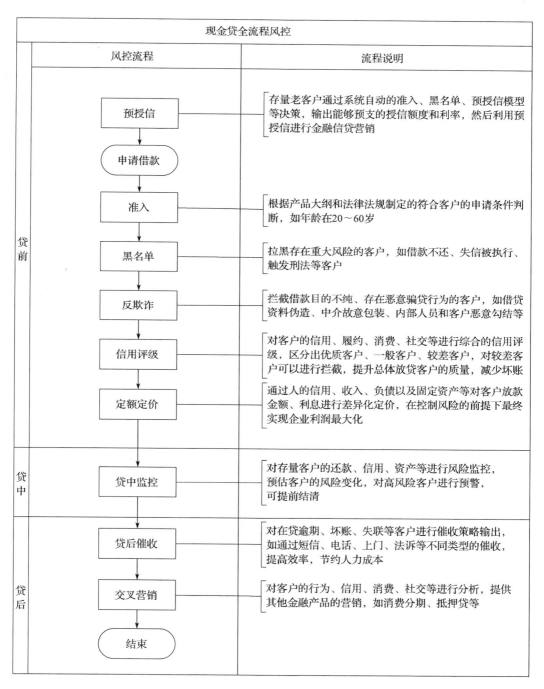

图 3-8　现金贷全流程风控

现金贷全流程风控贷前包含预授信、准入、黑名单、反欺诈、信用评级、定额定价，贷中包含贷中监控，贷后包含贷后催收、交叉营销。现金贷风控流程的每一个环节都是根据业务整体的风险策略而制定的，每一个环节都有其具体的业务定义。

- 预授信主要为存量客户定制适用于部分业务场景的流程，通常包含准入、黑名单、反欺诈、预授信模型等风控策略，通过提前预估、告知存量客户授信额度、利率等要素以提升信贷产品营销转化率。

- 准入是根据公司产品战略以及信贷法律法规等政策制定的产品准入条件（即产品大纲），如根据公司战略制定的产品允许进件的区域限制条件以及国家规定产品贷款年利率不能超过36%等。准入环节主要是产品政策方面的策略，通常都是规则，有些机构是直接放在业务系统前端进行管控，而有些机构是直接归到风控系统统一管理，建议可以统归风控系统管控，因为风控系统对规则的配置更灵活、方便。

- 黑名单是指对知晓的已存在重大风险的客户进行业务拉黑，新的客户如果命中黑名单则直接拒绝，黑名单的命中需要唯一ID，现在的信贷业务黑灰产猖獗，黑名单唯一ID对象不仅只有人（身份证号码），而且已经升级拓展到设备（设备ID）、手机号码等，增加黑名单类型可以多维度拦截风险客户。

- 反欺诈是对恶意骗贷的欺诈客户和群体进行识别、拦截，反欺诈主要针对团伙欺诈，因为团伙欺诈通常会造成巨大的损失。

- 信用评级是利用客户的历史信用、履约、消费、社交、资产负债等信息衡量客户的还款意愿和还款能力，以此区分出优质客户、一般客户、较差客户，实现差异化评级，即对较差客户进行拦截或者增加贷款利息和降低到款额度，对优质客户降低贷款利息和增加贷款额度等。

- 定额定价是根据客户的信用情况、风险因子、收入、资产、负债等对客户的放款额度、利息进行自动差异化定价，在控制风险的前提下实现企业利润最大化。

- 贷中监控是对在贷存量客户的用款行为、还款行为、信用变化、收入资产变化等进行风险监控，通过预估客户的风险变化对异常或者高风险客户设置风险预警，制定该类客户提前结清等风险控制措施，贷中风险监控也包含部分贷前风控，如反欺诈、黑名单等监控。

- 贷后催收是指客户发生逾期或者贷中检测出风险异常后会进行贷后催收，贷后催收模型根据客户的个人信息、行为信息、逾期信息等信息对逾期、风险异常、失联、坏账客户输出催收方式、催收内容的建议，通过差异化精细催收提升催收效率以及催收回款率。

❑ 交叉营销是通过分析存量客户的行为、信用、消费、社交等全量数据推断客户喜好、需求，以此提供其他金融增值服务。

现金贷全流程风控的核心思想是围绕"现金贷三部曲"打造的：第一曲判断是人还是机器，第二曲检测是本人还是其他人，第三曲评估是好人还是坏人。风控流程不同环节的建立主要是围绕三部曲去打造，风控的技术方案也是围绕三部曲去打造，如图 3-9 所示。

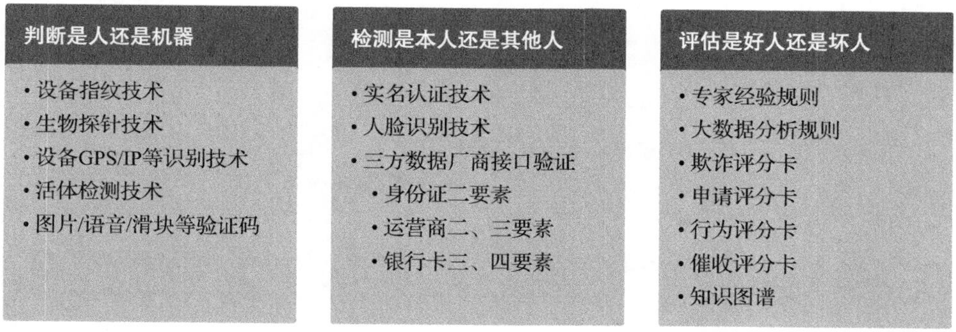

判断是人还是机器	检测是本人还是其他人	评估是好人还是坏人
·设备指纹技术 ·生物探针技术 ·设备GPS/IP等识别技术 ·活体检测技术 ·图片/语音/滑块等验证码	·实名认证技术 ·人脸识别技术 ·三方数据厂商接口验证 　·身份证二要素 　·运营商二、三要素 　·银行卡三、四要素	·专家经验规则 ·大数据分析规则 ·欺诈评分卡 ·申请评分卡 ·行为评分卡 ·催收评分卡 ·知识图谱

图 3-9　现金贷风控三部曲核心技术方案

判断是人还是机器主要是核实业务场景的真实性，通过对申请设备、申请对象识别检测，拦截专业黑灰产人员利用机器批量模拟借款；检测是本人还是其他人也是核实业务场景的真实性，通过对申请对象实名检验，拦截专业黑灰产人员包装客户虚假申请骗贷；评估是好人还是坏人主要是利用专家经验规则、大数据分析规则、大数据风控模型、知识图谱等评估贷款主体的信用风险，对高风险客户进行业务拦截。现金贷风控中常说的 A 卡、B 卡、C 卡、F 卡分别是申请评分卡（Application Score Card）、行为评分卡（Behavior Score Card）、催收评分卡（Collection Score Card）、欺诈评分卡（Fraud Score Card），对应的风控环节分别是信用评级、贷中监控、贷后催收、反欺诈，都是通过大数据建模的技术方案实现的。

由于现金贷业务缺少场景数据，因此现金贷风控策略创建主要围绕客户的基本信息、信用信息、消费信息、资产负债信息、公众信息等。根据现金贷风控流程制定的常用现金贷风控策略如图 3-10 所示。

准入	黑名单	反欺诈	信用评级
• 主贷人国籍限制 • 主贷人年龄限制 • 主贷人职业限制 • 申请证有效期	• 身份证号黑名单检验 • 手机号黑名单检验 • 设备ID黑名单检验 • 设备IP黑名单检验 • 公安重点人员名单检验	• 实名认证 • 运营商三要素验证 • 人脸识别&活体检测 • 在网时长检验 • 在网状态检验 • GPS定位检验 • 手机通讯录状态检验 • 关系网络风险检验 • 一度关联黑名单数量 • 一度关联风险客户数量 • 地址、手机、身份证号、单位名称相互关联 • IP、设备ID相互关联	• 司法失信名单检验 • 司法失信被执行名单检验 • 征信模块 • 信贷、担保五级分类检验 • 当前逾期状态 • 半年内未结清逾期次数 • 2年、3年、5年内累积逾期次数 • 单笔信贷连续最长逾期次数 • 1个月、3个月、6个月内贷款和信用卡查询次数 • 信用卡数量 • 信用卡额度使用比例 • 1个月、3个月、6个月内非银信贷检验

信用评级	定额定价	贷中监控	贷后催收
• 消费行为 • 1个月、3个月、6个月内消费交易笔数、金额 • 1个月、3个月、6个月夜间交易笔数、金额占比 • 1年内超大消费交易笔数、金额，以及对应占比 • 交易类型评级 • 资产负债模块 • 1个月、3个月、6个月内收入笔数、金额 • 1个月、3个月、6个月内还款笔数、金额 • 房产、车产检验 • 1年内大额入账金额、笔数以及对应占比 • 公积金、社保评估 • 学历、职业评估	• 收入评估 • 资产评估 • 负债评估 • 风险系数 • 稳定性系数	• 银行卡四要素验证 • 在网状态检验 • 黑名单检验 • 信贷行为 • 1个月、3个月、6个月金额不足、交易失败笔数 • 每月还款笔数以及最小、最大金额 • 1个月、3个月、6个月内贷款和信用卡查询次数 • 非银信贷App应用数量 • 1个月、3个月、6个月内非银信贷应用申请次数 • 消费行为 • 征信模块 • 资产负债模块	• 预警风险类型 • 逾期金额大小 • 逾期日期 • 逾期次数 • 客户联系状态 • 短信提示日期、次数 • 电催日期、次数 • 收入、资产、负债评估 • 征信模块

图 3-10 常用部分现金贷风控策略

以上只是简单列举说明现金贷风控的部分策略，主要偏规则类，真实业务使用的风控策略会在以上策略基础上进行丰富，包含强规则、弱规则、评分卡三种类型，同时由于每家企业面对的现金贷客群以及每家企业能够利用的数据资源不同，也会存在很多差异。现金贷风控使用的指标数量少则上百条，多则上千条，互联网提供的大数据可促使现金贷风控策略评估的维度更精细、准确。

根据业务场景的不同，信贷风控的评估维度也有所不同，但基于大数据的风控方案是相同的，风控的核心思想"风控三部曲"是相同的，合理风险范围内收益最大化的风控目标也是相同的。

3.2.4　保险风控

中国保险业在进入互联网元年后快速发展，2018 年保费收入达到 3.8 万亿元，保费收入年均增长达到 20%。从 2018 年至今保险行业受政策、监管等影响增长有所放缓，但是长远看来，伴随保险业对外开放，保险业监管持续规范，再加上互联网科技助力，保险业将会迎来持续稳定的发展。保险业的产品分为传统型、新兴型，传统型产品包含车险、寿险，新兴型产品包含意外险、健康险、财产险（非车险）。2014 年传统型产品的保费收入占据保险市场约 81.1% 的份额，但是随着新兴型产品的快速发展，传统型产品的保费收入占比逐年下降，到 2018 年占比约 75.4%。

互联网背景下的保险行业因"市场容量大且持续增长""市场开放增强、客户保险意识提升""市场结构优化、产品多元"迎来诸多机遇，但同时受"保险欺诈风险""代理人流失率高""客户触达率低""综合成本高"等影响也面临着巨大的挑战。保险行业受较高赔付率的影响，普遍存在高赔付、低盈利现象，而较高赔付率是由保险风险直接导致的，因此保险风控作为保险行业的核心就显得格外耀眼。

保险行业核心业务流程包含产品设计、产品营销、承保、理赔四部分，如图 3-11 所示。

保险业务包含的产品设计、产品营销、承保、理赔等核心业态，从保险业诞生至今就一直存在，随着大数据、人工智能、云计算、物联网、区块链等技术在保险科技的运用，保险的核心业务流程变得更加精准、高效、智能，但是面对业务、财务、资金等多维的保险风险，保险科技对保险风险防控的赋能还需进一步加强，尤其是对承保、理赔两个核心业务流程的风险防控。

保险业务风险根据业务流程分为承保风险、理赔风险，如图 3-12 所示。

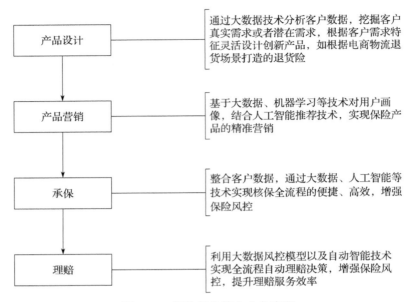

图 3-11 保险行业核心业务流程

图 3-12 保险业务风险

当前保险行业面临的承保风险主要源自对市场经济、市场环境、产品设计、投保人等计量测算不足、决策控制欠缺；面临的理赔风险主要是内部人员操作风险、代理渠道和被保险人的欺诈风险，以及业务的渗漏风险，其中代理渠道和被保险人的欺诈风险以及业务的渗漏风险是重要风险，如车险中常见的毒 / 酒驾掉包、摆放现场、二次碰撞等。保险行业的欺诈风险作为重要风险也在不断迭代演进，下文将着重介绍。

1. 保险欺诈风险

根据国际保险监督管理协会的测算，全球保险理赔有 20% 至 30% 涉嫌欺诈，直接导致的损失达 800 亿美元。保险行业的欺诈类型在不断增多，欺诈风险呈现多样化、专业化、团队化趋势。

- ❑ 欺诈风险多样化。以人身险为例，有由于高额赔偿诱导的杀人骗保欺诈、自杀骗保欺诈、先死后保欺诈、伪造病历欺诈，以及联合医疗机构伪造欺诈等；以车险为例，有酒驾毒驾调包欺诈、二次碰撞欺诈、摆放现场欺诈、故意出险欺诈、伪造盗抢欺诈等；以企财险为例，有伪造事故欺诈、伪造损失欺诈等，以及其他具体业务场景下的财险、寿险欺诈风险。

- ❑ 欺诈风险专业化。随着黑灰产业务的渗透，保险欺诈业务越来越专业，以二手车恶意骗保产业链为例，二手车商或者二手车主联合汽修厂、保险代理人，利用车险业务漏洞，通过故意伪造交通事故、提供虚假的理赔材料等方式骗取保费；以医保恶意骗保产业链为例，投保人联合医疗机构，通过伪造虚假病历、提交伪造医疗支出费用等方式骗取保费，诸如此类保险的欺诈方式、欺诈途径、欺诈手段不断升级，更加专业。

- ❑ 欺诈风险团队化。伴随欺诈风险的专业化，欺诈的黑产收入更加丰厚，因此诱导更多的黑灰产人员加入，欺诈风险团队效应更加明显。以二手车恶意骗保产业链为例，起初的欺诈主要偏个人利用要求汽修厂材料偷换、虚假高估等方式赚取赔偿保费的中间差价，逐渐发展成二手车商联合汽修厂、保险代理人等多对象的专业、批量欺诈，团队化的欺诈风险作案方式更加隐蔽，造成的损失也更加严重。

保险行业的欺诈风险类型增多，欺诈实施手段愈发专业，欺诈实施对象从单一对象变成团队组织，但是由于保险行业的风控手段陈旧、风控能力薄弱，因此保险行业面临的业务风险特别严峻。

2. 保险欺诈风控

保险行业的风控从最初发展到现在，尤其是近几年大数据、人工智能技术的运用，能力进步显著。保险风控主要经历了传统风控、数据风控、智能风控三个阶段。

- ❑ 传统风控在保险风控的运用上有着长远的历史，许多中小保险公司至今还在延用。传统风控使用的是专家经验规则，采用的审核方式是人工审核，重点关注的是风险评估、风险定价，而由于数据匮乏、技术陈旧的制约，在风险预测、风险监控等方面比较落后。以初期寿险业务的风控为例，保险公司开发寿险产品时设定的保费、保额是简单根据客户的地域、年龄来划分的，如北、上、广、深一线城市的最高保额为 200 万元，其他二、三线城市的最高保额为 120 万元，而三线以下的城市最高保额为 80 万元；又如年龄为 20 岁到 30 岁的最高保额为 200 万元，30 岁到 45 岁的最高保额为 150 万元，45 岁到 60 岁的最高保额为 80 万元，60 岁以上的最高保额为 40 万元。在诸如保费、保额等产品属性的评估、测算上，传统风控都偏重专家经验，而此时由于保险的渗透率较低、欺诈产业不成熟，保险行业的欺诈风险较低。

❑ 数据风控在互联网元年尤其是移动互联网发展阶段开始快速发展。伴随决策引擎的诞生以及决策引擎在金融风控、营销风控等方面的运用，数据风控转为使用简单的规则进行风险的控制。数据风控利用传统风控总结的专家经验，制定简单的规则，建立专家经验规则库，利用决策引擎系统实现保险风险的自动拦截、保险的自动定价，结合人工辅助核保、核赔，数据风控步入半自动化阶段。然而此时的保险欺诈风险却在肆意发展，新的欺诈风险不断滋生，保险欺诈产业逐步成熟，面对高发、严重的保险欺诈风险，数据风控遭遇严重的挑战。

❑ 智能风控的到来得益于保险科技的快速发展，伴随大数据、人工智能、云计算、物联网、区块链等技术在保险科技上的运用，保险风控进入智能风控阶段。智能风控是基于智能算法、数据化建模、智能画像等技术，运用决策引擎、分析引擎等系统自动化智能决策一系列风险，实现风险自动化智能识别、智能评估、智能预警、智能防控等。智能风控克服了传统风控的主观片面以及数据风控的维度单一，从多维度对保险风险进行识别、拦截，并且能够对保险风险进行智能预警，提前进行预防。相比传统风控和数据风控，智能风控拥有成熟、完善的规则库，利用模型、规则等对不同类型保险风险进行不同细度的识别、预警、拦截，能够更加全面地覆盖保险风险。智能风控不仅能够对保险风险进行自动识别、预警，还能对识别确认的风险进行相应的自动化处理，有效防止风险蔓延。另外智能风控能够根据不同的风险偏好灵活配置或者调整风控规则、模型的阈值，实现动态风险的实时极速跟踪，并能够通过实时数据、离线数据进行风险的自动机器学习，通过不断对保险风控模型和规则进行迭代来提升保险风控能力，从而很好地对抗保险欺诈等类型的新型风险。

从保险风控发展到如今的智能风控，不管是最初的传统风控还是后来的数据风控，都不是一蹴而就的，其中离不开的两个核心要素是数据和技术。风控数据已从单一维度发展到多个维度，例如保险风控利用的核心数据包含案件数据（如报案时间、地点等）、行为数据（如运营商信息、通话记录信息、通讯录信息等）、车辆数据（如驾驶人基本信息、车辆基本信息、GPS 信息等）以及其他数据（如金融风控征信数据、关系网络数据等）。虽然保险风控现在利用的数据较多，但是依然存在数据关联弱、质量差等问题，同时保险风控数据孤岛现象严重。风控技术经历了从人工经验审核到决策引擎自动决策的转变，也推动了保险智能风控的发展。

3.3　本章小结

本章通过介绍业务生命周期的酝酿期、发展期、稳定期、衰退期四个阶段对应业务风险生命周期的风险滋生、风险爆发、风险阻塞、风险迭代四个阶段，充分说明了风险和业务的关系。风险和业务天生就是寄生关系，业务中会产生风险，风险寄生在业务中。同时风险和业务也是对抗关系，风险和业务相互博弈、此消彼长。业务的发展壮大奠定企业的营收基础，同时业务的发展壮大会造成风险。

正是因为风险和业务的高度耦合，所以业务场景的风险类型、属性等具有唯一性。目前常见的业务场景的风险类型有电商风险、支付风险、信贷风险、保险风险等，本章着重介绍以上四大场景风险的风控现状以及常用风控方法。

智能风控平台

　　智能风控平台由许多系统产品组成，用于支撑智能风控业务的实现，是智能风控业务的基础。智能风控平台能够满足信贷风控、电商风控、保险风控、支付风控等不同类型风控的业务需求。智能风控平台的建设需要高度契合智能风控业务，因此第二部分内容主要以智能风控业务为基础，逐步深入介绍智能风控平台架构，包含智能风控业务架构、智能风控系统功能架构、智能风控系统技术架构。

Chapter 4　第4章

智能风控业务

智能风控业务范围广泛，在电商、娱乐、游戏、金融等不同行业的业务场景中都会涉及，只是不同的业务场景适用的智能风控解决方案不同。互联网的快速、成熟发展以及科技的持续创新为智能风控的诞生和发展提供了必要的条件，所以智能风控发展到今天不是巧合，而是互联网浪潮和科技共同推动的必然结果。鉴于本书主要介绍金融行业信贷业务的智能风控，本章将以消费金融现金贷业务为例展开介绍。

4.1　智能信贷业务背景

智能信贷业务是智能风控业务的基础。得益于互联网这辆高速奔驰的列车，从传统业务模式逐步发展成信息化业务模式，再加上智能风控技术融入其中，信贷业务被冠以智能的称号。

抛开智能风控，如果只专注智能信贷业务本身，准确的定义应该是互联网信贷业务。互联网信贷业务是传统金融和互联网擦出的火花，是由传统信贷业务演变而来的，拥有与传统信贷业务相同的核心模型，即都是以资金为标的物，通过出借和回收资金实现利息差、获取利润。

4.1.1　传统金融和互联网的碰撞

金融行业的发展史是一部依靠科技不断变革、进步的创新史，从 20 世纪 60 年代诞生的自助终端 ATM 开始，到 80 年代、90 年代的电子支付、网上支付、网上银行等，再到近十多年的移动支付、互联网金融，经历了电子化、数字化、智能化三个阶段。金融科技的发展、创新、进步一直引领着金融行业的变革。消费金融现金贷业务的发展离不开技术的变革和进步，当前现金贷业务的快速、便捷等特点，主要还是归功于传统金融和互联网的碰撞，以及风控和金融科技的碰撞。

国内消费金融的发展最早可以追溯到 20 世纪 80 年代开展的信用卡和部分产品的消费信贷业务，但是受限于用户需求（消费水平低）、技术、市场宏观环境等因素，传统金融的消费信贷业务在很长时间内的发展都比较缓慢。国内的消费金融发展核心历程如图 4-1 所示。

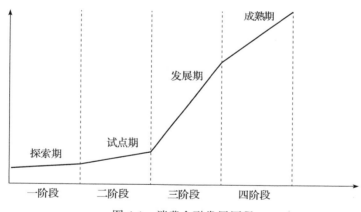

图 4-1　消费金融发展历程

如图 4-1 所示，国内消费金融的发展主要经历了探索期、试点期、发展期、成熟期四个阶段。

1）探索期的时间周期较长，从 20 世纪 80 年代初到 2009 年，核心业务是信用卡和消费信贷，如房贷、车贷等。探索期属于消费金融的起步阶段，发展速度较慢，技术创新迟缓。

2）试点期横跨 2009 年至 2013 年，核心业务是消费信贷。试点期作为消费金融发展历程的第二阶段，解决的是个人生活消费品、旅游、教育等信贷需求问题，这个阶段的消费金融发展主要依靠政策指引，引入民营资本，设立试点消费金融公司，推动消费金融行业、金融科技逐步发展。

3）发展期周期较短，从 2014 年到 2017 年。在发展期，消费金融依靠互联网金融的爆发增长以及政策的大力支持，迎来高速发展阶段。金融科技持续创新变革，消费金融业务和互联网业务高度结合，业务不断创新，从单一业务场景拓展到汽车金融消费、旅游休闲消费、健康消费、信息与网络消费、电商消费、教育消费、医疗消费、农村消费等多元业务场景。

4）成熟期是从 2017 年开始到现在。从发展期的爆发式野蛮生长到成熟期的稳定合规发展，消费金融市场步入健康发展阶段，此阶段的消费金融业务受监管政策的影响发展放缓。但从长远看，监管政策能够及时、快速整顿清理行业乱象，扼制高风险产品诞生，关闭无资质的公司，从而有效促进消费金融行业市场的良好规范发展。

国内的消费金融机构主要有商业银行、持牌消费金融公司、互联网金融平台三类。

❏ 商业银行是最早提供消费金融业务的机构，目前也是个人消费金融业务的主力军，其产品主要包括住房按揭贷款、住房装修贷款、新车／二手车贷款、信用卡、助学贷款、旅游贷款、消费信用贷款、耐用品贷款等。

❏ 持牌消费金融公司定位为商业银行的补充，即面向商业银行覆盖不到的中低收入新兴客群，专注于提供灵活、便捷的信贷产品，具有信贷产品类型丰富、业务覆盖区域广泛、信贷单笔业务额度小、纯信用、业务高效便捷等特征，涉及的消费场景有租房、教育、婚庆、家装、旅游、零售、车位等。

❏ 互联网金融平台是依靠互联网发展的创新型消费金融平台，其参与主体非常丰富，包含综合电商、网络小贷、分期电商、持牌消费金融公司、银行等。受益于互联网以及金融科技的支持，互联网金融平台提供的消费金融模式新颖、业务流程快捷、业务渗透深、场景更垂直。

消费金融商业模式有两类。一类是关联实际消费业务场景的消费分期，涉及的产品有信用卡业务，类似花呗、白条的交易分期业务，以及消费金融公司同商户合作的分期业务（如租房、医美、健身、教育等）。另一类是无关联实际消费业务场景的消费贷款，如银行的消费信用贷款，消费金融公司提供的信用贷款，类似借呗、金条等互联网金融平台提供的信用贷款。

传统消费金融现金贷业务多为线下模式，依靠人工成单，图 4-2 展示了银行的传统现金贷业务流程。

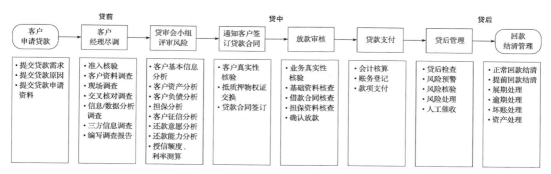

图 4-2 银行的传统现金贷业务流程

传统现金贷业务流程分为贷前、贷中、贷后三部分，包含 8 个业务环节。首先，客户需要前往银行柜台申请贷款，在该环节，客户需要提供贷款需求、贷款原因以及一些基本资料，包含征信查询授权书等；银行客户经理线下接待客户，了解借款需求、原因、基本资料，判断客户是否满足准入条件，同时通过客户或者第三方渠道采集、调查客户信息，编写调查报告；银行客户经理将客户的调查报告提交给贷审会小组，由贷审会小组召开评审会议对客户的基本信息、资产信息、负债信息、征信信息等进行分析，评估客户的还款意愿和还款能力，对于通过风险审核的客户，还会进行授信额度、利率的测算；通过贷前审核的客户会被通知再次来到银行签订贷款合同，在这个环节，办理贷款业务的银行工作人员除了要承接合同签订，以及交换担保客户的抵质押物权证，还要核验签订协议客户的真实性；在客户签订贷款合同后，银行会进行放款审核，主要是对业务的基础资料、借款合同、担保资料的核查，以及业务真实性核验，核验通过后确认放贷；确认放贷后，银行工作人员会根据客户预留账户进行打款，同时进行会计核算、账务登记，有些银行不会直接放款，而是会再次让客户前往银行柜台签订放款协议，再完成打款；待客户拿到贷款金额后，现金贷业务进入贷后管理阶段，贷后管理主要负责贷后风险的检查，如定期的贷后征信检查，发现风险后的风险预警，然后再进行相应的风险排查处理，当然对于逾期客户，还会通过短信、电话、上门等方式催收；最后每笔业务订单都会进入回款结清管理，如正常还款、提前还款等，对于不良状态如展期、逾期、坏账等业务的订单也会进行相应的处理。至此，整个传统现金贷业务流程都已通过线下完成，业务周期少则一周，多则一个月。

互联网，尤其是移动互联网的稳定发展，带来传统金融与互联网的首次碰撞，推动传统消费金融业务模式创新，使得现金贷业务从线下为主变为线上为主，传统业务的人工办理变为系统自动办理，业务模式更加新颖、便捷、高效，如图 4-3 所示。

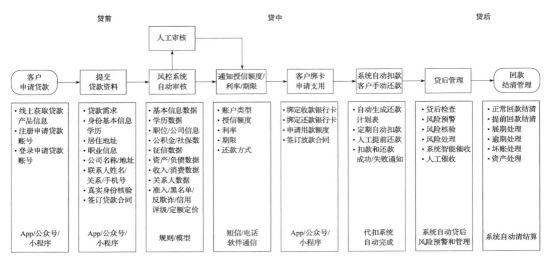

图 4-3 互联网现金贷业务流程

互联网现金贷业务流程同样分为贷前、贷中、贷后三部分，包含 9 个业务环节。相比传统现金贷业务，互联网现金贷业务是全线上商业模式。客户从互联网渠道如媒体社交平台、搜索引擎等获取现金贷产品信息，然后通过下载产品关联的 App 或者公众号、小程序进行贷款申请，其中涉及的核心流程为贷款申请平台的账号注册、登录。完成贷款申请的前期准备工作之后，客户就可以进行贷款的正式申请了，提交主贷人基本信息，等待主贷人真实身份核验通过，就可以在线上签订贷款电子合同。客户提交贷款信息后，风控系统会调用客户的数据，包含基本信息、征信信息、资产负债信息、设备信息、收入消费信息、关系信息等，然后自动根据之前设定好的风控策略，如准入、黑名单、反欺诈、信用评级、定额定价等，判断客户的还款意愿、还款能力、风险等级，接着风控系统会运用规则、模型技术制定风控策略，输出客户是否能够贷款以及能够贷款的额度、利率等。通常风控系统会输出三种结果："通过"表示客户能够贷款，"拒绝"表示客户风险高不能贷款，"人工审核"表示系统无法自动判断，需要转为人工判断，由审核人员确认客户是否能够贷款。风控系将决策结果发送到业务系统，由业务系统通知客户贷款结果，包括额度、利率、期限等，通知的方式有短信、电话、软件消息三种。客户在 App、公众号、小程序收到贷款结果通知，然后在对应的客户端发起款项的支用申请，首先绑定收款、还款银行卡，然后签订放款、自动扣款等电子合同，申请贷款支用。在客户完成款项支用的同时，客户端会提供详细的还款计划表，让客户能够通过计划表熟知还款明细，也能够利用客户端自动还款、提前还款。互联网现金贷也有贷后管理，相比传统现金贷的贷后管理，互联网现金贷的贷后管理更加高效、智能。通过贷后管理，系统能够实现贷后风险预警、贷后风险自动管理，包括贷后风险定期自动检查、贷后风险预警、贷后风险自动核查、贷后风险任务处理，以及智能催收和人工催收。贷后管理针对的是放款客户的信用风险的识别、监测、处理，对于客户的用信、还款行为结果，互联网现金贷会利用清结算系统自动实现正常、提前回款客户的结清，包括支撑展期、逾期、坏账、资产等的处理。互联网现金贷的回款结清管理还是依靠系统实现大部分任务功能的自动化处理，相比传统的人工半自动化处理方式更加高效、便捷。互联网现金贷业务的业务周期短则 30 分钟，长一般也不会超过 3 天。客户可以通过移动端直接在远程实现整个业务流程的办理，相比传统现金贷业务的业务周期以及客户必须前往银行网点线下办理的限制，互联网现金贷业务优势明显。

虽然互联网现金贷比传统现金贷更加高效、便捷、灵活，用户体验更好，但是互联网现金贷的发展离不开传统现金贷，互联网现金贷的业务流程主要还是由传统现金贷业务流程演变而来，只是在业务模式上发生了变革，从线下搬到了线上。

4.1.2　智能信贷业务应用

对于传统信贷业务模式来说，一个信贷产品从前期筹划到诞生再到正式投入市场需要通过线下多个部门联合进行专项投入，其设计流程如图 4-4 所示。

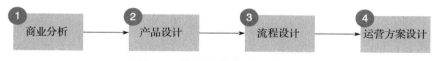

图 4-4　传统信贷产品设计流程

传统信贷产品设计流程主要分为商业分析、产品设计、流程设计、运营方案设计四步，每一步又包含许多详细的任务内容。

❑ 第一步，传统信贷产品的打造主要还是以人工为基础，在开始设计信贷产品之前，项目组会根据公司业务战略进行商业分析，包含对产品市场、产品场景、产品客群的研究，并输出项目的可行性结论。

❑ 第二步，通过商业分析确认项目可行后，就正式开始信贷产品的设计，包含信贷产品要素（如准入条件、贷款额度、利率、期限、还款方式等）的设计和申请资料（如合同内容、合同样式及其他附件资料）的设计。

❑ 第三步，即信贷业务流程的设计，业务流程的设计需要明确业务流程的干系人对象，按照贷前、贷中、贷后对业务流程进行划分，并对各个业务环节进行详细的流程设计，如贷前客户申请进件流程、客户资质以及风险审批流程、客户合同签订流程、机构放款流程、资料归档流程、贷后管理流程等。同时，业务流程还会穿插风控流程。

❑ 第四步，完成产品设计和产品流程的制定，即设计产品的运营方案，具体包括产品的运营渠道、运营方式、运营宣传等。

传统信贷产品的设计工作是一个费时费力的过程，因为整个项目需要详细设计的内容特别多，这里只是粗略地介绍了打造信贷产品的四个重要步骤。按照以上四个步骤，即可基本完成传统信贷产品的创建，且能够将业务上线，开始小范围测试。

智能信贷业务是传统信贷和互联网的融合，继承了互联网高效性、实时性、便捷性、精准性、创新性等优秀特点，相比传统信贷业务，智能信贷业务模式是对贷前、贷中、贷后全流程的革新。

智能信贷业务应用是信贷业务全流程革新的系统基础，也是智能信贷业务能够开展的核心基础，它提供了信贷业务革新的必要系统工具。智能信贷业务应用的诞生并非凭空捏造，而是根据业务流程、业务对象、业务任务、业务交互综合考虑，统一建设。根据业务流程关联的对象，智能信贷业务应用从创建信贷产品到上线信贷产品会涉及许多模块，如图 4-5 所示。

如图 4-5 所示，智能信贷业务应用主要包含产品工厂、客户管理、清结算管理、授信管理、贷后业务管理、运营管理、基础平台管理等。下面将对几个主要模块展开详细讲解。

1. 产品工厂

产品工厂负责信贷产品的设计，通过线上化创建信贷产品，实现信贷产品从创建到上线的快速落地。互联网化的产品工厂类似传统信贷产品设计流程中的产品设计环节，虽然都是负责信贷产品的设计，但是传统产品设计是在线下设计，而产品工厂是在线上由系统直接设计。

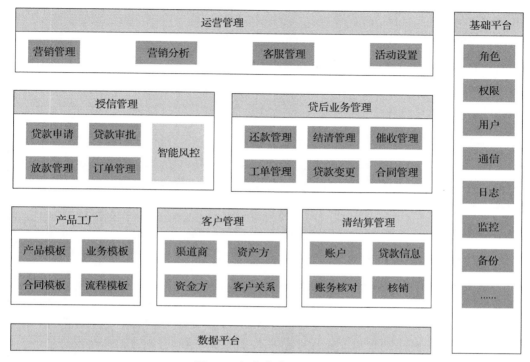

图 4-5　智能信贷业务应用

　　信贷产品的设计涉及产品模板、业务模板、合同模板、流程模板的设计。产品模板就是通常所说的产品要素的设计，包括信贷产品名称、类型、利息、额度、还款方式、准入条件等要素的设计。业务模板用于设计信贷业务需要的进件字段和影像资料等信息，如主贷人姓名、身份证、手机号、地址、学历、婚姻状况等字段。业务模板生成的数据字段主要用于授信阶段的风险评级、定额定价。业务场景不同，信贷业务中需要的字段也不同。字段的设计通常采用面向对象的方式，如一个现金贷产品的对象有主贷人、联系人，确认完对象后再确认对象的不同维度属性，通常考虑人的基本信息、居住信息、职业信息、身份信息、资产信息（包括车、房、银行存款），以及社保、公积金、运营商等其他三方数据信息。合同模板用于编写信贷业务需要的所有合同，通常包括借款合同、放款合同、数据授权协议等。互联网化的信贷业务已经基本抛弃了传统的纸质合同，而是使用电子合同，方便客户签署，所以需要在合同模板模块中加入电子签章等配置功能。流程模板用于设计信贷业务流程，通过配置业务流程把产品模板、业务模板、合同模板与授信管理模块的申请、审批串联起来，形成一套完整的信贷业务流程。

2. 客户管理

客户管理就是一个 CRM（Customer Relationship Management，客户关系管理）系统应用，负责信贷业务所有对象的管理，包括渠道商、资产方、资金方，通过对业务客户和合作对象进行统一管理，建立良好的客户关系。客户管理的应用已经相当成熟，这里不再赘述。

3. 清结算管理

清结算管理是信贷核心，是整个信贷业务的重要应用，主要负责信贷业务的账务结算。信贷业务的标的是资金，而涉及资金最重要的就是账务清算，如果账务都不清楚，再好的业务也是一团浑水。

清结算管理包含账户管理、贷款信息管理、账务核对、核销管理。账户管理是指对每个对象的资金账户的管理，每个对象都需要有一个唯一的独立账户，这样能够避免账户交叉、账务不清晰等问题。账户包含对象的账户信息，如账号、余额、交易流水等。贷款信息是指每个账户的每笔贷款订单的详情信息。把账户和贷款信息区分管理，主要是因为每笔贷款实际就是一笔订单，而一个客户在同一家机构可能有多笔订单，如循环贷产品，客户每次支用一笔资金都会在其账户下产生一笔贷款信息。账务核对是指对每日每笔账单的核对，包括入账、出账的核对。核销是指当系统出错或者业务出现特殊情况导致账务核对出现偏差、清算坏账客户等场景时，需要对账务进行冲账等操作。

4. 授信管理

授信管理负责信贷业务的贷前应用管理。智能信贷业务是线上流程业务，贷前启单、审批、授信、放款都需要相应的应用支撑。授信管理通过对贷前业务流程应用的模块化管理，能够根据具体业务方案配置各模块内容、流程，并且能够实现各模块间的灵活插拔。

授信管理包含贷款申请、贷款审批、放款管理、订单管理。金融信贷产品在产品工厂设计完成后，其承载的应用载体实际就是贷款申请的应用。贷款申请应用根据渠道的类型和进件方式分为 App 独立进件、小程序进件、公众号进件等形式。贷款审批是指信贷业务审批使用的应用模块，不同的信贷业务场景，其业务审批流程和功能不同，因此贷款审批需要根据业务场景需求实现审批流程的灵活配置。放款管理是指贷前授信完成后，客户用信阶段的信贷业务的后台应用。用信阶段的信贷业务管理主要有两种形式，一是系统根据客户的用信需求自动进行放款审核并自动放款，二是人工根据客户的用信需求通过后台应用手动进行放款审核并手动放款。订单管理是指负责贷款订单统一管理的应用，业务相关的干系人通过订单管理能够方便、快捷地追踪订单的情况和状态。

关于授信管理，这里只是列举信贷业务层的应用场景，而智能信贷业务的授信管理实际还包含智能风控业务应用，具体将在 4.2.2 介绍。

5. 贷后业务管理

完成授信管理，信贷业务就进入了贷后业务管理。贷后业务管理负责信贷业务的贷中、贷后的应用管理，是一项多任务的管理，需要多种应用模块支撑，包含还款管理、结清管理、催收管理、工单管理、贷款变更、合同管理等。

还款管理是指对进入还款期的客户的还款业务管理，需要还款模块应用的支持。还款管理的核心是设计还款计划表，还款业务的管理都是围绕还款计划表展开的。根据业务类型可以将客户还款分为正常按期还款、提前还款、逾期还款，客户还款的方式有主动还款、被动扣款，对应用可扩展性的要求较高。结清管理是指利用贷后业务管理应用对信贷业务客户的贷款结清。结清业务基本属于信贷流程的尾声业务，由每家机构根据自有的贷后管理办法设立，不同的机构结清业务也存在细微的差别。根据客户贷款结清状态通常分为正常结清、不良结清，不管每笔业务订单最终的还款情况如何，在超出限定的时间范围后通常都需要进行结清业务操作。催收管理是指触发催收任务的应用管理，不负责直接的催收操作而是只负责催收任务的生成。根据催收方式的不同可以将催收任务分为短信催收、智能语音催收、人工催收、法诉催收等。催收管理应用的机制类似一个规则引擎系统，实际是对催收条件的判断并生成催收任务同步催收系统。工单管理是贷后业务后台管理应用。工单是指贷后需要解决的任务。由于贷后业务涉及的任务类型多、关联的对象多，在解决贷后任务时，需要一个专业的工单管理应用来处理贷后所有的工单任务，如投诉、催回核验、贷后检查等，并且为了应对多变的工单任务，需要其处理的全流程方案都能够实现可配置。贷款变更用于信贷业务在贷后变更信息的应用管理。贷款变更包含信贷信息（如借款人手机号码、地址、利息、额度等）变更、信贷业务（如展期）变更以及贷款产品变更等。合同管理是指贷后业务收集、存储信贷业务订单合同的应用管理。合同管理贯穿信贷业务全流程，合同会在信贷流程的多个节点生成，对所有合同的统筹管理可以为各业务人员的使用提供方便。

6. 运营管理

运营管理是指用于支撑信贷业务营销、运营的应用管理。运营业务管理建立在信贷产品基础之上，是信贷业务的辅助支撑，为信贷业务保驾护航。运营业务模式受限于信贷产品生态相对单一的产品环境，也比较传统。传统的运营业务包含营销管理、营销分析、客服管理、活动设置。

营销管理是指运营管理后台对营销活动案例的管理。营销活动案例类型根据营销方式、营销渠道的不同而不同。营销分析是指利用运营管理应用对营销活动效果进行分析。营销分析是运营管理的灯塔，指引着运营管理的方向，它的重点是提炼运营指标，呈现分析结果。客服管理用于辅助运营的管理。一个完整的运营计划，离不开营销活动、营销管理、营销分析以及客户。客服作为最先接触客户的工作人员，在营销传递、问题采集、问题反馈等业务场景中都起着重要的作用。营销是最前端的业务，客服是最前端的传递媒介，运营管理应用少不了客服管理模块。活动设置是指营销活动的创建，信贷业务的营销活动是持续的活动，不同阶段营销活动的定义不同，需要灵活的活动配置模块来应对营销活动的多样性。活动设置利用营销活动的自助配置，实现了营销活动的灵活变动。

基础平台、数据平台都是一些通用应用，在智能风控业务中也会涉及，对应的应用模块说明会在后文详细介绍。

信贷业务的创新发展是互联网时代发展的必然趋势：线下传统业务模式升级成线上互联网业务模式，获客渠道从线下单一渠道升级成线上线下结合的多元渠道；业务进件由传统的线下窗口受理升级成全线上的移动端自助快捷进件；信贷业务的审核办理由传统的人工审批升级成系统自动审核和人工审批相结合的审批模式；贷中、贷后的人工业务办理、风险检查等升级成系统辅助业务人员线上操作。智能信贷业务的便捷性、灵活性增强，业务办理效率、业务精细化管理提升，业务投入成本、业务风险减少。

智能信贷业务的革新不仅有互联网的助推，而且有智能风控的赋能。智能风控作为信贷风控业务的核心，其业务目标就是信贷业务目标，智能风控的创新发展也深远地影响着信贷业务的创新。智能风控利用技术彻底地颠覆了信贷业务的生产效率，为智能信贷业务提供了持续的创新源泉。

4.2 智能信贷风控业务背景

智能信贷风控源于传统信贷风控在金融科技道路上的变革，是信贷风控和金融科技碰撞后的产物，智能信贷风控的发展基础是金融科技的创新。智能信贷风控业务来源于传统金融风控业务，两者的风控目标一致，都是降低风险发生概率、减少风险损失，只是智能信贷风控业务在金融科技的加持下，在风控模式、风控应用、风控技术等方面都发生了变化。

4.2.1　信贷风控和金融科技的碰撞

金融和互联网的碰撞促使互联网金融快速发展，创造出全新的线上金融信贷业务模式，使信贷业务效率得到提升、便捷性得到提高、品质得到加强。互联网金融的成长离不开互联网的功劳，创新的风控更是功不可没。

自金融诞生至今，它的核心就是风控。风控在金融发展的历史长河中不断变革、创新。金融风控的发展都应归功于金融科技的发展和创新，是风控和金融科技的碰撞助推风控不断朝着自动化、智能化发展。

在第 3 章提到，当前消费金融现金贷业务场景的主要风控流程有准入→黑名单→反欺诈→信用评级→定额定价→贷中监控→贷后催收"等环节，围绕的核心思想是"机器和人的判断、本人和非本人的判断、好人和坏人的判断"三部曲。无论是风控业务流程还是风控核心思想，消费金融信贷风控都是依赖金融科技去实现的。常用的金融科技核心技术有人工智能、大数据、云计算、区块链、机器学习、物联网等，图 4-6 是智能信贷风控业务场景中金融科技核心示例。

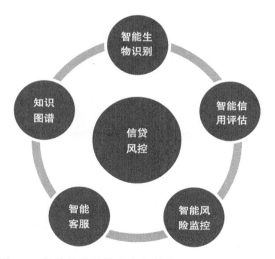

图 4-6　智能信贷风控业务场景中金融科技核心示例

1. 智能生物识别

智能生物识别是指利用光学、声学、生物传感器以及计算机生物统计原理等高精端技术来识别人的生物特征，以此鉴别个人身份。智能生物识别的特征分为生理特征和行为特征两类：生理特征指人的面容、指纹、虹膜、视网膜等，行为特征指人的声音、步态、操作轨迹、位置轨迹、笔迹等。现在应用比较多的是指纹识别、面容识别、声音识别、操作轨迹识别、位置轨迹识别、虹膜识别。

智能生物识别在信贷风控流程中有广泛应用，其中准入、反欺诈风控环节是智能生物识别应用重心，通过智能生物识别的人脸识别、活体识别、操作轨迹识别等技术检测客户的真实性，确保远程线上业务的借款客户是身份真实且一致的主体，有效拦截欺诈客户、中介伪装客户、机器批量伪装客户等实施的恶意骗贷欺诈行为。同时，智能生物识别检测具有快速、精准、广泛、简单、随身等优点，能够有效降低风控业务上的欺诈侦查成本，提升信贷业务的客户体验，拓展信贷业务的开展半径。

2. 智能信用评估

智能信用评估是指基于大数据技术自动化、智能化建模，利用构建的智能评估模型和自动化决策引擎对不同业务场景以及不同信贷产品的客户进行差异化信用风险评估、授信额度和授信利率测算。

智能信用评估应用于现金贷风控流程的信用评级、定额定价环节，其本质是通过分析客户的海量数据提取价值信息并进行测算，以此评估客户信用风险，最终决策出精准授信方案。智能信用评估的核心是高效自动的数据处理以及自动智能的模型决策，其优秀的信用风险评估方案得到了金融行业的普遍认可，因此智能信用评估技术、产品也广泛应用于当前的信贷风控中。

3. 智能风险监控

智能风险监控是指基于大数据建模、智能决策引擎系统、风险信息管理系统，实现对信贷风险的自动识别、自动检测、自动处理等系列管理，其中的信贷风险包含信用风险、操作风险、担保风险、账户风险、抵押物风险、外部环境风险、关联方风险等。

智能风险监控普遍用于信贷风控流程的贷中监控环节，通过对已授信客户的全自动智能监控，有效提升风险防控能力，降低风险损失，同时智能风险监控的自动高效的业务处理、精准个性的风险识别、自动便捷的业务处理等特征也较大地降低了人力投入成本。

4. 智能客服

智能客服是建立在大规模知识处理的基础上的、能够自动智能应答的平台，运用的技术包含自然语言处理技术、大数据技术、知识管理技术、自动应答技术、智能推理技术等。智能客服不仅提供智能应答服务，还为企业实现精细化管理提供可用的标准分析信息。

智能客服主要应用于信贷风控的贷后催收环节，通过与智能风控监控无缝对接，利用智能短信、语音实现预警风险信号的提醒、核实、处理，包括逾期客户的自动智能催收、存量风险预警客户的智能提醒、内部员工合规风险的智能核查等。智能客服除了运用于风控贷后催收环节，还应用在信贷业务营销上。作为颠覆传统人工为主的客服服务模式的核心客服平台，智能客服能够减少客服投入成本，缩短客服培训周期，减少客服重复工作，提高客服服务效率和质量。

5. 知识图谱

知识图谱在智能风控 3.0 中已有介绍，其本质是一种语义网络，是基于图网络数据结构进行挖掘、分析、构建、呈现网络发展和网络关系的知识，运用的核心科学理论有图形学、应用数学、信息科学、深度算法、可视化信息技术等。

知识图谱在信贷风控中的应用广泛，例如广泛应用于反欺诈、信用评级、贷中监控、贷后催收等环节。利用图关系网络更易甄别团伙类欺诈，提升信用评级精准度，加强贷中监控能力，提供贷后失联修复。换句话说，知识图谱提升了风控效力，优化了风控精准度，降低了风控成本，提高了风控效率，使信贷业务更加高效。

以上五种金融科技核心示例只是信贷风控与金融科技的碰撞，整个金融风控，乃至整个金融行业的创新变革也受到金融科技的影响，包含智能精准营销、智能投顾、智能投资、智能运营等。如车险行业的智能在线理赔，利用图片识别、生物识别、情绪识别等人工智能技术实现保险智能风控，结合自动赔偿系统，最终形成从报案、查勘、定损、核价核损、理赔核赔到支付结案的全流程自动智能车险理赔方案。又如智能合规控制，利用大数据、图文识别、自然语言处理、智能决策引擎以及自动化流程引擎等，实现合规风险的自动识别与处理，助力金融企业提升合规能力和效率并降低合规成本。

4.2.2　智能信贷风控业务应用

上一节介绍了风控与金融科技的碰撞，指出金融科技是智能信贷风控创新发展的基石，而智能信贷风控又是信贷业务创新发展的基石。信贷业务场景中的智能信贷风控不是单一的创新技术，也不是单一的独立系统，而是一套作用于信贷业务全流程的风险控制解决方案，并且搭配了一系列具体的应用，如图 4-7 所示。

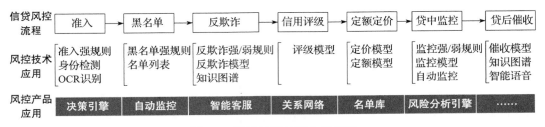

图 4-7　智能信贷风控业务应用

智能信贷风控业务应用包含业务方案、技术应用、产品应用。

❑ 业务方案是指基于信贷业务、风控业务结合风控技术而输出的全流程风控方案，图 4-7 中的信贷风控流程是消费金融现金贷业务常用的自动风控业务方案。

❑ 技术应用是指信贷风控流程使用的规则、模型、OCR、知识图谱、智能语音、算法等技术。

❑ 产品应用是指实现技术应用的系统工具，如决策引擎、自动监控、智能客服、关系网络、名单库、风险分析引擎等系统。

产品应用是技术应用的基础，技术应用和产品应用共同夯实业务方案，三者相互关联，具体分析如下。

❑ 准入环节的技术应用是准入强规则和身份检测，依靠的产品应用是决策引擎和智能生物识别，其中决策引擎实现准入规则的自动逻辑判断，智能生物识别提供准入环节的身份检测。目前，大部分金融机构采用的是金融科技公司提供的智能生物识别产品，一些大型金融机构也会采用自研产品，但对于决策引擎产品，大部分金融机构会选择自己研发。

❑ 黑名单环节的技术应用是黑名单强规则和名单列表，依靠的产品应用是决策引擎和名单库，其中决策引擎实现黑名单规则的自动逻辑判断，名单库管理提供黑名单样本。名单库用于对风险名单进行管理，通常分为黑名单、灰名单以及优质客户白名单等名单类型。

❑ 反欺诈环节的技术应用是反欺诈强／弱规则、反欺诈模型和知识图谱，依靠的产品应用是决策引擎和关系网络，其中决策引擎实现反欺诈规则的自动逻辑判断以及反欺诈模型的自动测算决策,关系网络支撑知识图谱的推理、分析。关系网络作为新兴的反欺诈风控产品,在信贷反欺诈风控的应用上有着优秀的表现,尤其在针对团伙欺诈的识别、失联客户的修复、关系风险的测算等方面发挥着重要作用,因此很多机构,尤其是客户规模数量庞大的机构,均开始研发自己的关系网络产品。

❑ 信用评级环节的技术应用是评级模型和知识图谱,依靠的产品应用是决策引擎和关系网络,其中决策引擎实现评级模型的自动测算拒测,关系网络提供关系全风险的评估。

❑ 定额定价环节的技术应用是定价模型和定额模型,依靠的产品应用是决策引擎,决策引擎提供定价模型对利率的自动测算以及定额模型对授信额度的自动测算。

❑ 贷中监控环节的技术应用是监控强/弱规则、监控模型、自动监控,依靠的产品应用是决策引擎和自动风险管理系统,其中决策引擎实现监控规则的自动逻辑判断以及监控模型的自动测算决策,风险管理系统提供自动监控的实施。风险管理系统实现贷中风险自动监控,其作为风控自动化、智能化的支撑产品,在整个智能风控的应用中发挥着巨大作用。

❑ 贷后催收环节的技术应用是催收模型、知识图谱和自动催收,依靠的产品应用是决策引擎、关系网络和风险管理系统,其中决策引擎实现催收模型的自动评估决策并以此指导催收业务,关系网络修复贷后失联的客户以尽可能减少贷后损失,风险管理系统提供自动的贷后催收。贷后的智能催收不仅需要风险管理系统的自动任务分配、管理,还需要智能客服产品的联合使用,才能实现全链条的自动智能催收。

综上所述,信贷风控技术和产品的应用有规则、模型、知识图谱、自动监控、自动催收等,其中信贷风控应用中出现频率最高的是决策引擎、规则、模型。

规则分为强、弱规则:强规则指的是能够直接强拒的策略,弱规则指的是不能够直接强拒的策略,可能需要多规则组合使用判断或者加入人工审核等,如反欺诈的弱规则触发时业务就会加入人工反欺诈的调研。规则和模型都属于策略,两者都是基于大数据的统计分析研发得出的,且需要决策引擎产品执行它们的逻辑运算。在信贷风控应用中,关系网络作为其新兴的产品,已广泛应用于风控场景中,如反欺诈知识图谱的推理分析就是建立在关系网络产品上的高端算法。作为反欺诈核心产品,关系网络可对日益增长的欺诈风险起到很好的防护作用。信贷风控应用名单库是黑名单、灰名单、白名单查询的基础，在风控流程黑名单环节起着重要作用。不同的业务类型，对应的名单库类型不同。信贷业务场景的名单库的常用维度有"人的身份 ID""手机号""设备唯一 ID"三类。风险自动管理产品提供自动监控和自动催收功能，对信贷风控全流程的自动化起着绝对作用，能够配合智能客服产品实现对风险客户的自动智能核查以及对逾期客户的自动智能催收。

一个全面而完善的智能风控平台是以这些重要的风控技术应用和风控产品应用为基础，通过不断迭代、优化、升级建设而成的，以上只是简单介绍了信贷风控中常用的重要应用，后文会针对每个应用展开详细介绍。

4.3 本章小结

本章围绕智能风控业务分别介绍了智能信贷业务背景、智能信贷风控业务背景。首先以消费金融现金贷业务场景为例，描述了从传统信贷业务到智能信贷业务的发展历史，以及从传统信贷业务到智能信贷业务的业务模型的革新，讲解了智能信贷业务的应用。然后在智能信贷业务的基础上对智能信贷风控进行了详细介绍，描述了智能风控和金融科技的深远联系，详细介绍了风控和科技融合创造的智能生物识别、智能信用评估、智能风险监控、智能客服、知识图谱等重要技术应用，以及规则、模型、决策引擎、分析引擎等风控业务应用在智能风控业务中的相互作用。

智能风控平台架构

架构最初通常是指软件架构，是对软件整体结构和组件的抽象描述，用于指导大型软件系统的设计。随着互联网产品技术的普及，架构的概念越来越宽泛，不同对象以及不同技术规范定义的架构不同，例如产品设计中的组织角色定位表现为组织架构，业务的统筹和层级划分表现为业务架构，业务的系统产品功能表现为系统功能架构，产品的技术方案表现为系统技术架构。当然，不同的表现角度，架构所呈现出的内容也不同。

这里的智能风控平台架构不是指智能风控软件平台架构，而是指智能风控业务架构、智能风控系统功能架构和智能风控系统技术架构。三者层层嵌套，业务决定系统功能走向，系统功能决定系统技术方案，每一层的递进都有技术变革创新的支撑。

每一种架构都是多种技术不断迭代、创新的成果，智能风控平台架构也是如此。它不是一蹴而就的结果，它的诞生离不开传统信贷金融向互联网信贷金融的创新变革，更离不开大数据和人工智能技术的创新变革。

5.1 智能风控业务架构

智能风控业务架构，顾名思义，核心是风控业务，上一章我们以信贷业务为例，通过介绍其从传统信贷到互联网信贷的转变了解智能风控业务背景，本节也将采用相同的阐述方式，在介绍智能风控业务架构之前，先来了解下信贷业务组织结构以及基于信贷业务组织结构建设的传统信贷风控业务架构。

5.1.1 信贷业务组织结构

智能风控产品系统服务金融业务，面向的用户主要是金融从业人员。以金融信贷业务为例，早期银行的风控业务组织主要由风险管理关联的各部门，如授信审批部、贷后管理部、内控合规部，以及各部门专业的风控人员组成。这些部门和风控人员通过信贷业务串联在一起，共同完成每笔业务订单的风险控制。每个机构的信贷业务的组织结构不同，但是核心部门编制和岗位编制都是类似的，这里以商业银行的组织结构为例进行介绍，如图 5-1 所示。

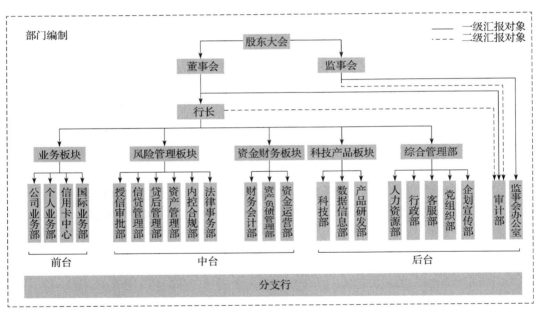

图 5-1　商业银行的基础组织结构图

图 5-1 是商业银行的基础组织结构图，其中只罗列出了重要的基础部门以及基础岗位。虽然银行受互联网发展以及金融科技创新应用的影响，但是组织结构形式并未因此发生太大变化，只是对科技产品板块进行了加强，并在科技赋能金融信贷业务后对各部门人员编制进行了精简和优化。

商业银行的组织结构图分为部门编制、岗位编制两部分。部门编制可将业务线大致切分成前台、中台、后台三部分：前台直接接触客户，由面向 B 端客户（公司类客户）的业务部门、面向 C 端客户（个人类客户）的业务部门以及面向国际业务的部门等组成；中台负责业务的中后段流程，由授信审批部、信贷管理部、贷后管理部、资产管理部等组成；后台主要是职能、支撑部门，负责人力资源管理、行政管理、技术研发、信贷产品研发等工作。在岗位编制中，上到行长下到专员，通过各业务线总经理、总监、经理、主管等串联起来。

第 4 章提到，传统信贷产品的运营流程包括信贷产品研发、客户营销进件、客户信用风险审批、客户贷中风险管理以及逾期客户贷后管理，整个流程主要依靠线下人工操作，各部门相互配合形成一系列的闭环业务工作。信贷业务组织机构和传统信贷风控流程共同组成传统信贷风控业务架构。

5.1.2　传统信贷风控业务架构

传统信贷金融业务的开展需要信贷业务组织结构的支撑，具体分为授信、用信两个大的阶段。其中，授信阶段包含客户申请贷款、客户经理尽调、风险评估三部分，用户阶段包含贷款合同签订、放款审核、贷款支付、贷后管理、回款清收五部分。传统风控在两个阶段都会介入，但是核心效力是在授信阶段。

传统信贷风控的核心是人工审核，与风控关联的业务环节主要是客户经理尽调、风险评估、放款核查、贷后管理四部分。风控业务的开展依赖人工操作，通过系统的风控组织架构以及严密的工作任务衔接完成传统信贷风险控制。传统信贷风控的业务架构如图 5-2 所示。

如图 5-2 所示，传统信贷风控的业务架构分为前台、中台、后台三部分，分别关联不同的组织架构角色。前台不仅需要营销获客，还要收集资料、核对资料；中台人工识别、决策客户信用风险；后台负责贷后风险的检查、逾期风险的处理。整个风控业务流程需要不断进行风险的人工识别、决策。整个业务架构各岗位职员和各职能部门各司其职，相互配合，通过线下风控手段，层层把控、过滤风险，最终实现信贷风险控制。

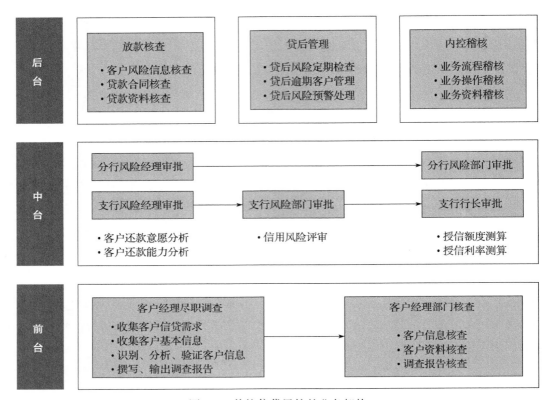

图 5-2 传统信贷风控的业务架构

1. 前台

前台贴近客户，通常指客户经理和客户经理主管。客户经理负责产品的推广和客户的营销工作，在传统信贷风控业务中，客户经理还会负责信息采集、信息真伪识别、客户真伪识别等风控工作。作为风控业务架构中风控前线的第一关，客户经理是整个风控成功的基础。客户经理负责客户信贷需求的采集以及客户贷款信息、基本信息等信息的采集，通过对客户直接或者间接的调研以及客户资料的分析和验证，识别客户的真伪以及客户提供资料的真伪、合规性、合法性，最终客观地还原客户的真实情况，输出客户调查报告。

在风控业务架构中客户经理主管负责对客户资料、调研报告、客户信息等进行核查，常用的核查方式有小组批量核查、主管统一核查等。客户经理主管核查是对信息准确性的再次确认，是获得真实、准确资料的双重保障。当然，也有一些小型机构没有在前台设立核查流程，在这种情况下，客户经理编写完信贷调研报告后，就可提交进行客户风险审批。

2. 中台

中台是传统风控业务架构的核心，承担着主要的金融信贷风险控制，它负责对信贷客户还款意愿、还款能力、信用风险的评审，以及对信贷客户授信额度、授信利率的测算。不同银行机构中台的风控业务流程会有所差别，原因是中台的风控组织架构不同。例如，有些银行支行没有风险经理，支行只是作为获客渠道以及贷后管理的前端触达，所有的风险审批都需要提报到分行进行统一审批；而有的银行支行设立了单独的风险经理岗位，客户在支行就会经历第一次的风险审批，通过后再提报到分行审批。

中台常见的传统信贷风控流程是支行的风险经理先完成客户的信用初审，然后提交给支行行长审批，审批通过后的客户会被提报到分行，由分行风险经理进行信用复审，最后再召开贷审会，由分行风险部门决议。

为了降低操作风险，银行信贷业务在搭建风险管理组织架构时通常采用贷审分离原则，即把信贷业务办理流程和信贷风险审批流程进行分离，实现不同的组织架构划分。把前端客户经理归属到市场营销部，在风控业务中主导信贷调查，把中台风险经理等归属到风险管理部，在风控业务中主导风险审批，通过不同部门分别履行信贷调查和风险审批职责的方式，尽可能地规避操作风险。

中台的核心部门是风险管理部。不同银行，其搭建的风险管理部的组织架构也有所不同，不过大致可以将其分为纵向垂直架构和横向分布架构两种。纵向垂直架构倡导权利统筹、集中管理，而横向分布架构倡导权利下放、分散管理。纵向垂直架构由首席风险官（CRO）、风险总监、风险经理、风险专员组成，是一个独立的风险管理部门，由总行任命首席风险官，分别向一级分行派遣风险总监，向二级分行和支行派遣风险经理和风险专员。横向分布架构是将风险管理负责人员直接下放到各分支行，由各分支行独立管理风险管理部，承担信贷风险。

纵向垂直架构权利集中统筹，更能够专注风险审批，提升风险审批效率，但因为集中统筹管理和风险审批标准统一等因素，容易积蓄系统性风险；横向分布架构权利分散下放，各自独立对风险和利润负责，能够有效调动分支行积极性，实现风控标准多元化，进而实现风险分散，但容易因为权利下放导致内部风险监控形同摆设，使总行权威遭受挑战。

不管是纵向垂直架构还是横向分散架构，均各有利弊，在实际应用中，需要结合不同的业务场景综合选择。传统信贷风控业务流程虽然受风险管理组织架构的影响,但其"在服务于信贷业务基础上进行风险控制的同时实现利润最大化"的核心目标没有改变。

3. 后台

传统信贷风控业务结构的后台负责用信阶段的风险控制,通常包含放款核查、贷后管理、内控稽核。其中,放款核查和贷后管理面向客户,内控稽核面向内部职员。结合前文可以得出,前台、中台是对风险的提前堵截,后台是对已发生风险的尽早治理。

放款核查是针对客户用信前的风险排查,通过检查客户的基本信息、贷款资料的真伪以及贷款合同的合规、合法性,确保贷款业务真实、正确、合规、合法。放款核查对风控综合能力要求较高,放款核查责任人不仅需要具备信用风险的判断能力,而且需要具备合规风险、操作风险、法务风险等的甄别能力。当然,不是所有银行机构都会设立放款核查部门,在一些小型银行中,放款核查直接由风险部门负责,由风险部门评估所有风险后直接提交放款部门进行贷款发放。有些银行还会成立放款核查组,该核查组由专业的信用风险评估人员、法务人员、反欺诈人员等组成,会针对每笔放款订单进行放款核查,再次过滤信贷风险。

贷后管理由贷后部门负责,通过对在贷客户风险的定期检查、逾期客户的风险预警、逾期客户的风险分析,人工识别贷后客户的信用风险,启动贷后风险客户应急预案,化解在贷客户贷后风险,降低贷后风险损失。传统的贷后管理高度依赖人工操作,一般通过定期或者临时检查客户央行征信,发现客户多头、高负债等风险因子,或者通过电话调查、实体走访等手段排查客户信用风险,对高风险客户采取提前催收、增加担保等措施降低风险损失。

内控稽核由内控部门负责,是对业务流程、业务操作、业务资料、业务文档等的稽核。内控部门作为风控运营的后勤部门,能够促进建立健全的内部控制制度,进而有效防范风险,保障银行体系安全稳健运行。内控稽核包含定性评价、定量评价两种评价方式:定性评价是基于建立的内部控制制度进行客观评价,通常分为健全性评价、符合性评价、功能性评价;定量评价是基于数据支撑对预制指标进行打分评价。两种评价方式相互配合使用,组成内部稽核评价。

5.1.3 智能风控业务架构组成

传统风控业务架构是以风控业务流程和风控组织架构为基础,通过不断优化、迭代风控业务流程和风控组织架构，最终形成稳定、可靠的传统风控方案。智能风控是传统风控业务与技术的融合，是传统风控的智能解决方案，其核心是大数据风控模型在信贷风控领域的创新运用，使用的技术主要是大数据技术和人工智能技术。

第 4 章分别介绍了传统信贷业务和互联网信贷业务，指出互联网信贷业务是传统信贷业务从线下转为线上的结果，它依靠互联网技术实现了业务自动化，在效率、成本、资源等方面均得到明显优化。风控作为信贷业务的核心，其模式、技术、产品的创新和变革很大程度地促进了互联网信贷业务的进程。

智能风控是大数据技术和人工智能技术在风控业务上的深度运用，推动以人工审查为主的风险控制，变成以科学的统计分析方法论为主的自动化风险控制。当前，智能风控的核心是大数据风控模型对风险的量化，其本质是数据、模型、自动化信息系统相结合，共同作用于数据的组合计算。智能风控业务架构由数据层、模型和规则层、系统产品层、应用层组成，如图 5-3 所示。

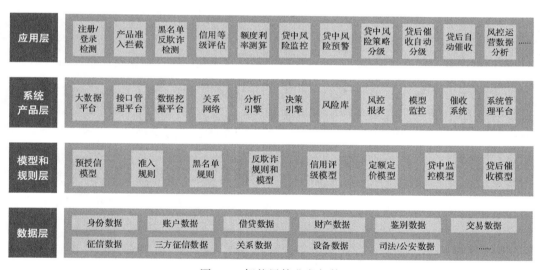

图 5-3　智能风控业务架构

1. 数据层

随着模型量化风险的技术在金融信贷行业逐渐推广开来并得到金融企业的认可，数据的重要性也随之提升。虽然传统信贷风控期间对风险的评审也需要依靠数据，但是那时候的数据多是非标准、非结构化的，如客户提供的流水信息、财产信息，风险职员三方渠道查询的公开信息等，同时传统信贷风控的决策主要是以专家经验为主，主观因素相对较强。智能风控是以科学的数据统计为依据，通过对数据的组合关联分析，深度挖掘数据中隐藏的客户风险，其客观因素更强，因此数据也是智能风控的基础。智能风控常用的数据类型包含身份数据、账户数据、借贷数据、财产数据、鉴别数据、交易数据、征信数据、三方征信数据、关系数据、设备数据、司法/公安数据等，在第2章有详细的介绍，这里不再赘述。

2. 模型和规则层

模型和规则层是根据风控业务场景对数据运用的具体类型划分，是根据互联网信贷业务贷前、贷中、贷后的详细业务流程以及互联网信贷业务日渐暴露的欺诈风险、信用风险等风险，制定的风控业务流程解决方法。互联网信贷业务的主要流程包括新客户和存量客户营销、客户申请贷款、客户提交申请资料、风控系统自动审核、通知贷款结果、客户绑卡用信、客户还款、客户贷后管理、贷款结清9个环节，整个信贷业务流程中嵌套着智能风控业务预授信、申请借款、产品准入、黑名单、反欺诈、信用评级、定额定价、贷中监控、贷后催收、交叉营销的流程。模型和规则层就是风控业务流程中单个环节的策略解决方案，主要覆盖预授信模型、准入规则、黑名单规则、反欺诈规则和模型、信用评级模型、定额定价模型、贷中监控模型、贷后催收模型等。

预授信模型解决的是互联网信贷业务场景下存量客户的营销问题。在传统信贷业务中也有对存量客户的营销，但是普遍都是通过重复营销贷后管理的优质客户以及优质老客户，业务上还是采用原始进件方案。互联网信贷业务的存量客户引入预授信模型的评估，在客户营销前就可直接输出客户授信额度以及利率，通过提前提供精准授信结果以及批量短信、电话、消息等营销方法，促进精准、高效营销，大大提升了客户的用户体验。

准入规则是依据信贷产品要素设立的客户准入门槛。传统信贷业务会设定客户的准入条件，通常是在客户经理尽调的时候完成对客户准入的判断，由客户经理通过与客户的沟通洽谈了解、判断客户是否符合产品设定的准入条件。智能风控的准入规则实际就是传统信贷业务中的准入条件的线上化，通过规则自动、快速判断客户是否具备申请资质。

黑名单规则是对曾经被机构列为黑客户的自动拦截，运用于互联网信贷业务贷前授信风控环节，利用黑名单规则可以直接让系统拒绝已拉黑的客户。对应传统信贷风控业务也有黑名单排查，传统信贷业务风控主要采用手动查询机构的客户管理系统人工排查黑客户，相比智能风控的黑名单规则系统直接排查，其效率和便捷性都较差。智能风控除了进行常规的黑名单客户排查，实际还会有白名单、灰名单等类型客户的甄别，其产品逻辑原理都相同，只是在设定规则时选取的数据维度有所差异。

反欺诈规则和模型（通常指的 F 卡即反欺诈评分卡）是对互联网信贷业务反欺诈风险的防范。互联网信贷业务线上化通过在线远程办理业务，客户伪装成本降低，业务欺诈风险升高，更易遇到客户伪造虚假主贷人、伪造申请资料、包装资料等欺诈的情况，因此智能风控反欺诈环节对反欺诈规则和模型的运用显得极为重要。传统信贷业务中其实也存在欺诈行为，但是由于传统业务主要是线下业务客户，欺诈成本较高，客户贷款场景真实性容易辨别，因此传统信贷业务欺诈主要是资料伪造、合同伪造、联合骗贷等，机构对传统信贷业务的反欺诈调查主要是资料真伪判断、信贷场景真实性判断等。

信用评级模型（通常指 A 卡，即申请评分卡）负责评估贷款主体的信用风险。在传统信贷风控中，信用评级是整个风控的重点，主要依靠专家经验和人工审批对主贷人进行信用评级，着重考察授信主体的还款意愿和还款能力两个大的维度。智能风控采用信用评级模型刻画贷款客户信用风险，由于当前数据维度丰富，信用评级模型对客户的评估不再局限于还款意愿、还款能力，而是拓展到身份特质、人脉关系、行为偏好、消费状况、历史信用、安全属性等维度，通过对多维数据组合计算后输出贷款客户风险等级，在风险的评估上更加客观，同时结合信息自动系统等能够实现快速、高效地评估贷款客户信用风险。

定额定价模型用于贷款客户的授信金额和授信利率自动评估和计算，通常传统信贷风控授信额度的计算参考的核心维度包含贷款客户的资产负债比、月收入、信用风险等级、产品要素、客户申请额度等。授信利率是较为复杂的要素，需要参考的维度较多且影响因素复杂，不仅需要考虑机构的业务成本以及机构的风险、利润平衡，还需要考虑市场价格以及竞品价格。授信利率的制定通常以机构成本为基础，然后综合市场竞争因素、客户接受程度、机构期望营收等维度，其中机构成本包含资金成本、经营成本、信用风险成本、资本成本，市场竞争因素包含市场宏观利率、直接竞争对手产品利率、间接竞争对手产品利率等。传统信贷风控的定额定价的计算虽然考虑的维度较多，但是受限于分析数据量小、分析因素不标准，其计算策略的综合平衡性不高且一致性较强。对于智能风控的定额定价模型，虽然考虑的维度类似传统信贷风控的定额定价模型，但是其是建立在专家经验和数据分析结论的基础上的，充分运用大数据的统计、分析特征尽可能地对多维度因素进行定量评估，能够真正地综合权衡定额定价策略，针对每个客户的数据维度输出不同的额度、利率，实现差异化定额定价。

贷中监控模型（通常指 B 卡，即行为评分卡）是对存量在贷客户的贷中行为风险进行监控，包括客户的借贷行为、多头状态、信用状况、稳定性、偿债能力、关联风险等。通过多维度自动监控风险，能够提前发现客户潜在风险并及时处理、化解风险，降低贷中风险带来的风险损失。在传统的信贷风控业务中也有贷中风险监控，只是传统信贷业务的贷中风险监控一般由贷后部门统一负责，主要是做一些定期的贷后风险排查，通过对客户的回访以及定期的征信信息复查等识别客户的贷中风险，效率较低、效力较弱。智能风控的贷中监控通过模型和信息自动化的结合，对风险的识别范围更为广泛，对风险的识别更加精准，对风险识别更加高效。

贷后催收模型（通常指 C 卡，即催收评分卡）的核心是对贷后风险客户催收策略的差异化分级，合理配置催收资源。信贷业务的催收一直都是投入资源较多的工作，其中人力资源占据大部分。传统信贷的催收主要以人工催收为主，催收任务重复，催收策略不能精细化分级，催收工作不能高效统筹管理，容易导致人力资源浪费，资源投入和收益不匹配。智能风控引入贷后催收模型后，根据机构客群特征量身制定了贷后催收策略，如对容易忘记还款的客户进行提前还款短信提醒，对逾期前 3 天的客户进行机器人语音提醒，对逾期超过 3 天的客户进行人工电话催收，对逾期超过 1 个月的客户进行法诉催收等，同时在计算催收策略时还会融入联系人电话状态、客户贷后风险等级等综合因子。利用催收模型对催收策略自动分级，然后结合催收业务系统和智能语音机器人减少人工催收投入，实现了催收工作的自动智能化，提升了催收效率，改善了催收效果。

3. 系统产品层

类似传统信贷业务转变成互联网信贷业务需要信息管理系统、业务系统的支撑，传统信贷风控在转变成智能风控时也需要风控系统的支撑，而系统产品层就是风控业务自动化、智能化的软件基础。智能风控业务架构的系统产品层是数据层、模型和规则层的载体，数据层、模型和规则层则是在系统产品层上实施落地，系统产品层也是数据层、模型和规则层的基础。

智能风控业务架构的系统产品层贯穿信贷业务的贷前、贷中、贷后等流程，是全流程自动智能风控的核心，也是智能风控平台的核心。系统产品层围绕信贷业务流程构建，包含了大数据平台、接口管理平台、数据挖掘平台、关系网络、分析引擎、决策引擎、风险库、风险报表、模型监控、催收系统、系统管理平台等。最初智能风控的系统产品的形态并不像现在这样大而全，因为早期大数据技术还未广泛推广，那时的风控主要都是规则，支持规则计算的系统产品也只是简单的规则引擎。但是，随着大数据和模型的运用和推广，风控技术不断创新，风控的系统产品不断变革，从最初单一的简版规则引擎到后来功能全面的智能风控平台，智能风控系统产品实际都是围绕着决策引擎进行拓展创新，因此决策引擎也是智能风控系统产品层的核心产品。

大数据平台是智能风控业务架构中数据层数据的具体系统载体。传统信贷业务由于缺乏系统产品，因此能够采集、存储的数据有限，数据的类型集中为客户信息、信贷办理业务信息、客户还款信息等，数据的维度少、体量小，因此直接采用数据仓库存储，存储方式单一、技术简单。随着互联网时代的到来以及移动互联网的爆发，数据呈现指数级增长趋势，加上结构化数据处理技术如自然语言处理、语音识别等的创造和运用，数据进入大数据时代，数据系统产品迎来新的发展阶段，在满足存储的基础要求上还需要具备强大的处理、搜索、计算等能力，因此分布式系统架构、流计算、数据仓库、搜索引擎、信息整合与治理等技术逐步在大数据平台中融合。智能风控大数据平台的核心作用是对风控大数据进行管理以及为其他系统产品提供输入数据，即对机构的所有系统产品产生的数据进行治理、存储，再把数据输出，提供给需要的系统。

接口管理平台是智能风控平台系统产品的对外沟通关口，系统间的所有连接都需要经过接口管理平台去建立。接口管理平台就像水管一样串联起各个系统，给系统间的交流沟通提供通道。随着智能风控平台业务拓展、系统新增，接口也会不断增加，经过接口管理平台建立的通道会越来越多，接口通道看似也会越来越复杂，但实际上，因为接口管理平台的统筹管理，所有的接口都变得有条不紊。接口管理平台的诞生不是一蹴而就，早期系统间的很多沟通也是通过接口进行，但是由于那时系统较少，接口数量较少，很多接口的接入都是依靠硬编码完成，伴随着接入接口的数量增加，这样的接入方式显得越发笨拙，并且接口管理的难度上升，接口变动的灵活性较差，因此，为了降低接口接入难度、提升接入效率、适应接口灵活变动、增强接口统一管理等，接口管理平台逐渐产品化。

数据挖掘平台是提供给风控策略人员或者风控模型人员在模型建立之初进行在线创建规则、模型的工具。最初没有数据挖掘平台时，规则、模型的创建主要是通过线下离线方式开展，手动提取数据、处理数据、选择和构造变量、开发模型、评估模型、部署模型等一系列流程都在线下进行，模型从设计到开发再到上线的周期长、便捷性较差、效率较低。由于互联网信贷风险的变化多样且迅速，风控规则、模型需要快速响应突发风险，进行风险拦截，因此分析、建模的效率就极为重要。数据挖掘平台通过线上建模，直接关联数据平台已经清洗完成的数据，省去原数据的加工工序等，依靠平台内置建模工具，能够实现快速、便捷建模以及部署。

关系网络是知识图谱技术的产品化。智能风控中的关系网络系统产品常应用于风控业务的反欺诈中，具体体现在两个方面：一是关系网络给决策引擎提供规则、模型输入数据，二是关系网络向反欺诈人员提供反欺诈可视化页面，这样反欺诈人员就可以利用可视化工具分析、侦查欺诈客户。关系网络系统产品虽然是一种新型产品，但是其原理雏形在很早以前就出现了。传统企业信贷风控会判断企业与企业之间的关系，进而判断企业贷款风险。这里简单举例说明：很多企业通过注册空壳公司互为担保骗取贷款金额，如 A/B 公司分别进行贷款申请且申请的时候都选择对方作为担保企业，这样的担保关系企业骗贷风险较高，因此企业信贷评审的时候通常不会通过这样的企业贷款申请。传统企业信贷对这类风险关系的判断都是通过人工自助关联发现，关联关系超过 1 度之后再通过手动关联去分析、侦查，但此时只通过人工侦查基本不可能发现其中的异常，而通过关系网络系统产品向反欺诈人员提供可视化的关系，则能够支持反欺诈人员进行关系异常的深入探索。

分析引擎用于绘制数据的实时画像、多事件的联动画像、主体的生物画像，还能够为报表系统提供分析、计算的能力，相比数据挖掘平台的离线计算，其计算效力更高。数据通过分析引擎进行实时计算或者流计算时，一旦触发预制规则，会生成对应的特征标签。互联网信贷业务欺诈风险严重，有些欺诈手段明显，可以通过强规则进行拦截，但是有些欺诈通过技术加持手段隐匿起来，这个时候就需要分析引擎，另辟蹊径，通过实时计算、流计算，分析客户特征，提取客户画像数据，以便识别客户的欺诈风险。

决策引擎是智能风控平台的心脏，几乎控制着全业务流程风险的评估和决策，包含注册和登录、准入、名单、反欺诈、信用评估、定额定价、贷中监控、贷后催收等信贷风控环节的风险识别、拦截。其中，业务数据、三方数据、历史大数据、征信数据、图数据等通过接口管理平台输入决策引擎，由数据挖掘平台为决策引擎提供模型、规则等策略，分析引擎为决策引擎提供实时用户画像数据。决策引擎利用模型、规则对输入的数据测算评估客户的欺诈风险、信用风险，最后输出决策结果。传统信贷风控的信用风险评估过程也会用到规则策略决策，通常利用 Excel 预制评分公式或者规则决策公式，手动输入公式值进行决策，也就是说，传统的信用评估公式主要是根据专家经验建立，其计算原理和决策引擎的基础计算原理相同。

互联网信贷风险类型、风险特征纷繁复杂，客户全信贷生命周期蕴藏着风险，已经很难单纯依靠 CRM 系统对其进行管理，需要专业的风险管理系统产品支撑，因此建设风险库非常必要。风险库是信贷风控领域的 CRM 系统，其核心作用是对信贷业务客户的全生命周期的风险管理。风险库统筹信贷业务系统数据、客户信息管理系统数据、三方数据厂商的征信和央行征信的风险数据、客户借贷行为数据，分析引擎和决策引擎输出的风险信息是风险库的增量数据，同时风险库全量的风险数据也可以作为分析引擎和决策引擎的输入数据，输出更为精准的客户风险画像，提升智能风控平台风险识别、监控、决策的精准度。

风控报表既是智能风控的智能顾问，又是信贷业务的智能顾问，它承载信贷业务贷前、贷中、贷后全流程数据的智慧分析和展示，通常包含运营报表体系、风险监控报表体系、资产质量报表体系、公司内部管理报表体系四部分。运营报表体系主要通过分析、统计、监控，实时呈现业务流程各节点的运营情况，如通过分析、统计、监控订单从申请到准入、黑名单、反欺诈、信用评级再到最后放款各节点的通过、拒绝率以及稳定情况等业务现状，并依据数据反馈灵活调整市场策略，以此确保业务的稳定。风险监控报表体系主要通过对具体指标、规则、模型、客户风险特征、拒绝原因等数据的分析、统计、监控，结合可视化技术呈现整合后的细维度风险数据以及单个详细风险数据，从宏观、微观两个层面掌控客户群体风险特征以及风险波动，从而能够精准、迅速地做出风控调整。资产质量报表体系主要是通过对贷后账龄、逾期率、回款率、在贷余额、逾期余额、迁徙率、滚动率、结清等指标的分析、统计、监控，实时展现资产数据，清晰认识资产质量状况，从而指导机构市场运营、风控的调控。公司内部管理报表体系通过对类似项目管理时效、人力资源时效等方面数据的分析、统计、监控，并借助各机构运营管理指标的数据可视化展现机构整体的运营效率，进而优化机构内部管理。风控报表除了以上四个主要的体系，还会运用于很多分析统计的业务场景中，如客服部门服务效率、质量的分析统计，贷后催收效率、效果的分析统计等。风控报表解决了数据形象化表达难题，赋能数据的智慧天赋，大到为机构的战略决策赋能，小到为细小任务优化赋能。

模型监控是对风控数据、风控指标、风控规则、风控模型的运行状态进行监控，上面讲到的风控报表虽然也有监控功能，但是侧重可视化展示，而模型监控侧重监控和预警，核心是快速响应。规则、模型受输入数据灵活变动的影响都自带灵敏属性，规则、模型的频繁波动以及大幅波动对风险的稳定防控会产生巨大影响，并且往往会对业务造成较大的损失，因此对于数据、规则、模型等的监控和预警尤其重要。通过对数据、规则、模型的监控以及预警信号的快速响应，能够快速应对数据、规则、模型的风险事件，尽早、尽快化解潜在风险和危机。

催收系统用于贷后的催收业务。传统的催收主要是人工催收，即催收专员借助移动通信设备进行催收，精准度低，系统自动化能力弱，导致催收效率低，催收质量差。智能风控平台的催收系统结合决策引擎运行的贷后催收模型，以及智能语音机器人，能够实现差异化精准催收，即贷后催收模型输出差异化策略，由催收系统根据差异化策略进行案件自动分案，如首次逾期 1 天客户催收策略是短信提醒，通过联通短信平台实现催收短信自动推送；逾期超过 1 天进行机器语音提醒，通过联通智能客户平台实现自动外呼语音提醒；逾期超过 7 天进行人工语音提醒，通过联通智能客户平台实现人工自动外呼语音提醒，依据不同时间设置不同的催收策略方案。

系统管理平台是智能风控平台中整个系统产品的管理后台，统筹整个系统产品的管理，包括负责智能风控平台中所有系统产品的角色和权限功能管理、系统产品的用户管理、系统产品的后台配置管理、系统产品的资源管理、系统产品的安全管理、系统产品的服务监控管理、系统产品的日志管理等。作为智能风控平台的基础管理平台，系统管理平台串联起整个智能风控的系统产品，让这些系统产品有条不紊地联通工作，对整个智能风控平台的正常、稳定运转起着重要作用，是智能风控平台的基础和保障。

4. 应用层

应用层是智能风控业务架构的顶层，也是互联网金融信贷的业务层。互联网金融信贷业务场景包含贷前、贷中、贷后三个阶段，下面分别从这三个阶段进行分析。

信贷业务贷前阶段，从客户的账户注册和登录到申请贷款，相对应的业务节点都有隐藏的风险。如纯信用的小额现金贷因为其便捷性、准入门槛低等特征，所以面向的客群广泛、业务审批效率高、业务通过率高，但是这并不能粗暴地把小额现金贷的风控策略定性为减少风控措施。现金贷业务节点的风控措施该有的还是必须要有，客户贷前申请贷款环节的注册和登录风险检测、产品准入拦截、名单和反欺诈检测、信用等级评估、额度利息测算等风控场景都是需要严格落地实施的，尤其对于欺诈、黑名单类客户的识别和拦截更是小额现金贷业务场景的重点，如果放任欺诈、黑名单客户不管，那这类客户每一笔的业务成功办理都意味着机构百分之百的亏损，这是极其严重的风险。

信贷业务贷中阶段的风控业务的核心是对客户的贷中风险监控以及风险触发后的预警。

贷中阶段的监控对象都是存量在贷客户，这些客户均已进入还款期，根据还款方式进行还款。贷中阶段是一个长期的过程，机构的潜在风险受客户还款意愿和还款能力的影响，机构的重心是对客户的还款意愿、还款能力风险进行检测。如果客户触发相关的风险则会进行预警，进而采取相对应的风控措施。如循环授信的客户，在贷中阶段被监控到在多个机构进行贷款申请，则系统会预警，提醒该客户最近存在多头借贷行为，然后机构可以提前对客户进行信用风险调查，核实客户信用风险是否增大，如果增大，可以降低客户的循环额度或者主动联系客户进行提前还款，尽可能避免重大损失。

信贷业务贷后阶段，如果此时客户已经出现逾期或者长期逾期的情况，就需要对客户进行催收。催收是信贷业务必不可少的环节：对于正常结清客户来说，催收并没有用武之地；但是对于逾期客户来说，催收是重中之重的业务环节，每一笔催回来的金额对于机构而言都意味着全新的收入。早期的催收业务乱象丛生，但是伴随各种催收法律法规的出台，催收业务变得正规化、合理化，而机构如何提升催收的效率和质量一直都是贷后催收的核心，智能风控平台对催收业务的赋能也在不断升级、优化，从早期的催收模型智能区分客户风险等级制定对应的催收策略，到后期智能语音机器人的引入，催收业务经历了从人工到自动化再到智能化的转变。

关于应用层，这里只是根据贷前、贷中、贷后阶段重点介绍了智能风控业务架构应用层的核心风控场景，包括贷前信用审批、贷中风险监控、贷后智能催收，除去核心场景，智能风控平台还能赋能信贷业务的其他业务场景，如贷前营销、贷中审批管理、贷后管理、资产管理等，感兴趣的读者可以自行了解。

无论是传统信贷风控业务架构，还是智能风控业务架构，都是围绕信贷业务构建的。传统信贷风控业务架构围绕传统信贷业务，以组织框架为基础进行搭建，保障了信贷风控业务的全面落实。智能风控业务架构围绕互联网金融信贷业务场景，以金融科技和互联网技术为基础进行搭建，综合利用系统产品和金融科技，促进了金融信贷风控的创新变革。

5.2　智能风控系统功能架构

所有的系统产品都服务于业务，智能风控系统产品也不例外。智能风控系统功能架构以系统产品为载体，为贷前、贷中、贷后全生命周期的金融信贷风控业务提供了自动化、智能化的全流程解决方案。

5.2.1　智能风控系统功能架构组成

受益于金融科技在传统信贷风控的逐步应用，业务前端转变为线上进件，资料信息的

采集和核对变成了系统产品的自动采集和核对；贷中信用风险的人工审批转变为系统产品
的自动、智能决策；贷后风险的定期人工检查转变为贷中系统产品的智能监控以及自动预
警；贷后逾期的人工催收转变为基于系统产品的智能自动语音和人工组合的差异化分级催
收。可见，智能风控系统产品在融合原有业务流程的基础上，赋能信贷风控的巨大创新变
革。接下来将揭开智能风控系统产品的神秘面纱。图 5-4 展示了智能风控系统功能架构。

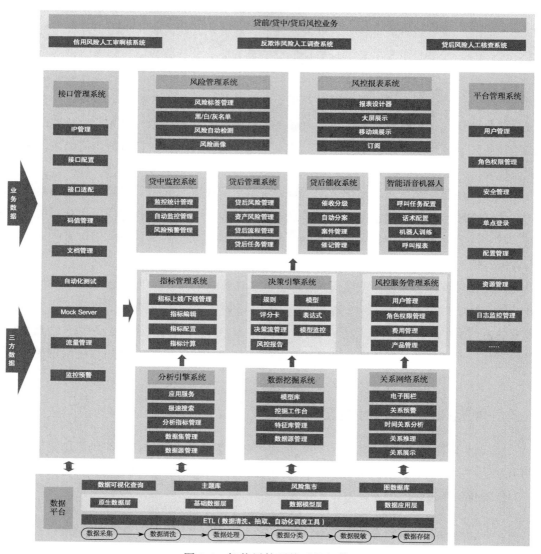

图 5-4　智能风控系统功能架构

智能风控平台的核心系统产品分为输入层、计算层、决策层、风控运营层、风控业务操作层、基础管理层，说明如下：

❑ 输入层由数据平台系统、接口管理系统组成；

❑ 计算层由分析引擎系统、数据挖掘系统、关系网络系统组成；

❑ 决策层由指标管理系统、决策引擎系统、风控服务管理系统组成；

❑ 风控运营层由贷中监控系统、贷后管理系统、贷后催收系统、智能语音机器人系统、风险管理系统、风控报表系统组成；

❑ 风控业务操作层由贷前信用风险人工审核系统、贷中反欺诈风险人工调查系统、贷后风险人工核查系统组成，风控业务操作层的系统产品一般不会单独存在，更多的是直接集成到金融信贷的业务系统；

❑ 基础管理层主要是指平台管理系统，是整个智能风控平台的后台系统。

5.2.2　数据平台

智能风控平台是对大数据风控的充分利用，其数据平台是以现有成熟的大数据技术建造的大数据平台。大数据平台是智能风控平台的数据载体，是一套集数据接入、处理、存储、检索、分析计算等功能为一体的基础设施，承担着数据的采集、清洗、处理、分类、脱敏、存储、分析计算、可视化查询等工作。数据的输入来自业务系统、客户信息管理系统、三方数据源、爬取方以及智能风控系统产品等，常用的采集工具有 Sqoop、Scrapy、Nutch 等。数据的存储通常采用 Hadoop 分布式存储，结合 Hive、ZooKeeper 等工具组件以及 HBase、Redis、Neo4j 等数据库系统，集成为大数据平台存储层的中间力量。数据的分析计算通常依靠 Spark、Storm 等成熟分析引擎工具实现。数据的查询通常采用 ElasticSearch、Solr 等搜索引擎工具。数据的可视化通常采用 Pentaho、Tableau 等第三方开源应用，后期在风控报表系统产品中会详细介绍。

智能风控平台的数据平台系统通常由关系型数据库、非关系型数据库、图数据库、风险集市、主题库、数据可视化查询功能模块等组成。数据在全链路的处理过程中会被划分为原生数据层、基础数据层、数据模型层、数据应用层四个层级。源生数据层存储的是各个系统的元数据，不做任何加工处理；基础数据层是经过加工处理后的基础数据，这里的加工通常指企业业务数据的结构化处理以及基础数据的汇集，具有对数据的广泛、统一处理等特征；数据模型层是特定融合层，是基于业务抽象而来的具有特定业务场景特性的数据聚合层，是业务知识的沉淀，是数据仓库的主题库；数据应用层是面向各个系统产品的输出层，直接提供风控智能平台各系统产品的使用数据，数据聚合性、专一性更高。

　　大数据平台系统是智能风控平台输入层的基础核心系统，不仅提供系统的数据直接输入，还为用户提供数据的查询功能，因此大数据平台需要提供统一的查询入口，即数据平台查询门户。数据查询门户是数据平台系统的产品化结果，其核心作用是向用户提供数据查询功能、数据的简单统计分析功能以及数据平台的管理功能，使得用户能够高效、便捷地访问数据平台，它通常以 SQL 语言为查询语言。由于数据是高度敏感内容，数据的管理是数据平台的重点，任何企业都应该认真对待数据的安全问题，因此数据查询门户的功能和数据权限通常基于"业务需要"和"最小权限"原则设计，在数据的访问维度、粒度、数据量上进行严格控制，同时应该注重数据的脱敏展示、加密传输等，例如尽量不要提供数据下载等功能。

5.2.3 接口管理系统

　　接口管理系统是智能风控平台的"关卡"，通过调配接口进行数据的输入和输出。早期，单个系统的服务单一，但是随着业务不断地接入，服务的前端应用逐渐增多，每一次新增服务应用都会需要添加新的接口。业务的不断增加，新的服务应用不断接入，使得接口变得越来越多，接口的查询、版本管理、自动化测试、测试数据的准备、接口变动升级等也变得越来越烦琐，需要一个统一的标准化接口管理系统对其进行管理。

　　智能风控平台的接口管理系统除去提供常用的 IP 管理、接口配置、自动化测试、Mock Server、文档管理功能外，通常还会提供接口适配、码值管理、流量管理、监控预警等功能。

1.IP 管理

　　IP 管理负责智能风控平台的访问安全，任何访问接口的 IP 必须是 IP 管理功能中的白名单，该请求才会被允许，同时 IP 管理功能中也有黑名单，通过直接拉黑恶意 IP 的请求来降低接口管理平台的请求压力。

2. 接口配置

　　在接口管理系统中还有另一道安全控制，就是接口配置功能模块中的 AppKey 配置。接口配置功能负责前端和后端接口的基本信息、AppKey、接口参数、访问路径、存储路径等配置。AppKey 是接口请求的密钥，三方应用通过接口访问路径来访问风控平台系统产品同时提供对应接口的密钥，这样三方应用才能请求成功。

3. 接口适配

接口适配负责多个接口的联动关系，风控平台的系统产品在处理计算的时候可能需要多个接口进行交互，此时就需要接口适配进行多个接口间的联动控制。

4. 码值管理

码值管理是对接口中字段对应的值的管理，包括值的映射、默认值的定义等，如接口因为系统产品异常需要返回异常状态码，但是系统并没有直接提供对应的错误信息，此时就需要通过码值管理设置默认的返回的异常状态码。

5. 文档管理

服务应用增多，接口的数量增加，需要维护的接口文档变多，此时接口管理系统的文档管理就起到了很好的作用。文档管理主要负责接口的在线文档管理，支持多人协同维护文档，自动生成接口文档，Word、PDF、Markdown 等格式的批量导出，接口文档版本管理等。

6. 自动测试

通过接口技术接入时都会通过接口的测试功能判断接口返回的结果是否和定义的内容相同。在没有自动测试功能和系统自动进行接口测试的时候，接口接入只有通过人工手动去调用测试，这样的接口技术接入效率低、质量差。但是如果有自动测试功能，就能够对程序内部的接口或者系统对外的接口进行便捷的自动测试，减少人工烦琐的测试任务，提高接入的效率和质量。

7. Mock Server

Mock Server（模拟服务器）是指在接口中直接模拟接口对应服务器提供的数据，通过返回假的数据支撑开发、联调、测试等工作，当前产品很多都是前、后端分离，开发往往同步进行，前端的开发可能依赖后端的系统产品，但是由于后端并未完成开发，此时前端就会通过后端准备的 Mock 接口获取虚拟服务。

8. 流量管理

流量管理是对接口请求服务的科学控制。根据智能风控平台定位类型的不同，对外或者对内提供服务的智能风控平台更易收到非预期的请求，系统突然面临高并发时很容易崩溃，影响业务的正常运转，因此就需要流量管理功能，对接口的请求进行控制管理。

常用的流量控制技术包含静态流控制、动态流控制、并发控制、链接控制，流量管理通常不仅具备管理控制的作用，还会起到流量分发的作用，以此支持多应用的在线无缝切换。

9. 监控预警

监控预警负责接口管理系统服务的实时监控、实时统计分析，包含接口响应时间、接口是否可用、接口返回内容是否正确、接口请求频率等指标，通过监控接口服务的异常情况并且连接三方通信实现异常的实时预警，确保接口管理系统服务的异常第一时间被发现并得以解决，降低服务异常造成的损失，确保业务的正常运转，以及通过对监控指标的分析，优化接口服务功能，以提升接口服务能力。

5.2.4　分析引擎系统

分析引擎系统负责利用特定的分析规则和分析算法进行大数据实时的分析计算，并且把分析出的有用结果存放至数据库中或者输入其他系统产品（如可视化报表产品、决策引擎）中进行分析结果的转化。分析引擎系统以数据平台的大数据框架为基础建设，充分利用大数据平台的 Spark、Storm 分析引擎工具以及 ElasticSearch、Solr 搜索引擎工具，在此基础上搭建便捷、高效的可视化分析操作平台。通过分析引擎系统设置分析算法、分析策略，系统自动进行实时分析计算，在线提取特征风险标签，输出可用指标供决策引擎系统、风险案例库等使用。同时，分析引擎系统具有强大的搜索查询能力，可以作为风控报表底层的算力支撑，提供风控报表系统的计算、分析、搜索资源。

智能风控平台的分析引擎系统的主要功能包含数据源管理、数据集管理、分析指标管理、算法管理、极速搜索、应用服务等。

1. 数据源管理

数据源管理负责输入分析引擎系统的数据的统一管理和维护，包括内部数据源的载入（即数据库的系统自动对接）和外部数据源的导入（即外部数据的批量导入）等，既满足数据实时写入的要求，又满足离线数据仓库的高速导入和导出需求，同时分析引擎系统通过连接数据库、管理数据源区分接入业务库、分析库，实现分析和业务的数据库隔离，避免数据分析对业务产生影响。

2. 数据集管理

数据集管理负责分析数据主题的创建与管理，类似数据平台主题库。主题库是对机构业务抽象后根据机构战略发展目标以及业务规划而制定的能够统筹支撑业务快速发展的数据仓库，而分析数据主题是指具体的数据表，分析数据主题的创建需要面向具体的业务场景，通过深入剖析具体业务场景制定分析方案，最后根据分析方案需要的数据定义数据主题。数据主题可以是多个数据库不同表不同数据项的抽取汇总表。数据集管理功能主要运用在风控报表底层数据的创建上，为风控报表提供底层的数据支撑。

3. 分析指标管理

分析指标管理功能负责分析指标、算法、计算策略的配置，是分析引擎系统的核心工作台。分析指标管理通过数据项和算法函数的关联进行实时的特征计算、抽取，然后把分析统计的特征输出到决策引擎系统进行风险决策，以及输出到风险管理系统进行存储。

4. 极速搜索

极速搜索功能负责数据的快速查询，通常分为页面组合关联条件查询以及自定义SQL 关联查询。分析引擎系统在做分析计算以及对接风控报表系统时需要提供高效、便捷的查询服务，分析计算特征以及报表内容的实时更新，通常都是需要统计当前状态下的实时数据，如果采用传统的全量查询对数据平台进行检索，尤其是字符串类型的检索，搜索效率低下并且不能兼容多元数据模型以及支持事实表、维度表等，无法满足分析引擎实时的分析统计需求，因此分析引擎需要极速搜索功能来支撑分析引擎系统高效、多样、快速的查询统计分析。

5. 应用服务

应用服务主要对外提供输出服务，包括智能风控平台内系统间的风险服务以及智能风控平台以外系统的风险服务。智能风控平台分析引擎系统的核心是解决风险特征的实时画像以及 BI 可视化工具应用数据的实时查询，应用服务功能通过内、外部系统兼容将画像结果输出给决策引擎系统、风险管理系统，并将极速搜索结果输出给风控报表系统，同时通过标准服务接口对外提供分析、计算服务。

分析引擎系统具备实时计算、流计算、极速查询等特性，能够提升风控业务对反欺诈风险、异常风险、行为风险、事件风险等风险的识别、拦截能力。

5.2.5 数据挖掘系统

数据挖掘系统负责从大量的数据中利用算法搜索、发现隐藏于数据中的价值信息。

智能风控平台的数据挖掘系统主要应用于离线数据的挖掘分析、在线构建模型、规则等策略，以及在线部署模型、规则等策略。传统建模在线下进行，从提取数据、处理数据、选择变量、开发模型、验证模型、评估模型到部署模型等流程都是在线下手动完成。一般模型的开发周期通常都至少需要 1 个月，开发流程长，在互联网业务快速变换、更新的形势下，传统模型的开发就显得比较滞后，效率偏低。例如在模型从开发到上线的过程中，其业务状况已经发生改变，但传统模型开发周期太长，无法根据业务变化及时调整，若仍延用之前的数据对标的模型，模型的精准度就会发生偏差。智能风控平台的数据挖掘系统的构造能够很好地解决传统建模的周期长、效率低等问题，它通过线上方式直接对接数据仓库，然后线上集成很多预置模型算法，通过系统自动处理数据、工具化高效分析、提取特征变量、预置算法自动计算、可视化模型效果评估等一系列线上功能模块直接相互配合，能够较快地分析、捕捉异常风险变化，实现准实时建模以及规则、模型的快速调整、迭代、部署。

数据挖掘系统的核心功能有数据源管理、特征库管理、挖掘工作台、模型库四个模块。

1. 数据源管理

数据源管理类似分析引擎的数据源管理功能，是风控建模的数据输入端管理模块。数据挖掘系统的数据源管理功能负责建模数据以及规则策略数据的管理，包含内部数据平台系统的数据直接对接载入以及外部数据源的批量导入。数据源管理功能通常直联数据仓库的风险特征主题库、业务主题库、模型主题库等，支持模拟不同主题库间数据的勾稽关系。

2. 特征库管理

特征库管理就是对导入的数据源变量进行统一、标准的管理。风控建模的全量特征表是模型构建的基础表格，特征通常分为直接特征和衍生特征：直接特征根据数据源变量生成；衍生特征不能通过数据源变量直接生成，而是以数据源变量为基础通过运算处理后得到。特征根据处理逻辑不同、来源数据库以及表格不同、业务场景不同需要差异化管理，因此特征库管理需要能够实现特征的灵活配置以及特征的差异化分类管理。

3. 挖掘工作台

挖掘工作台是数据挖掘系统的核心功能模块，主要负责在线数据挖掘建模任务。挖掘工作台通过可视化的拖拉拽操作窗口能够完成全流程的在线数据挖掘建模工作，为准实时建模的实现提供了便捷、高效的操作方案。它还利用实际建模任务流内置建模任务对应的建模处理组件，如数据读取、数据预处理、变量转换、特征抽取、特征筛选、模型训练、模型测试等，以可视化流程建模思路为基础，串联建模处理组件进行在线建模，最终及时、高效地输出风控模型。

4. 模型库

模型库负责已有风控模型的管理，主要是模型的效果评估、模型的一键预发布、模型的导出等，模型人员利用数据挖掘系统进行在线建模，建模完成后通过效果评估进行模型预测能力检验，模型评估完成后通过一键预发布进行模型的直接部署，模型会被自动部署到决策引擎，实现系统间模型部署的无缝对接，从模型的创建、评估、部署上线都采用线上系统化方式，减去多环节烦琐测试流程以及线下手动处理等流程，从而整体提升和优化模型开发、评估、上线的效率和质量，同时建造好的模型也可以直接导出给三方系统进行手动部署上线，使得模型能够很好地兼容其他的三方系统。

数据挖掘系统和分析引擎系统都具备数据分析计算能力，但是智能风控平台的数据挖掘系统主要是离线计算，而分析引擎系统主要是在线实时计算，两个系统对计算的时效要求不同：分析引擎系统的时效要求更高，擅长风险特征实时画像；数据挖掘系统的时效要求不高，擅长线上建模。

5.2.6　关系网络系统

前面的章节中已经对知识图谱、图关系数据做过详细的介绍，本节介绍的关系网络系统是基于图数据库和知识图谱技术而打造的能够提供知识推理、知识展现的产品，它在知识图谱技术应用于具体业务场景下诞生，是一种创新型系统产品。智能风控平台的关系网络系统主要服务于金融风控业务。互联网金融信贷业务依靠全线上远程进件，使得欺诈风险发生的频率、数量不断增加。传统人工反欺诈的风控业务手段对新型欺诈风险的防范变得越来越困难，但全新的线上业务模式滋生的欺诈风险的防范却越来越重要，因此知识图谱技术逐渐进入金融行业，开启了智能风控的新篇章，关系网络系统也应运而生。关系网络系统通过展示实体间的关联关系为用户提供可视化的关系分析页面，同时在关系算法的加持下输出关系网络异常风险预警，为用户提供更多隐匿的金融信贷风险，包含团伙欺诈、相似风险、关联风险等。在金融信贷风控业务反欺诈风险日益严重的形势下，关系网络系统通过挖掘关系间隐匿的欺诈风险，利用创新的反欺诈风控技术进一步地提升了金融信贷风控的效力。

智能风控平台的关系网络系统瞄准金融信贷场景中一人多贷、一人多担保、相互担保、连环担保、中介团伙包装等风险类型，通过关系的算法分析、关系的时间和空间分析、关系的可视化展示，实现异常关系的识别、检测、预警。关系网络系统的核心功能有关系展示、关系推理、时间关系分析、关系预警、电子围栏等。

1. 关系展示

关系展示模块负责关系网络中对象间关联关系的图像化显现，包括正常关系形态、异常关系风险形态、关系推理的过程等场景的展现。在无可视化展现关联关系的时候，对象间关系的表达以及对象间的聚类特性等都是抽象的概念，异常关系的风险不能通过视觉直接传达，风险的识别很难。但是当关系网络系统有了可视化的展示功能后，抽象的关系可以通过可视化功能直接以图像的形式生动地呈现，更加利于异常关系风险的识别和判断。

2. 关系推理

关系推理功能主要解决关系算法场景以外的需要满足其他需求而创造的功能。通常关系网络系统都会根据业务场景搭建关系库，并在此基础上进行关系风险的深度挖掘，构建异常关系模型，然后将构建好的异常关系模型内置于关系系统中，在新的业务客户进件的时候就会通过内置的异常关系模型进行实时的风险识别和预警。但是预警的前提是客户在线上系统生态内，因此对于非系统生态内的线下客户以及人工调研客户发现的关联对象不适用，此时就需要利用关系推理功能人工进行关系的分析、识别。关系推理功能可以将系统生态外的客户信息导入关系网络系统中，根据关系信息要素自动加入网络中进行关系组网，然后开展关系的探寻。

3. 时间关系分析

时间关系分析功能是关系在时间维度的分析。关系展示通常只是当前异常关系的呈现，时间切片上的异常关系和正常关系在某些场景下具有欺骗特性，部分关系风险的捕捉需要综合时间轴上的事件流。如 A 企业间的异常关系分析，由于企业存在注销、更名等事件，A 企业当前关系并无异常，但是当时间回溯到以前某个时间点的时候，可以发现 A 企业投资的现在状态为已注销的 B 企业，明显和现在的 A 企业的网络关系存在异常，由于 A 企业故意让其投资的 B 企业注销以此掩盖关系间的异常，因此 A 企业现有正常的网络状态实际是有风险的异常网络，如果只是通过单一时间节点判断关系状态，很难发现隐匿的异常风险。时间关系分析是关系网络的立体维度风险检查，属于异常关系的深度挖掘。

4. 关系预警

图数据库中的关系数据每天都在新增，新增的数据需要以增量的形式补充到关系型数据库中，每次数据新增后的关系重组都需要消耗关系网络的计算资源以及计算时间，更新的关系网络会产生新的异常关系风险。关系预警是对该类更新机制的设置和异常关系风险的自动报警，关系展示是对已识别的异常关系风险进行图像化展示，虽然便于异常关系的查看，但是却不能让用户第一时间察觉异常关系的风险，尤其是紧急风险。关系预警就是对关系网络系统识别的风险进行及时的预警推送，通常采用短信、邮件、即时通信、风控报告等渠道进行风险的触达。

5. 电子围栏

电子围栏是一种特殊关系的分析、展示、预警，把对象在固定区域内地理空间上的变动关系通过电子活动轨迹展示出来。在金融业务场景中，位置信息是界定客户行为、稳定性等的核心要素，单独提出客户的活动轨迹并设立合理的运动区域范围，能够有效地监控客户在地理关系上的异常风险。分析和展示对象的运动电子轨迹并对内置的异常运动电子轨迹预警，能够实现对象地理空间运动的异常风险检测。

关系网络系统对单个对象以及团体性组织的风险检测都有很好的效果，对传统风控业务的风控能力也有巨大的提升作用。

5.2.7　决策引擎系统

决策引擎系统是智能风控平台的"大脑"，支撑着金融业务全流程的风险评估和决策，包含预授信、准入、黑名单、反欺诈、信用评级、定额定价、贷中监控、贷后催收等环节的风险控制。全流程风控业务环节繁多，业务场景随着业务发生时间的推进不断变换，风控业务场景也会不断变换，但是风控采用的核心技术"大数据风控"却没有发生变化，识别风险主要还是依靠规则和模型的配合作用，规则和模型可以抽象地理解为封装好的计算公式，而公式的自动计算需要系统产品去执行。决策引擎系统就是规则、模型的计算载体，承载着规则、模型的自动计算和决策，能够对风险进行定量和定性的刻画。传统的风控业务在长期积累经验后会沉淀出刻画客户的标准方法，即常说的专家经验。传统的专家经验的本质其实就是一种规则，只是这种规则的计算需要手动执行，最终再手动输出，在效率、精准度、客观性上都欠佳。专家经验也不是不能通过系统自动决策，如果专家经验再进一步地被定性和定量处理，形成系统的专家经验规则，决策引擎系统就可以运行专家经验规则。决策引擎不仅可以运行专家经验规则，而且可以运行利用科学统计方法创造的规则和模型，通过系统批量的自动计算、智能决策，实现高效、精准、客观的风控业务。

决策引擎系统是指对从复杂的业务逻辑中抽象出来的业务规则进行不同的分支组合、关联，然后层层递进，最终输出决策结果。决策引擎系统的核心功能包括规则、评分卡、模型、表达式、决策流管理、风控报告、模型监控。

1. 规则

规则功能模块负责规则策略的配置、运算，并输出规则决策结果。根据规则的判断条件复杂度，可以将规则策略分为单条规则、规则集、规则表、规则树。其中，规则集是单条规则的集合，规则表是多维度条件的组合计算，规则树实际是规则集的另一种展示形式，其本质与规则集相同，都是单条规则的集合。根据决策结果的强弱，可以将规则分为强规则和弱规则，强规则通常就是决策结果为自动拒绝和自动通过的规则，弱规则通常为系统无法直接判断的、需要人工审核的规则。金融信贷场景的规则决策结果一般分为自动拒绝、自动通过、人工审核等。对规则分类是因为业务发展需要满足更多不同复杂场景的需求，而规则模块的规则集、规则树、规则表配置功能则是为了满足不同场景的业务需求。

2. 评分卡

评分卡功能模块负责评分卡的配置和计算。评分卡俗称打分卡，是一种模型，也是一种变形的规则。评分卡先进行逻辑计算，输出评测的分数，再根据分数权重输出最终的综合分数以及对应的决策结果。规则和评分卡的本质相同，都是对条件的逻辑计算，通常评分卡都是对单一条件进行分数评测，特殊场景下需要进行多维条件分数评测，因此，评分卡的功能不仅需要满足单一条件的简单评分卡配置，而且需要满足多维条件的复杂评分卡配置。

3. 模型

模型功能模块负责已经封装好的独立模型的调用和计算。模型指通过主观意识借助实体或者虚拟表现构成客观阐述形态结构的一种表达目的的物件（物件并不等于物体，可以是实体的，也可以是虚拟的，可以是平面的，也可以是立体的）。风控决策引擎系统通常使用的是数据模型，根据模型的创建方式分为评分卡模型以及封装好的独立模型两类：评分卡模型内部条件拆分清晰、关联组合明确，因此方便在评分卡功能模块中进行配置和计算；独立模型内部计算逻辑直接通过编码组合，因此只需直接在模型功能模块中进行部署、计算，模型功能模块适用于 py、model、pmml 等格式的第三方模型的部署，但是模型修改和调整的灵活性较差。

4. 表达式

表达式功能模块负责规则和评分卡功能模块不能处理的特殊计算，通过自主灵活编辑表达式代码实现规则或者评分卡的计算和决策。这样的自由编码方式可以实现规则或评分卡的逻辑计算，能够运用于更多小众的、难实现的风控决策场景中，灵活性更大。表达式功能模块同模型功能模块类似，只是表达式功能模块的计算和决策代码是直接在功能模块中在线完成编辑操作，然后由模块执行代码的运算，而模型功能模块是直接导入离线创建封装完成的模型，然后由模块执行模型的运算，两个功能模块都是用来应对特殊风控决策场景的，都有适用性高、灵活性高等特征。

5. 决策流管理

决策流管理功能模块负责规则、评分卡、表达式、模型的决策顺序编排，通过可视化配置平台制定规则、评分卡、表达式、模型的决策执行步骤，清晰、直观地实现大型、复杂的风控策略。风控业务场景不同，需要的执行流程也不同，所以实际的风控策略很多都是需要规则、评分卡、表达式、模型相互组合进行决策，同时风控业务场景中还存在并行、串行决策流，如果将特定业务场景的策略执行流程通过代码直接写成固定流程，那策略流程的灵活性会变得很差，不仅不能应对其他的风控业务场景，而且不能应对特定风控业务场景的变动，因此需要决策引擎系统拥有决策流可视化自主配置的功能，即决策流管理功能模块。

6. 风控报告

风控报告功能模块是决策引擎系统的结果输出终端，负责决策引擎系统输出结果的可视化展现，包括最终决策结果、策略流程各决策环节结果、规则结果、评分卡结果、模型结果、表达式结果以及规则、评分卡、模型、表达式对应的详细数据等内容。风控业务场景不同，对风控报告的内容需求也会不同，并且风控报告的内容会因为风控策略中规则、评分卡、模型、表达式的改变而改变，所以风控报告的内容实际也会因风控业务新增、风控业务场景变动等因素不断调整，这就要求风控报告能够灵活地呈现决策结果。同时，风控报告是直接提供给业务人员使用的产品，而风控报告的内容又属于敏感信息，这就要求风控报告能够选择性呈现决策结果。综合风控报告功能模块的核心是配置功能。

7. 模型监控

模型监控功能模块负责决策引擎系统运行的规则、评分卡、模型、表达式的监控以及部分业务指标的监控，包括业务流程通过率监控、业务人数的数量和占比监控、业务金额的数量和占比监控、决策结果分布监控、规则和模型结果分布监控、指标和规则命中监控、变量稳定性监控、数据源监控等，通常分为数据源、规则和模型、业务运营三方面的数据统计以及异常监控预警，其中又以数据源、规则和模型两部分为重点。业务运营的监控一般会放在风控报表系统中去完成，模型监控中业务运营的监控一般只做核心指标的监控。模型监控类似风控报告，也会因为风控业务新增、风控业务场景变动等因素而改动规则、评分卡、模型、表达式以及策略流程等，并且由变动等因素造成的异常风险信息需要实时地预警触达相关干系人，从而就需要模型监控功能模块具备灵活变动的配置功能以及风险预警功能。

决策引擎系统除了提供规则、评分卡、模型、表达式、决策流、风控报告、模型监控这几个核心功能模块外，还会提供版本管理（包括规则、评分卡、决策流的版本管理）以及决策结果自定义配置等辅助功能。

在 5.1 节中介绍的产品准入拦截、名单/反欺诈检测、信用等级评估、额度利率测算、贷中风险监控、贷后催收自动分级等风控业务场景，实际使用的风控技术解决方案本质都是基于大数据的规则和模型的风控。决策引擎系统正是为了解决规则、模型的计算和决策而开发的产品，能够满足很多风控业务场景的计算决策需求。决策引擎系统不仅是智能风控平台的大脑，而且是智能风控平台的核心系统，统一负责规则、模型的逻辑计算和决策，是规则、模型运算的系统产品载体，是智能风控平台运算和决策能力的代表。

5.2.8 指标管理系统

决策引擎系统进行运算时需要有规则或者评分卡，规则或者模型的配置基础是指标。早期的决策引擎系统没有指标管理系统，所以规则或者模型的配置直接应用变量，但是随着业务拓展，规则、模型的数量增加，变量的数量也在不断增加，导致后期变量的维护越来越困难。简单运算逻辑的规则，仍可以直接应用变量这种方式，但复杂运算逻辑的规则（如需要关联多个变量）就无法使用，因此就需要对变量进行深度处理、标准化定义、规范化管理，然后形成统一、标准的指标。指标管理系统就负责变量的标准化管理，在智能风控平台只是内部使用的时候，指标管理系统对内提供决策引擎系统的运算指标，当金融科技对外服务的时候，指标管理系统对外可以提供单独的指标服务，助力三方金融机构风控。

指标管理系统的核心作用是为决策引擎系统提供运算指标，每个指标的产生都要历经编辑、配置、上 / 下线等流程。指标管理系统的主要功能包括指标编辑、指标数据源配置、指标计算、指标启用 / 禁用管理。

1. 指标编辑

指标编辑是指对指标增、删、改、查的操作，包含指标基本信息（如名称、代码、类型、说明、码值等）的编辑以及指标类型的划分。指标编辑是指标管理的基础。

2. 指标数据源配置

指标配置功能负责指标关联数据源参数的配置，指标在生成的时候需要绑定对应的数据源参数。决策引擎系统在执行规则、模型运算的时候才能够定位具体的数据源，进行数据源参数的抓取，获得参数对应的值。指标配置具体的数据源参数的时候，通常有一对多、多对一、一对一三种场景。一对多是指单个指标和多个数据源的多个参数关联，多对一是指多个指标关联一个数据源的一个参数，一对一是指单个指标关联单个数据源的单个参数。因此指标管理系统的指标配置不仅要满足关联数据源的配置，还要满足多种配置方式。

3. 指标计算

指标计算功能负责的是指标的运算，不管是一对多、多对一还是一对一的指标配置场景，指标都有可能需要进行运算的加工处理，如一对多时规则决策的数据实际是指标已经运算加工后的参数，类似事件频次、时间维度、多变量关联等指标都需要计算加持。通常计算函数有两种形式，一是内置常用计算函数，通过表达式进行自主配置，二是复杂计算逻辑通过自主脚本编辑进行配置。

4. 指标启用 / 禁用管理

指标的启用和禁用管理负责指标基础权限的管理。指标成百上千，只有上线的才能提供给风控业务使用。过滤掉暂时不用于业务的指标，可以减少规则、模型配置时的干扰项指标。风控的目标就是控制风险，指标创建后不能直接使用，一般需要测试、重复检查，确保正确性。这样能够降低操作风险，从而提升、优化风险控制能力。指标需要实现上线和下线的管理功能，应对风控业务的应急风险。

风控指标是决策引擎系统运算的基础，贯穿信贷业务的整个生命周期，不同金融业务以及不同风控业务场景的指标是不同的，而一个成熟的指标管理系统能够支撑不同的金融业务以及不同的风控业务场景。

5.2.9　风控服务管理系统

风控服务管理系统是对服务进行管理的系统，是决策引擎系统的后台管理系统。不是所有的智能风控平台都有风控服务管理系统。智能风控平台分为对内服务和对外服务。对内服务主要应用于自有业务，属于支撑型风控系统平台，通常不会涉及单独的决策引擎系统的用户管理、权限控制等，而是将内部使用的用户管理功能直接放在平台管理系统中，但对内服务通常会涉及三方风控数据使用的费用结算，而对内的智能风控平台一般将三方数据的对账功能放在接口管理系统中。对外服务主要应用于三方机构，属于服务产品型风控系统平台，此时就需要为服务的机构提供单独的决策引擎系统的用户管理、权限控制功能以及服务对账功能等，同时也要为输出服务的金融科技公司提供费用管理、产品管理等功能，方便产品的开通、费用的结算。很多金融科技类公司的前身都是金融系公司的风控科技部门，在服务于自有业务的基础上实现自有技术的产品化转型，从而逐渐转型成立金融科技公司，对外提供金融科技服务，因此在规划智能风控平台的时候，不仅要考虑平台支持对内的业务，还要考虑平台后期对外服务的延展性。

风控服务管理系统的目标是为服务的机构提供机构自有的后台管理系统，客户在使用智能风控平台输出的决策引擎系统、规则和模型以及风控数据等产品的时候，需要统筹后台管理。风控服务管理系统的核心功能模块有用户管理、角色权限管理、费用管理、产品管理。

1. 用户管理

用户管理功能模块负责用户的新增、启用、禁用以及用户角色权限的开通。使用决策引擎系统的机构，其风控部门的组织架构通常包括风控总监、模型经理、策略经理、算法工程师、模型工程师、策略工程师等。角色不同，负责的工作内容不同，需要的数据权限也不同，此时就需要给不同的用户开通不同的数据以及功能权限。也就是说，风险管理的本质就是对风险的精细化控制，金融业务的风控数据、风控模型、风控规则都是高度敏感的内容，风控行业工作人员的数据使用和功能操作都需要精细控制，以此防范内部风险的发生，降低内部风险造成的影响。

2. 角色权限管理

角色权限管理功能模块负责角色的基本信息编辑以及角色拥有的页面权限、数据权限、功能权限的配置。需要提前定义好所有使用系统的用户的角色，以便为新增用户赋予对应的角色。通常风控服务管理系统会提前内置常用的角色，如风控总监、风控经理、风控工程师等。

3. 费用管理

费用管理功能模块主要应用于服务机构的对账服务。三方金融机构不仅会采购决策引擎等系统类产品，而且会采购风控数据、风控模型、风控规则等数据、模型、规则类产品，通常需要每月对这些产品进行对账，包括计算费用、统计数据是否正常调用以及自动计算数据费用，而这些人工对账的过程都能利用费用管理功能模块实现自动化管理，实现高效、便捷的费用结算。

4. 产品管理

产品管理功能模块的业务分为两部分：一是金融科技公司提供给机构使用的产品的管理，包括系统产品的管理、数据产品的管理、指标产品的管理、规则产品的管理、模型产品的管理等；二是三方机构对自有产品的管理，包括不同业务线的指标管理、规则管理、模型管理等。产品管理功能模块负责的就是金融科技以及三方服务机构的产品管理，通过服务应用的产品化思维转化，对服务应用进行产品系统层面的封装，实现服务应用的标准化管理、体系化输出。

当前智能风控平台提供的金融科技服务主要分为数据服务、规则和模型服务、系统产品服务三种类型，其中系统产品主要由接口管理系统、指标管理系统、决策引擎系统、风控服务管理系统组成。通过以接口管理系统、指标管理系统、决策引擎系统、风控服务管理系统为基础承载系统，结合风控数据、风控规则和风控模型产品，实现风控数据从输入、处理、计算到决策、输出的全自动化流程，最终获得风控决策结果。智能风控平台最早的系统产品就是由接口管理系统、指标管理系统、决策引擎系统、风控服务管理系统四个系统组成的，是智能风控平台实现自动化决策能力的基础系统产品，是早期智能风控平台的雏形。

5.2.10 贷中监控系统

准入、黑名单、反欺诈、信用评级等贷前风控业务流程的风险控制都是通过实时的风险识别、预警、拦截进行的：客户申请时决策引擎系统进行风险决策，决策引擎的运算决策通过业务系统唤起；这属于正向型风控。而贷中的行为风险控制是通过定期定时的风险扫描、风险预警、风险处理进行的：在客户还款周期中，贷中监控系统根据提前预置的监控策略唤起决策引擎等关联系统进行风险扫描，对识别的风险及时进行预警和处理；这是非实时的风险控制，属于逆向型风控。贷前风控是实时风控，主要面向申请客户，贷中风控是非实时风控，主要面向在贷存量客户。贷前和贷中风控业务的最大区别是，贷前风控系统是单笔运算，贷中风控系统是批量运算。但是不管是贷前风控业务还是贷中风控业务，风控系统都会面临高并发的情况，同时随着业务成熟、存量客户不断增加，贷中监控对于系统的计算性能要求会更高。

贷中监控系统的核心目标是实现对存量客户风险的自动监控，包含风险的自动扫描、风险的自动评估、风险的自动预警、风险的自动处理。贷中风险监控的前提是风险的识别，目前常用的风险识别方式主要还是贷中监控规则识别、行为评分模型识别以及关系异常风险识别，应用的核心技术依旧同贷前风控业务类似，是以规则和模型为基础的大数据风控技术，风险识别的系统产品还是以决策引擎系统、关系网络系统为基础，贷中监控系统负责识别功能的自动化和评估功能的自动化。贷中监控系统的主要功能模块有自动监控管理、风险预警管理、监控统计管理。

1. 自动监控管理

自动监控管理功能模块负责决策引擎系统、关系网络系统等风险识别系统的自动化监控。贷中的风险监控规则以及行为评分模型同样是部署在决策引擎系统中，自动监控管理功能模块会同步决策引擎系统贷中监控的规则和模型以及同步关系网络的关系模型，然后在自动监控管理功能模块中对同步的规则和模型进行贷中监控项目的创建，包含贷中风险监控项目创建、项目自动扫描时间和项目自动扫描频率的创建。自动监控管理功能还会同步关系网络系统内置的关系模型，然后同样地在自动监控管理功能模块中对同步的关系模型进行贷中监控项目的创建，包含贷中关系风险监控项目创建、项目自动扫描时间和项目自动扫描频率的创建，最终实现各风险识别系统自动扫描风险、自动评估风险。

2. 风险预警管理

风险预警管理功能模块负责已识别风险的预警管理，包括风险预警信号的配置、风险预警信号的推送、命中风险的业务释义配置。自动监控管理实现风险自动化识别，识别后的风险需要以预警信号的形式输出，这就需要对命中的风险进行关联风险信号的配置。风险预警管理系统中还会配置贷中监控的规则和模型的业务释义，命中后释义会同风险预警信号一同被输出。规则和模型的业务释义配置主要是为了风控规则和模型的业务化展现以及信息脱敏，贷中监控系统命中的风险通常会输出给贷后业务系统，然后进入人工风险核查流程。模型和规则的风控专业性较高，对于贷后偏业务的风控人员不是很友好，并且规则和模型内容的输出还需要进行脱敏展示，因此风险预警管理功能模块需要能够实现规则和模型的释义配置。

3. 监控统计管理

监控统计管理功能模块负责风险监控执行情况的分析和统计。分析统计维度主要分为两方面：一方面是对详细内容的分析统计，包含具体监控规则、模型、预警信号等详细内容的统计分析；另一方面是对贷中监控项目的执行明细的分析统计，包含单个项目下具体规则、模型触发详细风险内容的分析统计。监控统计管理的主要目标是通过分析统计贷中监控项目的运行情况，发现贷中监控项目执行的异常以及贷中风险波动异常等。

贷中监控系统通过提供自动化、体系化监控解决方案，在风险发生前尽可能地提前防控贷中风险，避免贷中风险往贷后风险转化，同时贷中自动化监控系统也能够提升贷中风险监控的效率，降低贷中风险监控的成本。

5.2.11　贷后管理系统

按照金融信贷业务流程的界定，通常认为在贷客户发生风险后就进入贷后业务流程，然后根据客户风险类型进行系统自动核查和人工手动核查。这里所说的发生风险主要是指贷中时的行为风险、征信风险、三方数据风险、关联风险、逾期风险等。不同类型的风险在智能风控平台的系统归口如下：贷中行为风险、征信风险、三方数据风险、逾期风险由贷中监控系统负责识别，关系风险由关系网络系统负责识别。如果风险只是被识别出来而不能得到控制，那贷中风险监控实际只实现了风险的监察，风险的控制并没有得到落实，并且所有风险也无法保证是百分之百真实，因此就需要进行风险的进一步核查和处理。传统的贷后业务管理通常是通过线下进行风险核查和处理，但是这样的业务流程和方式的贷后处理的效率低下、质量难控制。新兴的贷后业务管理方案采用贷后管理系统统筹各类在贷客户发生风险的管理，贷中监控到的客户风险信息会通过贷中监控系统同步到贷后管理系统进行统一管理，关系网络系统监控到的关系异常风险通过系统同步到贷后管理系统进行统一管理。贷后管理系统通过对统筹的风险进行风险类型的分类，根据不同风险类型制定对应的风险策略方案，配置贷后业务处理流程，从而实现贷中风险以及贷后风险的差异化处理。

贷后管理系统的核心是对在贷客户风险的管理以及对贷后业务任务的管理，贷后管理系统类型更偏业务型系统产品，贷后业务流程自动化、客户风险管理自动化是该系统产品的重要功能，其包含的主要功能模块有贷后风险管理、资产风险管理、贷后流程管理、贷后任务管理。

1. 贷后风险管理

贷后风险管理功能模块负责贷后风险的统筹管理，包括配置系统如贷中监控系统、关系网络系统等输入的风险，同步贷中行为预警风险、关系网络风险、三方数据风险、逾期风险等风险内容，再对全量贷后风险进行风险类型、风险等级、预警等级的统一管理，根据风险的类型、风险的等级综合制定风险分级策略，实现风险信息的自动输入、自动分类、自动分级。

2. 资产风险管理

如果说贷后风险管理功能是针对客户的风险管理，检查的对象是人，瞄准的业务目标是对第一还款来源风险的管理，资产风险管理功能就是针对客户资产的风险管理，检查的对象更多是物，瞄准的业务目标是对第二还款来源风险的管理。资产风险管理功能模块负责客户资产风险的管理，包括固定资产、流动资产等资产的风险扫描和预警。金融信贷产品不仅有纯信用贷产品，还有抵押、质押贷，抵押、质押贷产品中客户抵押、质押的资产作为第二还款来源，其风险的检查尤其重要，资产质量如果出现价值下降或者损坏都会影响第二还款来源的稳定，增加金融信贷业务风险。资产风险管理功能根据不同资产标的物以及不同业务风控场景制定资产风险分级策略，自动进行资产风险检查，实现资产风险的自动检查、自动分类、自动分级。

3. 贷后流程管理

贷后流程管理负责客户发生贷后风险后风险处理业务流程的配置管理。贷后风险管理和资产风险管理功能模块对贷后风险进行自动分类、分级，预警的风险信息需要进一步进行风险的核查，此时预警风险会生成贷后风险核查任务，然后启动贷后风险业务处理流程。贷后流程管理功能模块根据风险分级策略配置相应的贷后风险业务处理流程，能够灵活地支撑变动的贷后风险策略,从而实现差异化的贷后风险核查,提高贷后风险控制效率,提升贷后风险核查质量。

4. 贷后任务管理

贷后任务管理功能模块负责贷后风险人工核查,是贷后管理系统的工作台。客户的贷后风险按照分级策略触发核查任务,核查流程按照流程管理功能模块提前预置的流程进行任务流转。通常核查任务既包含系统自动核查。又包含人工核查。系统核查通过对接关联系统(如贷中监控系统、智能催收系统)进行预警风险的自动处理。人工核查是贷后风险管理人员通过贷后任务管理功能模块进行专业的人工贷后风险核查,类似三方数据风险、关系网络风险等会存在部分系统无法直接定性评估的风险,此时就需要人工定性评估。

智能风控平台的贷后管理系统和贷中监控系统相互配合,一起完成贷后风险的防控。贷中监控系统负责风险的自动监控、自动预警,触发风险预警后会把风险信息输出给贷后管理系统。贷后管理系统负责风险的自动分级、风险的核查处理,通过调度不同的贷后业务系统,实现贷后风险任务的高效、自动、紧急处理。贷中监控系统的核心是监控和预警,贷后管理系统的核心是风险业务的管理,两个系统相辅相成,串联起贷中、贷后的风险业务控制。风险业务控制在系统层面本就应该是一体的,但是在智能风控平台中拆分为两个系统主要是便于智能风控平台系统的产品化输出。

5.2.12　贷后催收系统

贷后催收是指对不良贷款的催收,主要包含风险预警客户的催收、逾期客户的催收、坏账客户的催收,属于贷后风控流程的业务操作环节。传统的贷后催收主要是对逾期客户以及坏账客户催收,通过通信设备发送讯息催收或者人工拨打电话催收,催收效率较低、质量较差,并且都是对已经逾期的客户在进行催收,属于事后催收。现在机构的金融信贷业务规模巨大,催收数量多,采用传统贷后催收效率低下并且事后催收挽回的损失有限,催收质量较差。新型的高效率、高质量贷后催收不仅注重事后的分级催收,而且注重事前的分级催收(即客户逾期和客户坏账前的预警催收),通过提前的风险预警催收,可以防范客户信用的恶化,尽早规避风险损失。贷后催收是全流程贷后风控业务流程的一个核心环节,贷后催收系统支撑催收业务的开展,通常贷后管理系统触发贷后风控任务,贷后风控任务流程根据风控业务流程流转到贷后催收环节,催收任务会被贷后系统推送到贷后催收系统，然后催收系统根据贷后管理系统推送的风险类型、风险等级、区域等因素自动进行催收分级以及催收任务管理。

贷后催收系统虽然只负责贷后风控业务中的催收任务，但是其在整个贷后风控业务中的重要性却不低。作为催收领域的业务管理操作系统，贷后催收系统是智能风控平台贷后业务板块的核心系统，主要功能有催收分级、自动分案、案件管理、催记管理。

1. 催收分级

催收分级功能模块负责贷后催收任务的自动分级。催收策略会提前配置到催收系统，然后催收任务根据催收策略进行分级，并根据分级结果进行不同方案的催收。最初的催收没有进行分级或者只是基于简单的逾期天数、次数、金额等因素进行分级，然后统一采用基础的人工语音催收方式进行催收，效率较低并且效果在到达一定高度后就很难再提升。高级的催收方案可以针对不同客户信息和风险等级进行差异化催收，通过差异化的精准催收提升催收效率和质量。通常高级催收策略考虑的因素除了客户基本信息、逾期信息，还包含风险信息、业务区域、资产类型等，策略的形式分为规则和评分卡两类，贷后催收系统直接配置业务规则，而复杂的催收规则和催收评分卡（通常是风险类的规则和评分卡）还是在决策引擎进行配置，然后决策引擎把催收规则和催收评分卡的结果传输到催收系统与业务规则融合后进行自动分级。

2. 自动分案

催收任务分级完成后，自动分案功能模块按照催收等级进行案件的自动分配。自动分案功能模块根据不同催收等级的案件提前内置不同的催收方式，案件完成催收分级后会直接自动分配对应的催收方式。常用的催收方式有人工催收、系统催收、系统和人工结合催收三类：人工催收包含人工语音催收、上门催收、法诉催收，系统催收包含短信自动催收、邮件自动催收、软件消息自动催收、智能语音催收，系统和人工结合催收是人工催收和系统催收的结合。自动分案不仅有催收方式的区分，还有催收话术的区分，不同催收等级的案件使用的催收方式不同，并且催收的话术也是不同的。实际的催收案件业务比较复杂，催收方式通常都是系统和人工结合催收，并且催收话术也是根据不同催收等级或者不同业务场景差异化定制。预警催收案件直接通过自助短信平台或者智能语音机器人进行自动提醒，逾期案件先通过智能语音机器人进行自动提醒，然后流转到人工催收，在进行人工语音催收前会先进行机器人触达验证，能够接通的案件才会给到人工进行催收，从而提升效率，提高接通率。语音催收无法联系上的客户会流转到信息修复环节进行失联修复，然后进行语音催收，逾期严重的客户经历语音催收后还会流转到法诉催收或者上门催收。

3. 案件管理

案件管理功能模块负责催收任务即催收案件的管理，催收任务是业务化工作。案件的来源分为系统渠道和人工渠道，系统渠道主要是指贷后管理系统，人工渠道主要是指人工批量导入。案件通过自动分案或者手动分案进入催收业务操作流程，根据预置的方式进行催收，在途的案件可以被手动分配给不同的催收负责人，也可以被手动终止催收任务。案件管理不仅负责管理案件的基础流程，还负责案件任务流程以及催收信息的展现，方便催收工作人员对催收任务内容的查看。

4. 催记管理

催记管理功能模块负责催收内容的统一管理。催收内容分为文字注记信息、音频信息、视频信息三类，每一个案件都需要详细地记录催收内容，方便后续催收人员对之前催收情况进行回溯。催收内容的文字注记信息通常直接在催收系统生成，音频信息在智能语音系统生成，视频信息在线下录像终端生成。贷后催收系统的催记管理功能模块通过间接调用音频信息、视频信息进行催收内容的统一管理。催记管理不仅是对催收内容的管理，而且是对催记操作记录的管理，通过对操作记录留痕以方便后期催收效果的回溯分析。

贷后催收业务是贷后风控业务中的重要部分，并且贷后催收业务也很复杂。贷后催收管理系统是贷后管理的重要系统，支撑着贷后催收业务的顺利开展，同时推动着传统贷后催收业务的创新变革。当前的贷后催收业务是以贷后催收系统为核心，结合智能语音机器人、自动短信平台等辅助系统作为业务开展的基础系统产品，随着贷后催收系统产品化程度越来越高，催收业务的效率和质量也在不断提高。

5.2.13　智能语音机器人

智能语音技术是一种实现人机语言通信的技术，包括语音的识别技术和语音的合成技术。智能语音机器人即智能语音系统，是指承载智能语音技术的系统产品，智能风控平台的智能语音机器人主要应用于贷后自动催收业务。传统的语音系统就是外呼平台，催收人员利用催收系统直接调用外呼平台进行人工语音催收，此类外呼平台只是实现自动拨打，并没有实现智能化。智能语音系统是以智能语音技术为核心基础，融合外呼平台以及自动短信平台为一体的综合型系统产品，通过引入 AI 技术实现自动智能语音。智能语音系统和催收系统相互配合使用，催收系统根据分案策略下发催收任务，智能语音系统接收催收任务并自动执行催收任务，包括自动短信提醒、自动邮件提醒、智能语音提醒、智能语音催收等，然后智能语音系统再将催收过程的信息内容和结果反馈到催收系统，由催收人员通过催收系统进行查看分析。智能语音系统正处在高速发展的阶段，系统产品并不十全十美，例如对不同语言类型的识别尤其是方言的识别存在精度等问题，但是随着智能语音技术的普遍运用、智能学习的持续训练，相信在不久的未来这些问题都会解决。

机器人负责自动化处理，智能负责学习知识，两者组成智能语音机器人大脑。智能语音机器人的核心功能有呼叫任务配置、话术配置、机器人训练、呼叫报表。

1. 呼叫任务配置

呼叫任务配置功能模块负责呼叫任务的设置，智能语音机器人自动执行语音、短信等任务之前都需要提前配置好自动执行的策略，然后智能语音机器人接受任务后按照呼叫策略进行自动智能呼叫。智能语音机器人不单有智能坐席，还会有人工坐席以及呼叫管理等功能，智能坐席完成初步的客服任务，需要人工接入的案件则流转到人工坐席进行人工呼叫。呼叫分为呼入和呼出，呼入是指客户拨进来的电话，呼出是指客服拨打出去的电话。业务场景不同，使用的呼叫方案也不同。贷后催收主要使用呼出，呼叫任务配置就是对任务案件的呼叫类型、呼叫形式、呼叫时间、呼叫频次等属性的配置和管理。

2. 话术配置

话术配置功能模块负责智能语音机器人呼出、呼入的话术编辑和管理，把每一通的语音对话的所有语音内容串联起来就会形成类似业务流程的对话流，对话流中的语音内容存在先后顺序、逻辑关系。语音对话本身是发散多变的，但是特定场景下的语音对话范围会逐步收敛。话术配置功能模块负责把特定场景的语音对话内容按照业务流程的形式编辑出来。以呼出为例，语音对话流程是一连串语音行为的递进，通常由身份确认、业务告知、信息采集、语音挂断四部分组成，每部分又会根据具体的话术策略配置不同语境下的话术，单个话术编辑由内容、条件、流程、结果等组成，话术配置功能模块首先通过单个话术的编辑，然后串联很多单个话术形成语音对话集群，最后再根据业务场景串联对话集群，形成完整的语音对话场景，至此一个简单的话术配置任务基本完成。

3. 机器人训练

机器人训练功能模块负责智能语音的训练，智能语音机器人的核心是自动任务和智能学习，自动任务由呼叫任务配置和话术配置两个功能模块承载完成，智能学习由机器人训练功能模块承载完成。机器人训练引入 AI 语音编译、AI 图文编译自动提取语音关键词以及自动合成对话语音，通过输入语音、文本的训练样本分别进行语音训练、文本训练，机器人训练的智能 AI 在服务实际业务过程中也能够自主学习，不断提升识别能力、识别精度。

4. 呼叫报表

呼叫报表功能模块负责呼叫数据的统计，智能坐席和人工坐席的呼叫都是以呼叫任务的形式存在，系统自动呼叫和人工手动呼叫的每一通呼叫任务都能够利用很多指标去衡量效率和效果。常用的呼叫统计指标包括呼叫任务量、实际呼叫量、接通量、接通率、通话时长、平均通话时长、通话状态、挂机率等，呼叫报表功能模块就是统计并且展示这些呼叫业务数据。智能语音机器人的运营人员可以利用 A/B 测试方式并结合呼叫报表指标数据对呼叫策略以及催收话术不断地进行优化迭代。通过呼叫报表能够进入呼叫记录模块进行呼叫记录的详情查看，包含人工坐席呼出、呼入的详细记录以及智能坐席呼出、呼入的详细记录等。

与传统的外呼系统相比，智能语音机器人拥有的智能电话客服每天可以处理 1 000 通以上的话务量，是人工日常话务量的好几倍。智能语音机器人能够 24 小时不间断服务，轻松破解传统的劳动密集型的催收工作问题，帮助企业降本增效。智能语音机器人不受情绪影响，热情状态恒定，逻辑清晰，记录有序，这些都是人工客服难以企及的。相比传统的人工呼叫，智能语音机器人不受场地限制，没有薪资费用，没有招聘费用，没有培训周期，没有培训费用等，能够真正为贷后催收业务降低成本。综合以上优点，智能语音机器人能够赋能金融信贷业务，不仅能够提升项目效率，降低成本费用，而且能够提升客户满意度。

5.2.14　风险管理系统

不管是智能风控平台的大脑决策引擎，还是贷中监控系统，抑或贷后管理系统，都只是针对客户信贷生命周期贷后部分风险的管理。专业的智能风控平台需要一个能够在全生命周期管理客户风险的系统，即这里所说的风险管理系统。风险管理系统是针对风险的 CRM 系统，贯穿贷前、贷中、贷后的全生命周期，不仅管理风险标签，还管理其余标签的全量标签管理系统，同时是黑、灰、白、普通名单的名单管理系统。金融信贷风险在客户的信贷生命周期中都是持续性风险，且风险会伴随着信贷周期持续滋生，而风险管理系统是对全生命周期持续的风险进行详细的记录，包含贷前授信风险、贷中行为监控风险、贷后逾期风险、催收风险等。风险管理系统不仅局限于客户的风险特征管理，还会加入客户的优质特征管理。风险管理系统整合客户的全量特征标签，反哺智能风控平台的风控决策，通过采集、整合、存储三方输入型风险信息以及业务自产型风险信息再次进行分析和决策，形成闭环风险迭代，同时整合贷前、贷中、贷后全流程的风险特征信息，使得客户的全局风险能够生动、直观地展现出来，有助于风险审核人员查看客户全局的风险情况，优化人工审核的操作感受。风险管理系统的核心功能有风险标签管理、黑白灰名单管理、风险自动检测、风险画像。

1. 风险标签管理

风险标签管理功能模块负责客户全量标签的管理。系统对于风险的决策判断必须基于结构化的数据，标准、规范的标签定义就是对客户特征的结构化，以便后续系统自动计算。客户全量特征标签按照业务流程分为贷前特征标签、贷中特征标签、贷后特征标签，按照风险等级划分为一级优质标签、二级普通标签、三级轻风险标签、四级中风险标签、五级严重风险标签，按照对象不同分为主贷人特征标签、联系人特征标签、担保人特征标签、抵押品特征标签，通过对不同维度的特征标签进行标准化分类，实现客户风险的差异化管理。金融信贷业务场景下的特征标签来源渠道主要有以下几个：业务自有渠道，包含客户基本信息、申请信息、借贷行为信息等；三方数据渠道，包含三方权威征信机构、三方数据服务机构提供的数据信息；系统自有渠道，包含智能风控平台、业务系统自己产生的信息；客户设备渠道，包含客户移动端设备的基本信息。这些核心渠道的数据组成了客户特征标签来源的基础数据。

2. 黑白灰名单管理

黑白灰名单功能模块负责客户名单的管理，名单的管理可追溯到很早以前的金融信贷业务，早期的金融信贷业务名单管理主要是通过线下纸质的名单目录进行，其规模和业务间的联通性较差。信息电子化后，名单管理展示出了可用性高、规模量大、管理便捷等特点。风险管理系统的名单管理主要是针对风险发出的，既包含优质客户的白名单管理，又包含高风险、中风险客户的黑名单、灰名单管理。对黑名单客户实行提前拦截，能够有效地节约智能风控平台的决策资源，降低防控风险。动态调整在贷客户名单类型，能够加强对风险的判断决策并尽早扩充黑白名单样例，有效地杜绝潜在的风险客户，减少风险损失。传统的名单管理维度是以贷款主体为对象，主体的唯一标识是身份证号码，即通过身份证号码建立名单管理，但是由于现在金融信贷业务形态以互联网为主，进件方式通常是线上进件，身份的识别除了身份证号码还有手机号码，所以现在名单管理的维度扩展到以身份证号码、手机号码、设备唯一 ID 为主维度，IP 地址等为辅维度。黑白灰名单的生成主要分为两部分：一部分是系统生成，包含决策引擎系统、反欺诈业务系统、人工审核系统、贷中监控系统、贷后管理系统等；另一部分是手动外部导入，包含同业间收集的黑名单信息等。

3. 风险自动检测

风险自动检测功能模块负责风险管理系统风险中的标签数量、黑白灰名单比例等异动的检测预警以及名单类型的更新检测。风险自动检测功能模块通过洞察风险管理系统的风险变化，包含标签和名单的类型、数量、比例等的异动，及时捕捉客群的风险变化，然后调整产品策略和风控策略。风险自动检测功能模块还能够根据提前内置的风险检查时间和频次，自动调用决策引擎系统进行名单类型的更新检测。决策引擎系统根据黑白灰名单更新规则执行黑名灰名单的更新决策，然后将黑白灰名单更新后的结果输出给风险管理系统，以此确保黑白灰名单的时效性。

4. 风险画像

风险画像功能模块负责风险管理系统数据的统计分析，风险管理系统的核心是对风险的全流程管理，而风险画像功能模块是对风险的宏观以及微观展示。风险在风险管理系统中是有生命的，如果风险只是以文本的形式输出，则会显得平淡枯燥、毫无生机。风险的诞生存在时间属性，并且会沿着时间轴有不同的状态变化，如果风险变化通过可视化呈现，则能够更好地传递风险暴露出来的价值。不管是单个客户的风险情况还是业务客群综合表现出来的风险变化情况，通过风险画像都能够更加生动地呈现。风险画像功能模块不仅统计分析客户特征标签、黑白灰名单等基础指标，还统计分析基于这些基础指标变化计算而来的指标以及黑白灰名单命中情况的指标，如特征标签总量、新增特征标签数量、特征标签变动占比、主要特征标签占比、黑白灰名单总量、新增黑白灰名单数量、黑白灰名单迁移率、黑白灰名单命中情况等指标。

风险管理系统是风控业务的记录系统，负责汇总智能风控平台中很多其他系统输出的结果，统筹管理结构化的特征标签，以身份证号码、手机号码、设备唯一 ID 三个维度分别建立名单库。风险管理系统又是智能风控平台的基础系统，不仅从平台的其他系统获取数据，而且会将整合的风险数据输出给其他需要的系统，通过汇聚有用的特征标签以及定性的风险结论，向模型、策略、运营人员直接提供直观的风险信息以及高可用的分析数据。

5.2.15 风险报表系统

风险报表狭义的意思是指向上级汇报风险分析统计信息的表格和图表，广义的意思是指能够提供输出风险分析统计信息的表格和图表。初期风险报表都是非实时的，需要通过手动提取数据、处理数据来构建数据模型并绘制统计图表。传统的风险报表从构思到输出耗时周期较长，并且不能实时更新，只能手动更新。随着互联网金融信贷业务的发展，业务规模变大，业务增量加速，业务变化加快，传统低时效、低产出的风控报表无法应对快速拓展的业务以及快速迭代的风控，因此就急迫需要能够快速构建风控报表并且能够自动实时更新的风险报表系统。传统的风控报表信息的展现基于的是提前构建好的数据模型，是静态地传递知识，而非动态的商业智能，对于深度的关系以及数据价值的挖掘无法通过系统产品线上完成，而是必须经过线下提前分析、计算、评估，才能产出具体的、有效的风控报表指标，然后将已确认好的指标进行图表化形式输出。

风险报表不仅要向企业领导者、业务管理者输出业务的风险分析统计信息，还要向机构领导者、业务管理者提供智能决策信息，即输出商业智能（Business Intelligence，BI）。智能风控平台的风险报表系统产出的报表的定位就是 BI 报表，通过整合智能风控平台系统资源，基于数据平台的数据仓库和分析引擎系统的分析计算能力，结合风险报表系统的可视化能力，构建风控业务场景下实时快速的数据分析系统产品，从而提升智能商业价值。

由于有数据平台的支撑和分析引擎系统的数据赋能，所以智能风控平台的风险报表系统的核心目标是能够在线完成风险报表的可视化配置以及可视化展示，其主要的功能有报表设计器、大屏展示、移动端展示、订阅。

1. 报表设计器

报表设计器是风险报表系统中最为复杂的功能模块。传统方式输出一张风险报表需要多个任务环节相互配合，烦琐的任务流程主要通过线下进行，包含数据准备、数据处理、数据分析、模型构建、图表绘制等，而风险报表系统的报表设计器功能正是将传统的风险报表生产流程任务搬到线上操作，通过系统间直接对接数据，优化报表制作流程的任务，数据分析师只需要利用报表设计器功能进行简单的线上数据分析和风险报表配置，就能快捷地设计出适用的风险报表，很好地应对当前互联网金融业务盛行以及风险多变背景下导致的风险报表数量多、变化快等情况。报表设计器功能模块不仅可以快速在线制作风险报表，还可以根据风险报表更新规则进行自动更新。通过风险报表的实时更新，业务相关职员能够第一时间查看报表的最新信息，掌握业务的最新风险状况，采取对应的业务措施。

2. 大屏展示

大屏展示功能模块负责基础核心指标的展示。围绕风控业务输出的风险报表内容纷繁复杂，机构领导以及业务管理员关注的风险报表内容不同：机构领导关注整体业务风险的核心风险指标信息，而业务管理员关注的是自己管辖范围内的业务风险报表内容，其中也存在重点关注的核心信息。不同职能角色都需要关注核心指标信息，而大屏展示页面恰好能够支撑核心指标信息的展示。大屏展示的另一重要作用就是大型营销活动以及对外宣讲时业务运营信息的对外宣传展示，通过兼容大屏幕的分辨率以及单独设计分析统计图表页面，兼顾内容的呈现和页面的审美。

3. 移动端展示

风险报表的核心是呈现风险信息，需要能够被方便、快捷地查看。虽然风险报表系统满足 PC 端的展示应用，大屏展示功能满足大屏端的展示应用，但是在移动互联网成熟发展的今天，移动端的风险报表展示也必不可少。风险报表系统的移动端展示功能模块就是负责风险报表在移动端的展示配置。移动端风险报表应用主要分为 App、公众号、小程序三类。与 PC 端和大屏端不同，因为屏幕大小受限，能够承载的内容有限，所以移动端风险报表通常展示最为重要、紧急的信息。按照系统产品兼容和单独定制的特点，移动端风险报表分为两种：一种是兼容性报表，有些 PC 端的报表内容不多且页面布局简介符合移动端页面要求，可以通过兼容页面大小直接放置在移动端展示；另一种是定制报表，通常很多 PC 端的报表由于内容多且布局复杂无法直接放置到移动端进行展示，这就需要对 PC 端报表进行拆解，然后抽取出核心指标维度，重新定制移动端报表。

4. 订阅

订阅功能模块负责风险报表的自动订阅，包含预警信息订阅和日常信息订阅等类型。风险报表的订阅功能即新增报表的查看渠道，方便报表使用人员通过邮箱等渠道直接查看需要定时关注的报表，省去打开应用端查看的麻烦操作，并且报表使用人员还能够通过订阅功能第一时间触达紧急的风险信息，快速采取风险防范措施。风险报表的订阅通常有两种形式：一种是主动订阅，即用户根据自己的订阅需求选择订阅的报表内容，然后系统根据用户自主订阅规则进行报表的自动发送；另一种是被动订阅，即基于用户对应的角色提前内置订阅内容，或者用户线下提交订阅需求，然后由风险报表系统管理员在后台分别配置用户订阅内容，最终系统根据订阅规则进行报表的自动发送。两种订阅方式都有各自的优缺点，通常日常信息订阅会采用主动订阅，预警信息订阅则采用被动订阅，因为往往涉及较为复杂的逻辑配置。

智能风控平台的风险报表系统区别于全功能的商业智能平台，它是对集成化系统产品的拆解，将全功能的商业智能平台拆解为单独的数据平台、分析引擎系统、报表展示系统（风险报表系统），使得数据平台、分析引擎的资源能够尽其力赋能于整个智能风控平台，而不是只将数据仓库、计算等资源投入风险报表系统，拆解后的风险报表系统更加专注于报表的配置和展示。

5.2.16 平台管理系统

实际应用于具体场景的业务系统产品都是由许多系统组成的，通常分为前、后台两种系统或者分为前、中、后台三种系统。平台管理系统是智能风控平台的基础系统，也是智能风控平台的后台管理系统，主要供平台管理员使用。平台管理系统是指管理智能风控平台的系统，不仅有对产品、资源、记录的管理，还有对用户、权限、安全等的管理，是一个具有大而全功能的后台系统。

平台管理系统贯穿输入层、计算层、决策层、风控运营层，统筹管理整个智能风控平台，主要的功能有用户管理、角色权限管理、安全管理、单点登录、配置管理、资源管理、日志监控管理等。

1. 用户管理和角色权限管理

用户管理、角色权限管理功能模块在风控服务管理系统中已有介绍，核心功能类似风控服务管理系统，这里不再赘述，需要提醒的是用户管理功能模块应当充分考虑用户组织架构层级大小，例如银行的组织层级上到总行、下到分行、分行直属支行、支行、支行职员，这里既有上下级关系，又有并列同级关系，因此组织架构层级的设定需要充分考虑多层级的兼容，同时很多业务不仅有上下层级关系，还有区域、时间等维度关系，例如催收业务很多时候就会采用属地优先原则，这时候用户组织架构不仅需要按照组织层级结构创建，还需要加入区域属地维度，才能满足业务数据和系统功能权限在实际场景的应用管理。

2. 安全管理

安全管理功能模块负责智能风控平台研发端系统产品的安全管理，例如测试人员、运维人员、研发人员等权限的管理，现在删库事件时有发生，内部的安全风险一旦发生往往会造成不可逆的重大损失，内部研发人员的安全风险最容易被忽视却又最为重要，需要重点管理，除了内部人员安全管理以外，还有系统产品本身的安全管理，包含服务器、接口、网络等安全管理，通过对系统产品的服务稳定性实时监控、预警，第一时间化解风险事件，减少风险造成的损失。安全管理的目标就是围绕智能风控平台的生产进行安全管理，确保智能风控平台正常、稳定运行。

3. 单点登录

单点登录功能模块负责智能风控平台的统一登录，为智能风控平台的用户提供统一的系统产品登录入口。智能风控平台包含很多系统产品，如果每个系统产品都使用各系统自有的登录功能模块，当有的用户需要同时使用多个系统产品的时候，就需要多套对应的登录账号和密码，这样用户的账号、密码维护显得笨重并且也不利于用户的操作。单点登录功能模块通过联通、整合所有系统产品的登录功能，使得用户利用一个账号就可以访问所有开通的系统产品，不仅优化了用户账号、密码信息的维护管理，而且提升了用户登录的便捷性。

4. 配置管理

配置管理功能模块负责智能风控平台系统产品后台的参数配置，包含系统产品的数据库、环境等配置。配置管理功能模块分别对智能风控平台的各个系统产品进行后台的配置，是整个智能风控平台系统产品的配置中心，其主要的使用对象是研发人员。

5. 资源管理

资源管理功能模块负责智能风控平台的硬件资源、运算资源、网络资源的管理，包含数据库容量、CPU 数量、带宽大小等资源的适配，通过灵活管理、适配资源，实现智能风控平台资源的高效利用。

6. 日志监控管理

日志监控管理功能模块负责智能风控平台系统产品的日志记录以及日志记录的监控预警。系统产品的日志记录是一种能够提供最全面的系统产品运行情况的传统记录方式，研发人员通过日志监控管理配置需要查看的系统的日志记录功能，以及配置需要监控的异常状态，实现系统服务的记录和监控，方便研发人员追踪系统服务异常问题，提升系统服务故障解决效率和质量。平台管理系统除以上介绍的重要功能模块外还包含许多其他的功能，这里不再赘述。

作为智能风控平台的后台管理系统，平台管理系统辅助支撑着智能风控平台的运转，是智能风控平台的基础系统产品。平台管理系统通过整合统筹管理整个智能风控平台系统产品的后台，确保智能风控平台系统产品的正常、稳定运转，是智能风控平台的基础保障。

智能风控平台风控业务操作层的系统产品功能通常都是集成到金融信贷业务系统，作为人工分析、决策风险的任务环节融合到整个信贷业务流程中，主要包含的系统产品有信用风险人工审核系统、反欺诈风险人工调查系统、贷后风险人工核查系统，它们的核心作用就是提供风险人工审核以及决策的工作台，应对智能风控平台不能直接自动决策的风险。相关系统产品的功能在上一章已有介绍，这里不再赘述。

智能风控系统功能架构覆盖风控业务输入层、计算层、决策层、风控运营层、基础管理层、业务操作层，由许多系统产品组成，是一个大而全的智能风控平台。其中每个系统产品又由许多功能模块组成，平台研发之初通常根据风控业务流程以先抓贷前、再抓贷中和贷后为主题思路，业务成单前的风险拦截好过成单后的风险预警，因此风控系统产品、风控数据、风控模型的建设和迭代都应遵循主题思路，先以贷前为核心，再以贷中和贷后为核心。整个智能风控系统产品甚多，系统产品除了完全从 0 到 1 进行建设，还应该充分利用开源系统产品，以它为基础进行系统产品的二次开发，这样能够尽可能地提升系统产品开发效率，节约开发成本。

智能风控系统产品共同组成智能风控平台，如上的智能风控系统功能架构的形成并非一蹴而就，最初的智能风控平台可能就只是一个决策引擎系统，伴随业务的发展不同的风险控制需求不断被提出，系统产品以服务业务为基础不断升级迭代，智能风控平台逐步丰富、强大。任何机构在经历这个演变过程的时候，如果没有全局观，那么必将是痛苦的。在智能风控逐渐成熟的今天，不管是新开业务的机构，还是从传统业务升级为互联网业务的机构，在智能风控系统功能架构规划前期都需要有一个有远见的规划，这样才能尽可能地减少系统产品功能间的耦合、烦琐、重复等问题。

智能风控系统功能架构只是展示了金融信贷风控业务主要使用的系统产品以及对应的功能模块，简单地介绍了系统产品以及对应功能模块的作用，智能风控平台核心系统产品的设计会在后续章节中进行详细介绍。智能风控平台系统产品以及功能模块并非一成不变，根据不同的金融信贷业务，其系统产品以及功能模块都会有所区别。复杂的金融信贷风控业务需要的系统产品功能可能比现有智能风控平台的系统产品还要多，相反，因为业务规模、业务模式等因素需要，有些金融信贷风控业务只使用了智能风控平台中的部分系统产品的功能。当前打造的智能风控平台以互联网金融信贷风控业务为核心，既能够满足传统信贷风控需求，又能够满足互联网金融信贷风控需求，覆盖了信贷业务贷前、贷中、贷后全信贷生命周期的风险控制业务需要使用的主要系统产品。不同类型的机构，不管是以自由业务为主的金融机构，还是以金融科技服务为主的金融机构，智能风控平台的系统产品以及功能模块都能够基本满足其风控业务的需求。

5.3　智能风控系统技术架构

智能风控系统技术架构利用架构图呈现系统的技术方案和技术选型。架构图既是智能风控系统功能架构技术实现方案的抽象概括，又是智能风控业务使用的系统产品的抽象概括，还是实际风控业务的抽象概括。从实际业务出发，先抽象概括业务，再抽象概括业务的系统产品的功能，最后抽象概括实现系统产品建设的技术，层层递进，逐步形成智能风控平台框架化、体系化、结构化的研发框架。不过，实际的研发过程刚好与智能风控平台制定研发框架的过程相反，它是以系统技术架构为基础，然后进行系统产品的功能编码，最后实现系统产品对实际业务的应用。智能风控系统技术架构比业务架构、系统功能架构更加抽象，技术会重复用到不同的系统产品。按照功能需求和非功能需求可将架构分为功能需求技术架构和非功能需求技术架构。功能需求技术架构利用技术组件来实现系统产品功能的展示，非功能需求技术架构利用物理部署来实现系统产品运行的展示。本节主要介绍智能风控系统技术架构的功能需求技术架构。

智能风控系统技术架构以系统功能架构为基础，抽象概括系统功能对应的技术应用、技术逻辑、技术关系，以系统技术架构图形象地表达智能风控平台的技术方案。大数据风控业务的开展依赖智能风控平台，智能风控平台的技术基础是大数据技术，智能风控系统技术架构也是以大数据系统技术架构为基础演进而来的。技术能够脱离业务、脱离系统产品单独存在，但是技术的应用如果脱离业务、脱离系统产品，就失去了灵魂，其价值也会大打折扣，因此智能风控平台的技术架构的设计应该以智能风控业务、智能风控系统产品为基础，并且应该与智能风控业务以及智能风控系统产品深度融合。智能风控系统技术架构主要分为访问层、展现层、系统层、大数据平台层四部分，其中大数据平台层又分为接入层、清洗层、计算层、数据层四部分，如图 5-5 所示。

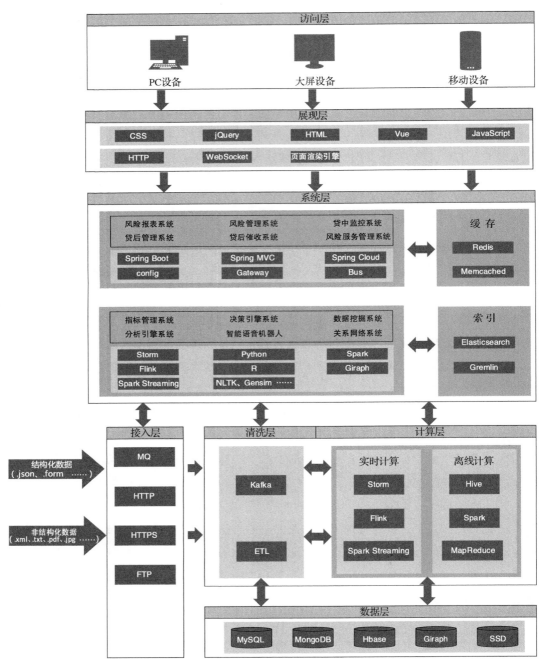

图 5-5　智能风控系统技术架构

5.3.1　访问层

访问层是智能风控系统技术架构的顶层，直接面向用户，以硬件设备为主，承载系统产品前端的运行。用户可以通过访问层触达系统产品，执行任务命令，唤起系统产品的运行。智能风控系统技术架构的访问层实际也是硬件层，是用户和系统产品进行交互的渠道，是系统产品的前端载体，主要包含 PC 设备、大屏设备、移动设备三类常用设备。

1.PC 设备

PC 设备不仅需要承载风险报表系统、风险管理系统、贷后管理系统、贷后催收系统、贷中监控系统、风险服务管理系统等业务管理类系统产品前端的运行，而且需要承载指标管理系统、决策引擎系统、数据挖掘系统、分析引擎系统、智能语音机器人、关系网络系统等计算决策类系统产品前端的运行，使得用户可以通过 PC 设备端的系统产品进行整个智能风控平台的操作管理。PC 设备端的系统产品研发几乎囊括了智能风控平台的所有系统产品，所以 PC 设备端的智能风控平台的研发建设是基础，也是核心。

2. 大屏设备

大屏设备主要承载风险报表系统中大屏展示功能的应用，可以使用户通过大屏查看风险报表内容，并且大屏也可以作为一种宣传渠道。

3. 移动设备

移动设备主要承载风险报表系统、风险管理系统、贷后管理系统、信用风险人工审核系统、反欺诈风险人工核查系统、贷后风险人工核查系统等业务管理系统产品前端的运行。用户通过移动设备可以进行部分风控业务的操作，如信用风险、反欺诈风险、贷后风险的人工审核，风险报表的查看，风险监控预警的查收等。用户利用移动设备可以不限地点、时间，灵活地进行业务操作，相比传统 PC 设备操作业务的方式，移动设备的补充更能方便用户的使用，并且能够提升业务的处理效率。

5.3.2　展现层

与访问层类似，展现层也是直接面对用户，只是访问层是用户触达智能风控平台的硬件渠道，而展现层是用户触达智能风控平台的软件渠道，且访问层是展现层系统产品的载体，两者结合共同成为智能风控平台的顶层。

展现层实际是系统产品软件的前端层，用户通过硬件设备访问系统产品的功能，通过与系统产品的前端进行交互，实现对智能风控平台的业务操作。智能风控系统架构中的展现层实际就是系统产品前端技术的结晶，主要采用的技术有 CSS、jQuery、HTML、Vue、JavaScrip、HTTP、WebSocket、页面渲染引擎等，相关技术的简介如下。

❑ CSS（Cascading Style Sheet，层叠样式表）是一种用来表现 HTML（标准通用标记语言的一个应用）或 XML（标准通用标记语言的一个子集）等文件样式的计算机语言，主要应用于 Web 页面的研发。CSS 不仅可以静态地修饰网页，还可以配合各种脚本语言动态地对网页各元素进行格式化，能够对网页中元素位置的排版进行像素级精确控制，支持几乎所有的字体字号样式，拥有对网页对象和模型样式编辑的能力。

❑ jQuery 是一个快速、简洁的 JavaScript 框架，封装 JavaScript 常用的功能代码，提供一种简便的 JavaScript 设计模式，优化 HTML 文档操作、事件处理、动画设计和 Ajax 交互。jQuery 具有独特的链式语法和短小清晰的多功能接口，具有高效灵活的 CSS 选择器，并且可对 CSS 选择器进行扩展，拥有便捷的插件扩展机制和丰富的插件。

❑ HTML（Hyper Text Marked Language，超文本标记语言）是一种标识性语言，包括一系列标签，通过这些标签可以将网络上的文档格式统一，使分散的网络资源连接为一个逻辑整体。

❑ Vue 是一套构建用户界面的渐进式 JavaScript 框架。与其他重量级框架不同的是，Vue 采用自底向上增量开发的设计，Vue 的核心库只关注视图层，并且非常容易学习，非常容易与其他库或已有项目整合。另一方面，Vue 完全有能力驱动采用单文件组件和 Vue 生态系统支持的库开发的复杂单页应用。

❑ JavaScript（简称 JS）是一种具有函数优先的轻量级、解释型或即时编译型的高级编程语言。JavaScript 基于原型编程、多范式的动态脚本语言，并且支持面向对象、命令式和声明式（如函数式编程）风格。虽然它是作为开发 Web 页面的脚本语言而出名的，但是它也被用到了很多非浏览器环境中。

❑ HTTP（Hyper Text Transfer Protocol，超文本传输协议）用于将超文本从 WWW 服务器传输到本地浏览器的传输协议。它不仅可以保证计算机正确快速地传输超文本文档，还可以确定传输文档中的哪一部分，以及哪部分内容首先显示（如文本先于图形）等。HTTP 可以提升浏览器效率，减少网络传输。

❑ WebSocket 是一种在单个 TCP 连接上进行全双工通信的协议，它使得客户端和服务器之间的数据交换变得更加简单，允许服务端主动向客户端推送数据。在 WebSocket API 中，浏览器和服务器只需要完成一次握手，就直接可以创建持久性的连接，并进行双向数据传输。

❑ 页面渲染引擎又称网页浏览器排版引擎，负责取得网页的内容（HTML、XML、图像等）、整理信息（例如加入 CSS 等），以及计算网页的显示方式，然后输出至显示器或打印机。所有网页浏览器、电子邮件客户端以及其他需要编辑、显示网络内容的应用程序都需要页面渲染引擎。

展示层罗列的前端技术，主要应用于 PC 设备以及大屏设备 Web 页面的研发，移动设备的系统产品主要是基于 iOS 和 Android 两大生态进行研发，由于技术、框架基本都是固定通用，这里不再单独介绍。

5.3.3　系统层

系统层是智能风控系统架构的应用层，实际就是智能风控平台的后端层。系统层通过后端服务的应用链接智能风控系统架构的展现层以及大数据平台。展示层的业务操作指令通过服务接口传输到系统层，系统层根据请求指令获取数据并且进行功能逻辑加工后将结果返回到展现层。系统层串联起了展示层和数据平台，是数据平台和系统产品的沟通桥梁。

系统层按照智能风控系统技术应用划分为风控业务管理系统后端应用、计算分析系统后端应用两类。风控业务管理系统后端主要是指风险报表系统、风险管理系统、贷中监控系统、贷后管理系统、贷后催收系统、风险服务管理系统等系统的后端，风控业务管理系统后端类似普通的业务管理系统后端，研发使用的技术应用相通，常用的技术应用有 Spring Boot、Spring MVC、Spring Cloud、config、Gateway、Bus 等。通常风控业务管理系统后端研发会搭配着 Redis、Memcached 等缓存技术应用，实现数据的缓存。

计算分析系统后端主要是指指标管理系统、决策引擎系统、数据挖掘系统、分析引擎系统、智能语音机器人、关系网络系统等系统的后端。计算分析系统后端以大数据平台技术为基础进行建设，通过对大数据平台技术应用的复用，实现计算分析系统产品的研发，常用的技术应用有 Storm、Python、Spark、Flink、R、Giraph、Spark Streaming、NLTK、Gensim 等，通常计算分析系统后端研发还会搭配着 Elasticsearch、Gremlin 等索引技术应用，实现计算分析的快速搜索。对应的技术简介如下。

1. 风控业务管理系统后端应用

❑ Spring Boot 是用来简化新 Spring（Spring 框架是 Java 平台上的一种开源应用框架，提供具有控制反转特性的容器）应用初始搭建以及开发过程的基于 Spring 4.0 设计的全新框架。Spring Boot 不仅继承了 Spring 框架原有的优秀特性，还进一步简化了 Spring 应用的整个搭建和开发过程。Spring Boot 使用了特定的方式来进行配置，从而使开发人员不再需要定义样板化的配置。通过这种方式，Spring Boot 致力于在蓬勃发展的快速应用开发领域（Rapid Application Development）成为领导者。

❑ Spring MVC 是一个 MVC 框架，属于 Spring Frame Work 的后续产品，已经融合在 Spring Web Flow 里面。Spring MVC 是基于 Spring 功能之上添加的 Web 框架，想用 Spring MVC 必须先依赖 Spring。

❑ Spring Cloud 是基于 Spring Boot 的一整套实现微服务的框架。它提供了微服务开发所需的配置管理、服务发现、断路器、智能路由、微代理、控制总线、全局锁、决策竞选、分布式会话和集群状态管理等组件。Spring Cloud 通常是对现有成熟框架"Spring Boot 化"的封装和抽象，包含的项目有 Spring Cloud Netflix、Spring Cloud Bus、Spring Cloud Security、Spring Cloud ZooKeeper、Spring Cloud Eureka。

❑ config（configuration，配置）是指显示配置信息命令，一般是修改系统配置或设置的，计算机中各类软件及系统都有类似 config 的文件，其中主要是系统或各软件的配置参数。

❑ Gateway 是指网关，又称网间连接器、协议转换器。网关在网络层以上实现网络互连，是复杂的网络互连设备，仅用于两个高层协议不同的网络互连。网关既可以用于广域网互连，也可以用于局域网互连。网关是一种充当转换重任的计算机系统或设备，使用在不同的通信协议、数据格式或语言，甚至体系结构完全不同的两种系统之间。网关是一个翻译器，它与网桥的区别只是传达信息不同，网关需要对收到的信息重新打包，以适应目的系统的需求。

❑ Bus 指总线，是计算机各种功能部件之间传送信息的公共通信干线，它是由导线组成的传输线束。按照计算机所传输的信息种类，计算机的总线可以划分为数据总线、地址总线和控制总线，分别用来传输数据、数据地址和控制信号。总线是一种内部结构，它是 CPU、内存、输入、输出设备传递信息的公用通道，主机的各个部件通过总线相连接，外部设备通过相应的接口电路再与总线相连接，从而形成计算机硬件系统。在计算机系统中，各个部件之间传送信息的公共通路叫总线，微型计算机是以总线结构来连接各个功能部件的。

2. 计算分析系统后端应用

❑ Storm 是 Twitter 开源的分布式实时大数据处理框架，被业界称为实时版 Hadoop。主要用作与大数据的实时计算，具有低延迟、高可用、分布式、可扩展、数据不丢失等特点，并且拥有简单的容易理解的接口。

❑ Python 是一种跨平台的计算机程序设计语言，是一个高层次的结合了解释性、编译性、互动性和面向对象的脚本语言。最初被设计用于编写自动化脚本（shell），随着版本的不断更新和语言新功能的添加，被更多地用于独立的、大型项目的开发。通常应用于 Web 的开发、脚本编写、数据科学，包括机器学习、数据分析和数据可视化等。

❑ Spark 是快速、通用、可扩展的大数据分析引擎，是加州大学伯克利分校的 AMP 实验室所开源的类 Hadoop MapReduce 的通用并行框架，拥有 Hadoop MapReduce 所具有的优点，但不同于 MapReduce 的是，Spark 的 Job 中间输出结果可以保存在内存中，从而不再需要读写 HDFS，因此其计算速度更快，计算方式更多，更适用于数据挖掘与机器学习等需要迭代的 MapReduce 的算法。

❑ Flink（Apache Flink）是由 Apache 软件基金会开发的开源流处理框架，其核心是用 Java 和 Scala 编写的分布式流数据引擎。Flink 以数据并行和流水线方式执行任意流数据程序，在 Flink 的流水线运行时系统可以执行批处理和流处理程序。此外，Flink 的运行时本身也支持迭代算法的执行。

❑ R 是用于统计分析、绘图的语言和操作环境。R 是属于 GNU 系统的一个自由、免费、开源的软件，是一个用于统计计算和统计制图的优秀工具。

❑ Giraph 是一个迭代的图计算系统，是基于 Hadoop 建立的上层应用。Giraph 计算的是由点和直连的边组成的图数据。图数据库中每个点保存一个值，每条边保存一个值，输入不仅取决于图的拓扑逻辑，也取决于定点和边的初始值。为了解决大规模图的分布式计算问题，Giraph 通过隐藏分布式和并行计算的细节来提供一套用于描述图算法的 API。Giraph 不仅拥有很好的可扩展性，还降低了分布式图计算的使用门槛。

❑ Spark Streaming 是一种构建在 Spark 上的实时计算框架，它扩展了 Spark 处理大规模流数据的能力。Spark Streaming 把实时输入数据流以时间片 Δt（如 1 秒）为单位切分成块。Spark Streaming 会把每块数据作为一个 RDD，并使用 RDD 操作处理每一小块数据，每个块都会生成一个 Spark Job 处理，最终结果也返回多块。Spark Streaming 通过丰富的 API 和基于内存的高速计算引擎让用户可以结合流式处理、批处理和交互查询等应用，适合一些需要历史数据和实时数据结合分析的应用场合。

❑ NLTK（Natural Language Toolkit）、Gensim 等都是自然语言处理工具包，都是基于 Python 计算机程序设计语言建立的自然语言处理库。NLTK、Gensim 等自然语言处理工具包的目标是实现计算机与人之间利用自然语言进行通信，常用的应用场景包含文本的识别和翻译、语音的识别和翻译、情感的分析等。

3. 缓存

❑ Redis（Remote Dictionary Server，远程数据服务）是一个 key-value 存储系统，使用 C 语言编写，支持 value 类型为 string、list、set、zset、hash 的存储，是一个高性能的缓存数据库。

❑ Memcached 是一套分布式的高速缓存系统，由 LiveJournal 的 Brad Fitzpatrick 开发，以 BSD license 授权发布，是一套开源软件，被许多网站使用。Memcached 通过缓存数据库查询结果，减少数据库访问次数，以提高动态 Web 应用的速度，提高可扩展性。

4. 索引

❑ Elasticsearch 是一个基于 Lucene 用 Java 语言开发的搜索服务器，是一个具有分布式多用户能力的全文搜索引擎，具有快速搜索、分析和探索大量数据的能力，实现分布式、高扩展、高实时的数据搜索与数据分析。

❑ Gremlin 是 Apache Tinkerpop 框架中使用的图遍历语言，是一种函数式数据流语言，可使用户使用简洁的方式表述复杂的属性图的遍历或查询。使用 Gremlin 可以很方便地对图数据进行查询、修改、局部遍历和属性过滤等。

系统产品的后端研发会根据系统产品的不同功能、不同特点综合使用系统层的技术应用，以及对不同技术应用的相互融合，最终形成整个智能风控平台的后端服务。

5.3.4 大数据平台

大数据平台是智能风控系统技术架构的持久层，但又超越了传统的持久层功能，是以持久层为基础进行了技术应用的丰富。持久层又叫数据访问层，是指把数据永久地保存在存储设备中，它直接与数据库交互。

大数据平台的创建不仅服务于智能风控体系，还服务于业务的其他场景，例如业务的营销场景、运营场景等。考虑到智能风控系统技术架构的数据还会服务其他业务场景，因此在初期搭建规划的时候应该考虑数据层的通用性、易用性、非耦合性等；并且伴随互联网业务的快速增长以及大数据技术的广泛运用，传统持久层的设计也不再局限于数据库以及数据的交互，而是以持久层为基础升级革新为大数据平台，统筹管理、规划数据的应用。

智能风控系统技术架构的大数据平台划分为接入层、清洗层、计算层、数据层四部分，在系统层已对大数据平台中计算层的实时计算、离线计算的技术应用进行了介绍，这里只着重介绍接入层、清洗层、数据层的技术应用。

1. 接入层

接入层负责智能风控平台的内部接入，包括大数据平台以及系统层的系统产品的数据接入，通常接入的数据有结构化数据和非结构化数据两类，常用的技术应用有 MQ、HTTP、HTTPS、FTP 等，具体的技术介绍如下。

- ❑ MQ（Message Queue，消息队列）是基础数据结构中"先进先出"的数据结构，一般用来解决应用解耦、异步消息、流量削峰等问题，是一种能够实现高性能、高可用、可伸缩和最终一致性的架构。
- ❑ HTTP 在展现层中已有介绍，这里不再赘述。
- ❑ HTTPS（Hyper Text Transfer Protocol over Secure Socket Layer）是以安全为目标的 HTTP 通道，在 HTTP 的基础上加入 SSL 层通过传输加密和身份认证保证了传输过程的安全性，被广泛用于万维网上安全敏感的通信，例如交易支付等方面。
- ❑ FTP（File Transfer Protocol，文件传输协议）是在网络上进行文件传输的一套标准协议，用于将文件传输到主机或与主机交换文件。FTP 可以使用用户名和密码进行身份验证，匿名 FTP 允许用户从互联网访问文件、程序和其他数据，而无须用户 ID 或密码。

2. 清洗层

清洗层是数据清洗处理层，负责智能风控平台接入数据的清洗处理。清洗处理后的数据再被推送到计算层、系统层和数据层。通常大数据平台清洗层使用的技术应用有 Kafka、ETL，具体的技术介绍如下。

❑ Kafka 是由 Apache 软件基金会开发的一个开源流处理平台，由 Scala 和 Java 编写。Kafka 是一种高吞吐量的分布式发布订阅消息系统，可以处理消费者在网站中的所有动作流数据。但大部分研发人员都会把 kafka 当作一个分布式消息队列，利用它的高性能、持久化、多副本备份、横向扩展等能力。生产者向队列里写消息，消费者从队列里取消息进行业务逻辑运算。

❑ ETL（Extract-Transform-Load）是用来描述将数据从来源端经过抽取（extract）、转换（transform）、加载（load）至目的端的过程。ETL 是构建数据仓库的重要一环，用户从数据源抽取出所需的数据，经过数据清洗，最终按照预先定义好的数据模型，将数据加载到数据仓库中。虽然 ETL 一词常用在数据仓库，但其对象并不限于数据仓库。

3. 数据层

数据层是数据的载体层，大数据技术的基础是数据，因此大数据平台的基础是数据层。大数据平台的数据层为智能风控平台提供系统产品使用的数据，而智能风控平台系统产品产生的数据会回传到大数据平台的数据层，两个平台的数据相互循环迭代，数据量不断增加。数据层实际就是数据库，数据库根据数据存储方式分为关系型数据库、非关系型数据库，同时随着知识图谱技术的发展和应用，图数据库也被用到智能风控平台中。大数据平台常用的数据库有 MySQL、MongoDB、HBase、Giraph、SSD 等，具体的技术介绍如下。

❑ MySQL 是一个关系型数据库管理系统，由瑞典 MySQL AB 公司开发，属于 Oracle 旗下产品。MySQL 是最流行的关系型数据库管理系统之一，在 Web 应用方面，MySQL 是最好的关系数据库管理系统应用软件之一。

❑ MongoDB 是一个基于分布式文件存储的数据库，由 C++ 语言编写，旨在为 Web 应用提供可扩展的高性能数据存储解决方案。

❑ HBase（Hadoop Database）是一个分布式的、面向列的开源数据库，是一个高可靠性、高性能、面向列、可伸缩的分布式存储系统，利用 HBase 技术可在廉价 PC 设备上搭建起大规模结构化存储集群。

❑ Giraph 是一个图数据库，在系统层中已有介绍，这里不再赘述。

❏ SSD（Solid State Disk 或 Solid State Drive，固态驱动器），俗称固态硬盘，用于数据库等文件的存储。

智能风控系统技术架构中用户通过访问层触发访问请求命令，由展现层承载访问请求命令并且传输请求命令到系统层，再由系统层根据请求命令获取大数据平台的数据，然后将数据传输到计算层进行分析计算，计算结果返回到系统层进行功能逻辑处理，最后输出系统层的服务结果到展现层或者以接口的形式提供给外部系统。整个智能风控平台通过智能风控系统技术高效、稳定运转，数据在智能风控平台中循环流转、迭代。

智能风控的核心技术是大数据风控技术，智能风控系统技术架构的设计应该以大数据平台为基础，充分融入大数据系统技术架构。智能风控系统技术架构没有最优之说，只有最合适之说，所有的智能风控系统技术架构都是以服务于风控业务为目的。智能风控系统技术架构设计之初也并不是完善的、完美的，架构的设计技术不是自驱发展而来，而是基于业务需求的驱动发展而来。智能风控系统技术架构历经单体应用、分布式应用、微服务等过程，技术框架不断创新变革，架构诞生之初到现在也是一个不断迭代的过程，不仅需要满足功能层面的需求，而且需要满足非功能层面的需求。

5.4　智能风控平台业务、功能、技术架构的区别

智能风控平台架构分别包含智能风控业务架构、智能风控系统功能架构、智能风控系统技术架构三种类型，三种架构分别从业务、系统产品、系统技术三方面深度剖析了智能风控平台的架构。业务架构、系统架构、技术架构是架构理论中常见的三种架构类型，那么，智能风控平台的业务架构、系统功能架构、系统技术架构有何区别呢？

智能风控业务架构是指以实际风控业务为基础，通过一套科学的方法论将风控业务抽象拔高到风控战略层，基于战略层的风控目标去界定风控业务的边际，然后根据界定的风控业务边际重组风控业务、定义业务模块、概括业务流程，最终形成风控业务架构。智能风控业务架构的设计就是一个分总分的过程，也是一个具象到抽象的过程，把现实的业务转化为抽象的对象。

智能风控系统功能架构是风控业务架构的系统产品的实现，风控业务架构是对风控战略的界定，是抽象的彼此独立的风控业务元素，这些元素的组合串联需要系统产品完成，智能风控系统功能架构实际就是风控业务元素的载体。智能风控系统功能架构的设计始于智能风控业务架构中局部的业务模块，终于整个智能风控业务架构从业务到系统

功能的抽象转化,以及转化后的系统产品的全局整合。智能风控业务架构的设计是一个分总的过程,是一个把抽象对象转化为实体对象的过程。

智能风控系统技术架构是指实现智能风控系统功能结构的技术方案,该架构的设计是基于智能风控系统功能架构的再次抽象,抽象出通用、合适的技术应用,然后根据技术应用以及技术应用间的关系进行架构层的搭建,形成专业、完整的技术架构体系。功能架构是业务元素的载体,技术架构是功能架构实现的技术载体,技术架构的设计是一个高度抽象化的过程。智能风控系统技术架构的设计不仅需要考虑功能层面的技术应用对业务功能承载的可行性,还需要考虑非功能层面的技术应用的高可用、高性能、低耦合、强安全、易扩展等特性,是一个功能与非功能都应兼具的技术方案。

智能风控业务架构、智能风控系统功能架构、智能风控系统技术架构三个架构的设计由表至里、逐层深入,业务决定系统产品体系,系统产品体系决定系统技术结构,反过来系统产品体系和技术结构又支持着未来业务的走向,三个架构形成一个闭环,通过业务需求驱动闭环不断迭代升级。好的架构不是大而全,而是依照战略规划尽可能地满足新业务的快速建立,服务于新增业务。

5.5 本章小结

本章围绕智能风控平台架构分别介绍了智能风控业务架构、智能风控系统功能架构、智能风控系统技术架构、智能风控平台不同架构的区别。智能风控业务架构包含传统信贷风控业务架构、智能风控业务架构两部分内容。智能风控系统功能架构包含商业银行组织结构、智能风控平台输入层、计算层、决策层、风控运营层、风控业务操作层、基础管理层6个层级15个系统产品的内容。智能风控系统功能架构涵盖贷前、贷中、贷后全流程的风控系统产品,系统产品围绕实际业务需要的核心功能进行介绍,主要讲解了核心功能的业务概念以及业务说明,关于系统产品设计的详细内容会在后面的章节进行介绍。智能风控系统技术架构包含访问层、展现层、系统层、大数据平台四部分内容,本章概括了从系统产品前端,到系统产品后端,再到系统产品数据库所使用的主流技术应用,展示了一个清晰的技术方案框架。

第三部分 *Part 3*

智能风控平台设计

　　根据不同的风控业务类型和风控业务需求，智能风控平台的系统产品的组成也不相同。第三部分将围绕智能风控平台设计展开介绍，包含智能风控平台核心系统，如决策引擎系统、指标管理系统、接口管理系统、风险管理系统，以及智能风控平台次核心系统，如贷中监控系统、贷后管理系统、平台管理系统。

Chapter 6 第 6 章

智能风控平台核心系统

　　智能风控平台囊括输入层、计算层、决策层、风控运营层、风控业务操作层、基础管理层，总共 6 个层级 15 个系统产品，基本覆盖智能风控全流程业务。金融信贷业务利用智能风控平台系统实现风控的自动化和智能化。智能风控平台以实际的贷前、贷中、贷后全流程业务模式为切入点，以全息海量数据源为基础，搭载多种信贷规则、信贷模型，通过系统自动计算并决策，实现贷前自动化智能评级审批、贷中自动化智能风险监控、贷后实时风险管理。

　　根据不同的风控业务类型和风控业务需求，智能风控平台的系统产品的组成也不相同，本书介绍的智能风控平台是一个成熟、完善的风控系统平台，适用于当前市场上的绝大多数金融信贷业务。智能风控平台是由很多系统产品组成的大平台，但它在诞生之初并非全面覆盖，而是不断迭代、逐步完善的，这就要求智能风控平台根据业务需求的优先级划分系统产品建设的优先级。根据风控业务的优先级以及大数据风控的原理可知，规则和模型是常用的实现风控的重要中间体，所以一般将围绕规则、模型的系统作为智能风控平台开发的核心系统，辅助支撑核心系统的系统是智能风控平台开发的次核心系统。

　　智能风控平台核心系统主要包含决策引擎系统、指标管理系统、接口管理系统、风险管理系统；智能风控平台次核心系统主要包含分析引擎系统、数据挖掘系统、关系网络系统、贷中监控系统、贷后管理系统、贷后催收系统、智能语音机器人、风险报表系统、风险服务管理系统、平台管理系统。

本章主要讲解智能风控平台核心系统，次核心系统会在下一章讲解。

6.1 决策引擎系统

决策引擎系统是规则和模型的自动运算系统。它从最初的人工线下判断规则，到人工借助决策工具线下判断规则，再到规则引擎系统线上自动判断规则，最后到现在引入模型，终于升级成能够同时满足计算规则与模型要求的决策引擎系统。智能风控的发展从最初小数据的使用到现在大数据的使用，从最初的专家经验到现在科学的分析策略，始终都没有离开基于规则、模型的科学评估方法。决策引擎作为承载规则、模型自动计算的工具，在智能风控平台的核心地位无可争议，是整个智能风控平台的中心。前面第 5 章已经简单介绍过决策引擎系统，这里将会对其产品设计展开详细介绍。

6.1.1 决策引擎系统的定义

决策引擎系统是对从复杂的业务逻辑中抽象出来的业务规则进行不同的分支组合、关联，然后层层递进，最终输出决策结果。决策引擎系统根据其发展历史可分为传统的决策引擎系统、现有的决策引擎系统、高阶的决策引擎系统。

- ❑ 传统的决策引擎系统主要实现简单规则的逻辑判断。
- ❑ 现在通常使用的决策引擎系统是以传统决策引擎系统为基础的，功能更丰富，可以实现规则、评分卡、模型、表达式等多种逻辑类型的嵌套，实现层次更加丰富的逻辑运算，满足现在的互联网金融风控业务的需求。
- ❑ 高阶的决策引擎系统，是在现有的决策引擎系统上融入自然语言处理系统、流计算系统等，实现对非结构化数据的实时计算并进一步提升算力和处理时效的决策引擎系统。

这里重点介绍现在常用的决策引擎系统，其核心功能模块包括规则、评分卡、模型、表达式、模型监控、决策流管理、风控报告等，每个功能块又由许多功能单元组成，如图 6-1 所示。

功能完善的决策引擎系统除了包括以上核心功能模块外，还包括许多其他的通用功能模块。通用功能是很多功能模块的基础。

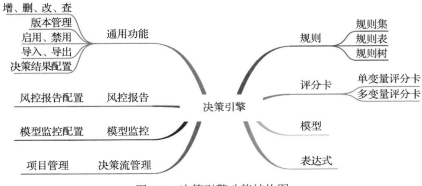

图 6-1　决策引擎功能结构图

6.1.2　规则

规则是运行、运作规律所遵循的法则，风控规则是指风险评估时遵循的规律。决策引擎的规则功能模块根据风控规则的复杂程度分为规则集、规则表、规则树，不管是规则集、规则表，还是规则树，它们的基础都是单条规则，只是规则组合的实现形式不同。

1. 规则集

规则集是单条规则的集合，决策引擎系统的规则集功能模块如图 6-2 所示，每个规则集都以项目的形式存在于规则列表中。

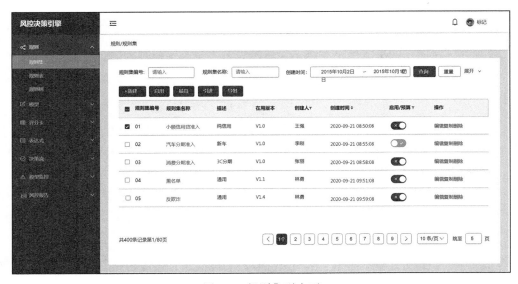

图 6-2　规则集列表页

规则集功能模块汇集规则的查询、新建、编辑、删除、复制、启用、禁用、导入、导出等功能，通过规则名称、编辑、新建这三个入口可以进入规则集详情页，如图 6-3 所示。

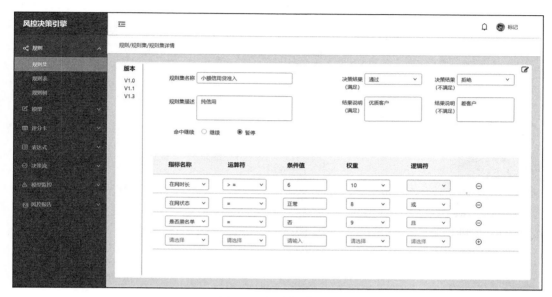

图 6-3　规则集详情页

规则集详情页分为规则集版本、规则集基本信息、规则集配置三部分。单条规则由指标名称、运算符、条件值、决策结果组成。规则集中的单条规则与单条规则之间存在且、或逻辑关系，决策引擎通过对这些规则进行逻辑条件的运算，输出决策结果。风控规则集输出的决策结果通常有"通过""拒绝""人工审核"三种，但也并非只局限于这三种。决策引擎系统规则集的决策结果可以通过配置实现多种类型结果的输出，并对不同的决策结果配置不同的说明。每条规则对应一个权重，权重的大小调控着规则集中规则计算的先后顺序，规则集中的命中继续控制着规则命中是否继续，如果选择暂停即表示命中后不再继续计算。这样可以优先计算规则集中的重要规则，同时节约系统的计算资源。如果需要对全量规则数据进行分析，则可以选择继续方式，即命中后继续计算。规则集详情中的规则通过加、减按钮实现规则的新增和删除。算术运算符通常有等于（=）、不等于（≠）、大于等于（>=）、小于等于（<=）、大于（>）、小于（<）六类，逻辑运算符有且、或两类。

2. 规则表

与规则集类似，规则表也会有管理列表，可通过具体规则表项目进入规则表详情页。规则表详情页包含规则表版本、规则表基本信息、规则表配置模块。规则表是一种表格形式的规则工具，在处理较多的判断条件以及需要输出多个决策结果的时候，可以利用规则表清晰、准确、快速地配置出决策规则。规则表根据规则间组合关系的复杂程度分为简单规则表和复杂规则表。简单规则表如图 6-4 所示。

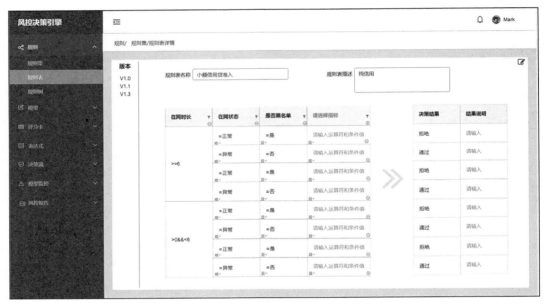

图 6-4　简单规则表

规则表分为条件列、决策列。图 6-4 中的"在网时长""在网状态""是否黑名单"是条件列，"决策结果"和"结果说明"是决策列。注意，决策列的行数和条件列相同。

在指标栏中配置指标，在运算符和条件值栏配置计算公式，然后决策引擎会根据每一行的表达式进行决策计算。每一行代表一条规则，每一行表达式与表达式间的逻辑运算符有且、或两类，可以通过下拉选项修改逻辑运算符。

简单规则表是以条件列的方式呈现规则，是横向维度决策，而复杂规则是以条件列和条件行的交叉方式呈现规则，是横向和纵向两个维度的综合决策，如图 6-5 所示。

复杂规则表由纵向条件列、横向条件列、结果单元组成。纵向条件列、横向条件列由最小规则单元格组成，如图 6-5 中的"是否有驾照"就是一个规则单元格。每个规则单元格又由指标名、运算符和条件值组成，如"是否有驾照"就是指标名，"＝是"就是运算符和条件值。通过指标名可以选择需要的指标，通过运算符和条件值可以输入运算逻辑并选择规则与规则间的逻辑关系。纵向条件列和横向条件行间的或、且逻辑关系通过规则表左上角的标题单元格统一设置。纵向条件列和横向条件行类似 Excel 的单元格，可以进行行、列的插入以及单元格的合并、拆分和删除等操作。结果单元就是决策引擎计算结果的配置，满足纵向规则和横向规则的时候就会输出对应的决策结果。

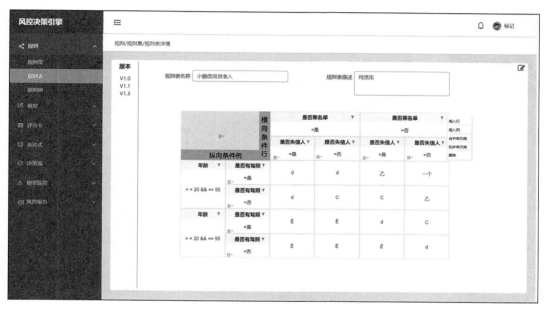

图 6-5　复杂规则表

相比简单规则表，复杂规则表是从横向和纵向两个大维度来组合确定一个唯一结果，在规则的组合形式上更加简单、直观。相同类型的复杂规则表实现的多维逻辑规则决策，如果换成简单规则表来定义，需要配置的内容会更多、复杂度会更高。不管是简单规则表还是复杂规则表，都能够输出多维的决策结果，同时随着金融信贷风控多维数据的不断丰富，规则的种类、数量以及规则间的组合决策不断增加，采用规则表方案能够实现更加便捷、清晰的规则配置。

3. 规则树

与规则集、规则表类似，规则树也有自己的管理列表，通过具体规则树项目进入规则树详情页。规则树详情页包含规则树版本、规则树基本信息、规则树配置模块。规则树是许多规则集的组合，也是规则集的另一种表现形式。相比规则集，规则树的展示更加生动、形象，在风控业务中利用规则树、规则表进行规则配置，可以让业务更加清晰、快捷。规则树利用树状结构呈现规则，是一种树形结构的规则集。规则树详情页如图 6-6 所示。

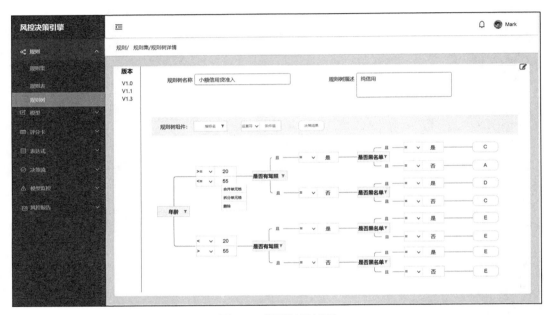

图 6-6 规则树详情页

与规则集类似，规则树中的每条规则也分为指标名、运算符、条件值、决策结果，但规则树的每条规则是由多条规则组合而成的，更像是一个个规则集。规则树的配置组件主要有三个，指标名称组件、运算条件值组件、决策结果组件，三个组件分别承载指标名称、运算符、条件值、决策结果，通过拖曳的形式自动进行规则组装，组件可以利用合并、拆分、删除操作实现规则的新增和编辑。

图 6-6 中的规则树包含 14 条规则、8 条规则集，如果是用规则集进行配置，配置的内容会较多且呈现复杂，而规则树则能够清晰、形象地呈现规则、规则集间的关联关系，使规则配置更加快捷、方便。规则树除了可以横向展示外，还可以竖向展示。竖向规则树与横向规则树的本质、使用组件基本相同，只是展示的样式发生了变化，因此这里不再对竖向规则树进行详细介绍。

6.1.3 模型

模型是指通过主观意识借助实体或者虚拟表现构成客观阐述形态结构的一种以表达为目的的物件（物件并不等于物体，不局限于实体与虚拟，不局限于平面与立体）。决策引擎系统中使用的模型更多是数据模型，描述的是目标的行为和特征。

决策引擎系统使用的模型实际上是一个已经封装好的策略产品，决策引擎系统负责配置模型文件的入参变量、出参变量，并调用模型进行计算，如图 6-7 所示。

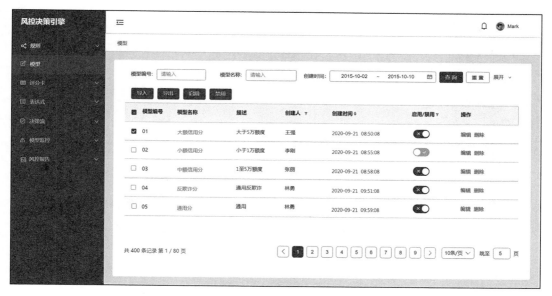

图 6-7　模型列表页

由于模型功能模块负责的是已经封装好的模型的运算，因此模型文件是通过导入、导出的方式上传到决策引擎系统或者下载到本地文档，并且不能对模型内部做二次修改，所以没有了复制功能，只允许配置模型入参字段、输出字段的映射。现在模型封装的主流格式通常有。py、.model、.pmml，决策引擎系统模型的导入一般都会兼容这些主流格式。

模型详情页如图 6-8 所示。

模型详情页分为三部分，分别是模型基础信息、入参字段映射配置、输出字段映射配置。模型导入后，决策引擎系统会根据模型类型自动捕捉模型入参字段、输出字段，默认显示到详情中，由模型工程师根据系统自动捕捉的字段配置模型入参字段对应的指标名称以及输出字段需要输出的名称，配置好后再由决策引擎在触发调用模型时根据映射的指标自动传入模型需要的值，然后根据字段名称自动输出模型的计算结果。

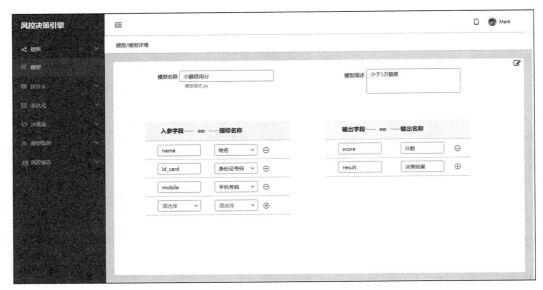

图 6-8　模型详情页

模型功能模块中的运算是已经封装好的模型，因此需要考虑的功能并不多，主要涉及模型的导入、导出，模型的自动调用，模型的自动输入以及输出。

6.1.4　评分卡

评分卡是一种对目标信息进行分析并且利用打分原理评估风险的表达方式，是一种利用数值衡量事件发生可能性的评估模型。评分卡通常运用于金融行业的风险评估以及其他行业的风险评估等场景中。

评分卡实际也是规则的一种变体，只是规则是对指标的定性判断，而评分卡是对指标的定量判断，最后再基于评分卡的定量判断进行定性的决策判断。决策引擎系统的评分卡功能模块与规则功能模块类似，都需要在功能模块上实现评分卡的配置，如图 6-9 所示。

评分卡列表页包含查询、新建、编辑、删除、复制、启用、禁用、导入、导出等功能，每个评分卡以一个项目显示在评分卡列表中。评分卡列表记录着评分卡的编号、名称、描述、创建时间、在用版本等。

决策引擎系统的评分卡根据复杂程度可以分为简单评分卡、复杂评分卡。

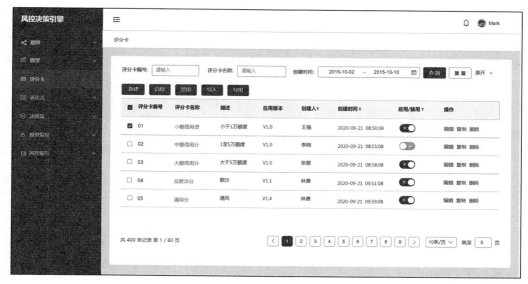

图 6-9　评分卡列表页

1. 简单评分卡

简单评分卡主要是对单一指标进行评分，而复杂评分卡则是对多个指标进行组合后再评分。简单评分卡详情页如图 6-10 所示。

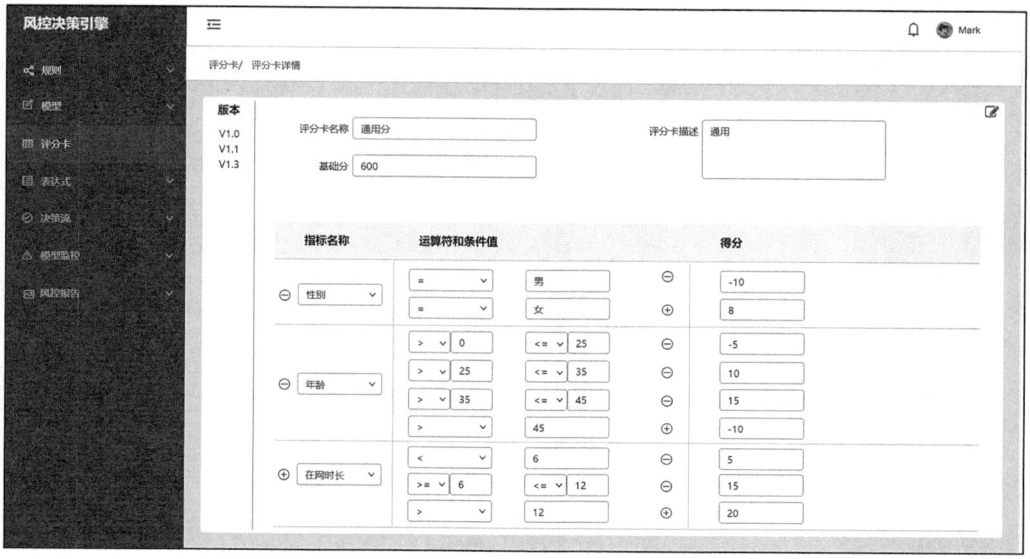

图 6-10　简单评分卡详情页

简单评分卡包含评分卡基本信息、评分卡配置两部分。评分卡基本信息主要由评分卡名称、评分卡描述、基础分组成。与规则类似，评分卡指标也是由指标名称、运算符和条件值组成，只是评分卡的每条指标输出得分，而规则的每条指标输出决策结果。当评分卡中指标的值不同时，得分也会不同。指标通过指标框进行选择，运算符内置等于（=）、不等于（≠）、大于（>）、小于（<）、大于等于（>=）、小于等于（<=）以及区间型切换，当切换为区间型时，运算符会自动变成两个，如图 6-10 中年龄指标 0 ～ 25 岁阶段的选择方式。条件值和得分输入框分别负责条件值和得分的输入。指标通过指标前的加、减符号进行增减，运算符和条件值通过条件值后的加、减符号进行增减。如图 6-10 所示，当性别等于男时，得分为基础分减去 10 分，最后将每个条件值的得分相加得出最终得分。

决策引擎系统会根据配置好的评分卡进行分数的计算，在金融信贷风控业务中有时还会看见输出 A/B/C/D/E 等级的评分卡，这种形式的评分卡和这里配置的分数不同，但是决策引擎系统也能够实现这种形式的输出，只不过需要在评分卡配置好的基础上，在规则中引用评分卡输出结果作为指标进行规则的配置，实现区间分数对应等级的映射。

2. 复杂评分卡

复杂评分卡是对多维指标组合的评分，如图 6-11 所示，但现在金融信贷风控业务使用复杂评分卡的场景并不多。

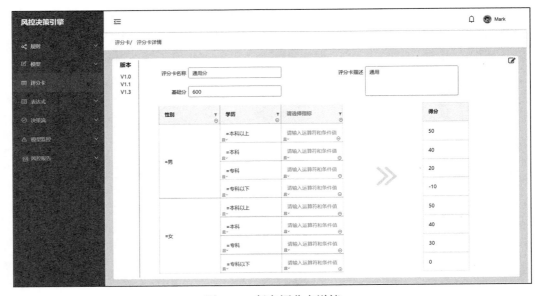

图 6-11　复杂评分卡详情

与简单规则表类似，复杂评分卡也是由条件列、得分列组成的。条件列是由指标名称、运算符和条件值组成的指标运算列。根据表达式计算指标得分，满足如图 6-11 所示的性别为男且学历为本科的条件时，得分是 40。复杂评分卡根据不同条件列中指标对应的每行运算符和条件值进行计算，最终通过每行得分与基础分的和得到最终的评分卡得分。

复杂评分卡的条件列能够有多列，条件列通过指标名称上的加、减符号进行增、删操作，运算符和条件值根据指标名称下方单元格的加、减符号进行增、删操作，同时条件列与条件列的逻辑关系默认为且，可以通过单元格中的下拉选项进行切换。单元格类似 Excel 中的单元格，右击能够进行单元格的增、删、合并、拆分等操作。复杂评分卡通过多列条件列实现多维度指标计算的组合，能够大大增加评分卡的灵活性，满足多变的业务需求。

6.1.5　表达式

决策引擎系统中的表达式是指灵活、自由的脚本语言。在某些场景下，规则或者评分卡通过规则、评分卡功能模块配置的时候不易实现或者实现起来很复杂，此时就可以利用表达式功能模块直接自由编辑规则脚本代码，以实现规则的决策。换句话说，规则的运算符、条件值、决策结果都通过编码实现，每套规则的决策通过表达式编码完成后封装为一个规则决策项目，类似模型中每个封装好的模型，只是模型是离线完成的，而表达式是在决策引擎中完成的，如图 6-12 所示。

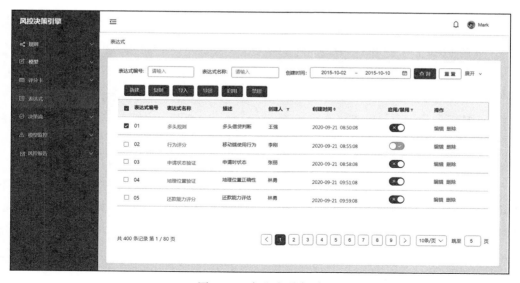

图 6-12　表达式列表页

表达式模块负责每个表达式项目的管理，包含查询、新建、编辑、删除、复制、启用、禁用、导入、导出等功能，通过表达式名称、编辑、新建入口进入表达式详情页，如图 6-13 所示。

图 6-13　表达式详情页

表达式详情页分为版本管理、基本信息、表达式配置三部分。表达式管理负责表达式版本的管理，基本信息负责表达式名称、表达式描述的编辑，表达式配置负责表达式的代码编写。表达式虽然能够灵活配置代码的运算逻辑，但是其代码的入参数据还是由指标提供的，因此在编写前需要提前通过输入指标定义好代码的入参字段，例如图 6-13 中对于"还款能力评级"的表达式的输入指标就是"还款能力评分"。编写好代码后，输出指标会自动捕捉代码中的输出字段，并自动填充到输出指标项中，然后通过输出指标将输出字段配置映射成指标名称。

表达式作为灵活、快捷地实现规则配置的一种方式，在决策引擎系统的应用中必不可少。在设计表达式功能模块时，除了规划上述核心功能点外，还应充分考虑表达式编码语言的选择，综合编码语言的通用性、易用性、高效性等来选择。目前表达式中常用的主流编码语言有 Python、Groovy 等。

规则、模型、评分卡、表达式是决策引擎系统的计算、决策功能模块，承载了规则、模型的运算，每个功能模块的规则、模型、评分卡、表达式不一定是单独存在的，还会存在相互调用的关系。规则、模型、评分卡、表达式的输出可以作为其他规则、模型、评分卡、表达式的输入，如通过将输出结果映射成指标，然后将该指标作为其他规则、模型、评分卡、表达式的输入指标，实现规则、模型、评分卡、表达式的相互嵌套调用。

6.1.6　模型监控

模型监控是决策引擎系统的辅助功能模块，负责决策引擎系统中规则、模型、评分卡、表达式运行状态的监控。虽然模型监控只是决策引擎系统的辅助功能，但它也是必不可少的功能模块。规则、模型、评分卡、表达式的稳定运行依赖准确的数据源入参字段、高度适配的指标、精密的运算逻辑的有机结合，从数据的输入到决策结果的输出，整个运算决策过程，包括数据到指标的转化，规则和模型的转化，再到决策结果的转化，都不容丝毫差错。风控本就是精细化工作，因此模型监控的重要性也就不言而喻了。

模型监控功能设计的目标有两个：一是实现对决策引擎系统中规则、模型、评分卡、表达式功能模块的正常运行的监控，二是实现对规则、模型、评分卡、表达式等策略的分析指标监控，通过分析、汇总指标的监控信息实现策略的调整和优化。根据模型监控功能设计的目标，将运算决策过程的监控分为风控数据监控、风控指标监控、规则和模型监控、决策结果监控四部分。模型监控功能的设计核心是对监控指标的梳理、分析、聚类后抽象出的常用的报表和图形组件，以及对监控指标灵活配置的产品方案。表格和图形应用于监控指标的展示，是外表美观度的决定因素；灵活配置的产品应用于监控模型新增、修改等高频场景，是模型监控灵活性高以及适用性高的表现。

与决策流类似，模型监控也是以项目的形式存在的。通常模型的监控与决策流项目关联，一个决策流项目一般是一套风控方案适用于一个业务场景，一套模型监控体系一般对应一个决策流项目，所以一个业务场景一般有一套唯一的模型监控方案。当然模型监控也能够面向规则、模型、评分卡、表达式等对象直接进行监控，如图 6-14 所示。

模型监控项目列表页主要展示已经创建的监控项目，类似决策流项目列表页，一般分为搜索和监控项目管理两部分：搜索是对已创建的监控项目名称的模糊搜索，实现监控项目的快捷查询；监控项目管理主要负责项目的新建、删除、编辑、复制等，通过编辑或者标签贴进入监控项目详情页实现监控指标的配置，如图 6-15 所示。

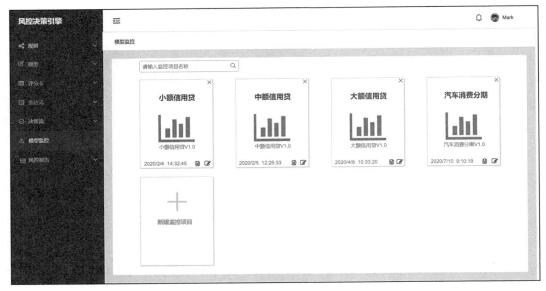

图 6-14　模型监控项目列表

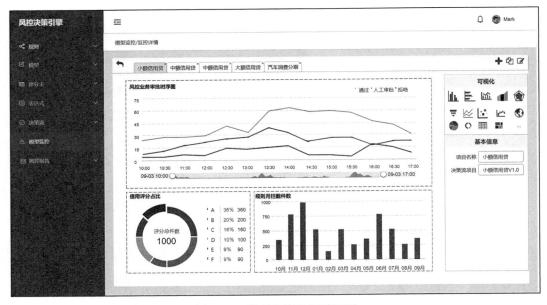

图 6-15　模型监控配置详情页

如图 6-15 所示，模型监控详情页面分为顶部栏、可视化栏、基本信息栏、画布栏四部分。整个详情页面可以打开多个监控项目，顶部栏负责项目标签页名称的展示和切换、详情页的返回、项目的新增、项目的复制、项目的编辑和保存等通用功能。可视化栏有缩小的图表元件，可以通过将对应的图表元件拖动到画布栏中进行图表的创建和编辑。模型监控分析统计的数据都比较简单，因此一般的图表就能满足需求。常用的图表类型主要有柱状图、条形图、柱状和折线的组合图、折线图、热力图、雷达图、漏斗图、散点图、瀑布图、饼图、环形图、地图、表格、矩阵表等。基本信息栏负责单个图表信息的编辑，包含图表关联数据类型配置、图表格式的配置、预警管理配置等，默认展示整个项目的基本信息，包括监控项目的名称、关联的决策流项目。在画布栏中选择单个报表图贴可以调整图贴的大小，并且可以选择多个图贴进行合并，以及拆分合并的图贴。选中单个图贴，可以在基本信息中操作该图表的详细配置功能，包含选择数据字段、配置行列参数、编辑预警监控等，如图 6-16 所示。

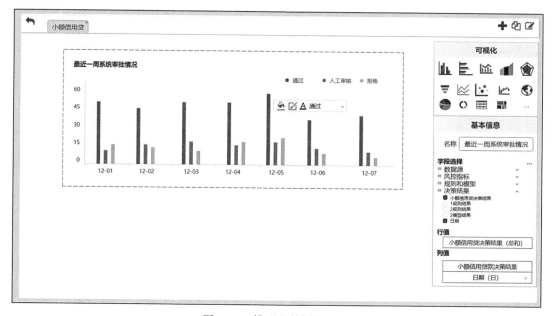

图 6-16　模型监控图贴配置

在基本信息中可以对该图贴的标题进行命名，然后选择柱状图需要的字段，如图 6-16 中选择的是"小额信用贷决策结果"和"日期"这两个字段，选中的字段会根据柱状图行列属性自动分配到行列中。如果图表默认行列的数据字段配置有误，则能够通过拖动行值、列值中的字段改变柱状图的展示格式。同时还能够通过基本信息设置需要监控字段的阈值，如果超过阈值则会推送预警信息。常用的推送方式有平台内信息提醒、邮件推送、短信提醒，根据预警的紧急程度可以组合选择使用的提醒方式。在画布栏中通过选择图表的具体内容能够对图表填充的颜色、边框的颜色、字体的颜色、字体的大小等类型进行设置。

监控报表的内容配置功能设计较为复杂，虽然模型监控因为模型的新增、变更等因素可能会时常变动，需要灵活变动的监控报告配置功能去满足模型、规则的频繁变动，但是模型、规则的变动主要是内容的变动，而模型监控的框架主要分为数据源、指标、规则和模型、决策结果这四部分，它是按照决策流项目创建关联的监控项目，实际的监控方向并没有改变。因此可以针对这四部分内容制定统一的监控框架以及相应的图表展示方案，进而优化模型监控功能的设计，减少功能模块的开发任务。模型监控依靠设计好的监控框架实现监控内容根据接口、指标、规则和模型等内容的变动而自动变动，这样模型监控项目就可以直接导入决策流项目，实现模型监控快速、便捷的调整。

模型监控报告的本质是一种风控报表，许多团队在对智能风控平台做全局规划时，会把模型监控配置功能的系统实现直接放到风控报表系统中去完成，决策引擎系统中的模型监控功能只负责集成风控报表系统中的模型监控报表页面，这样既减少了模型监控配置功能模块产品的重复设计，又减少了系统功能的重复开发，不仅优化了产品结构，而且节约了产品的资源。

如果一开始就是按照智能风控平台进行规划，则可以优先考虑通过风控报表系统实现模型监控的配置功能；如果只定位小型的决策引擎系统平台，则可以考虑设计固定的模型监控框架；如果风控业务场景单一且固定，则可以直接考虑一套固定不变的模型监控报告方案。

6.1.7　决策流管理

决策流管理负责决策引擎系统工作流的配置，通过创建决策流项目并且添加、制定、编排决策引擎系统中规则、模型、评分卡、表达式运算的先后顺序，确定决策引擎系统决策流程计算的先后顺序。

风控业务流程其实就是风控决策流程，风控业务流程不同，风控环节对应的风险控制方式不同；即使风控业务流程相同，风控环节的风险控制使用的策略集也会因为业务场景的不同而不同。不同金融风控业务的风控决策流程和风控策略集差异大且多变，因此需要能够应对频繁调整、方便调整的功能。决策流管理功能模块的核心目的就是统筹管理不同风控业务场景、不同风控策略集运算顺序，实现复杂风控策略集运算流程的清晰、生动展现。

　　每个风控业务场景都有唯一的决策流，每个决策流在决策流功能模块中都以项目的形式存在，决策流功能模块主要分为决策流项目列表页和决策流详情编辑页，如图 6-17 所示。

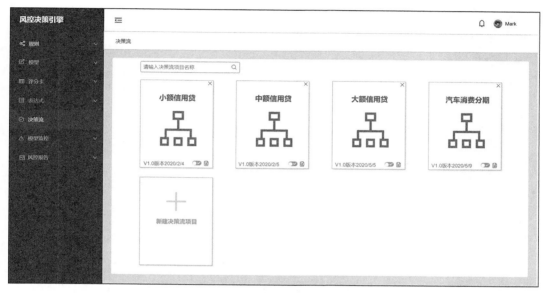

图 6-17　决策流项目列表页

　　决策流项目列表页分为搜索和决策流项目管理两部分。搜索主要是对决策流项目名称的模糊搜索，方便新建的决策流项目过多后的查找。决策流项目管理主要是以标签贴样式展示项目，然后利用新建、删除按钮实现决策流项目的增加、减少。其中，状态按钮实现决策流项目的启用 / 禁用，复制按钮能够复制项目，标签贴还能记录决策流项目版本的创建时间。点击标签贴进入决策流详情页，如图 6-18 所示。

　　决策流详情页主要包含版本管理、决策流基本信息、决策流编辑三部分，负责串联编排规则、模型、评分卡、表达式的计算顺序，实现规则、模型、评分卡、表达式彼此之间有条不紊的运算和决策。版本管理负责维护决策流项目迭代版本，决策流基本信息负责决策流项目基本信息的编辑，决策流编辑负责策略运算、决策的顺序编排。决策流功能模块根据策略间的关系，能够实现规则、模型、评分卡、表达式之间的串行和并行运算。

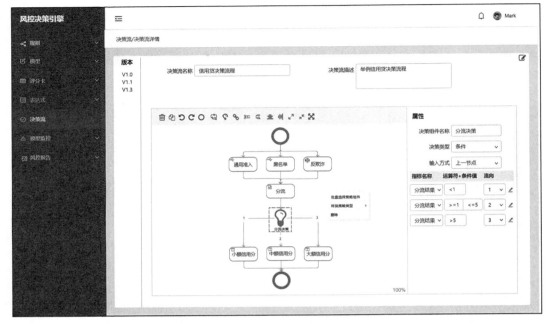

图 6-18　决策流详情页

决策流编辑功能主要分为工具栏、画布栏、属性栏三部分。工具栏实现决策流中组件的添加、删除、链接、复制等功能，如图 6-18 所示，每个功能元件在决策流的配置中都起着重要的作用。

完整的决策流项目通常包含开始组件、策略组件、决策组件、结束组件、连接线，其中开始组件和结束组件是必要组件，它们标志着决策流程的开始和结束，默认画布栏中有开始组件。

选中开始组件，利用"策略组件"按钮快速添加策略组件，然后通过属性栏编辑策略组件名称，选择策略内容承载的规则或者模型，比如，选中策略组件详情页中的黑名单策略组件，如图 6-19 所示。

图 6-19 中策略组件载入的是黑名单 V1.0 版本的规则，右边属性栏可以编辑策略组件名称以及选择策略内容，策略组件的类型根据策略内容自动匹配对应的类型。策略组件的新增操作分为单组件新增、批量选择新增。单组件通过策略组件按钮、子集添加按钮、同级添加按钮添加，子集添加和同级添加按钮添加的组件类型默认和最近添加的组件类型相同。批量选择通过画布空白区域右击选择"批量选择策略组件"批量导入规则、

模型、评分卡、表达式到策略组件，实现策略组件的批量添加，同时右击选择"转换组件类型"可以实现开始组件、结束组件、策略组件、决策组件之间的彼此转换。在设计策略组件时，最好是一个组件对应一个策略，这样利于策略的组合，不会因为一个组件对应多个策略而导致组件间复杂的逻辑计算。

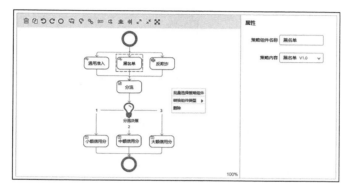

图 6-19　策略组件详情页

决策组件是对决策流程流转的判断，通常决策组件多用于流程后面有多条支流，但这些支流又不是全部都会进行计算的场景。决策组件是决策流中的重要组件，其详情页如图 6-20 所示。

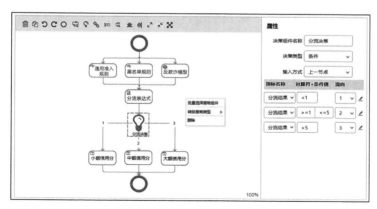

图 6-20　决策组件详情页

选中策略组件在对应的属性栏中能够编辑决策组件名称、选择决策类型、输入方式、配置计算决策，决策组件类型分为条件型、占比型。选择条件型组件类型，如图 6-20 所示，然后选择输入方式。输入方式分为上一节点、自定义参数。上一节点表示决策组件判断的参数来自于上一节点策略组件的结果指标，然后将结果指标自动填充到属性栏下方计算决策的配置功能中。自定义参数表示决策组件判断的参数来自于自定义的指标，选择自定义参数，计算决策的配置就可以应用决策流程外的指标。通过对指标名称、运算符和条件值、流向的配置，实现决策流程根据条件的运算规则自动执行对应的分支流程，如果固有的计算决策配置无法满足需求，还能点击 ✎ 自定义按钮实现对计算决策的脚本配置，实现决策组件的通用性、高可用性、灵活性。选择占比型决策类型后，则需要为每个分支流程设置流量百分比，设置流量百分比策略运行周期，通常默认是永久，也可以选择一段时间作为占比方式的运行时间，占比类型的核心要素是占比之和必须等于 1，不然会导致设计的决策组件出现逻辑问题。

连接线是指组件间的连线，通过连接线可使组件实现连接，决策流程实现先后顺序，组件间通过连接功能元件实现连接线的绘制，连接线也能够自定义编辑名称。

图 6-20 中的决策流程从开始组件触发，决策引擎系统按照定义的决策流程分别同时进行"通用准入规则""黑名单规则""反欺诈模型"的运算，然后流转到分流表达式进行分流计算，接着流转到分流决策进行分支决策判断，再根据分流表达式的结果流转到对应的分支流程进行分支流程的运算，最后流转到结束组件。其中分流决策判断条件是：当分流结果小于 1 时流向分支 1，当分流结果大于等于 1 且小于等于 5 时流向分支 2，当分流结果大于 5 时流向分支 3。决策流的执行都是从开始组件开始，一般是伴随着决策流程并集、分支的执行，执行到最后结束组件自动结束，输出的结果通常是流程的总决策结果，并且能够添加需要查看的策略组件结果。

决策流管理功能模块通常不仅能够配置决策流程，还能够实现配置好的决策流程项目的自动测试，以便配置好流程后及时对流程进行功能验证。决策流程项目测试的核心功能是决策流中关联指标的数据源参数的自动准备和手动输入，以及决策流程输出结果的展示。

6.1.8 风控报告

风控报告是决策引擎系统的对外沟通渠道，承载每笔订单的风控信息。决策引擎系统通过风控报告向风控业务前端人员传递订单的核心风控内容，由风控审批人员通过风控报告查看订单风险内容，以此进行订单风险的人工审核。

风控报告的内容通常由基本信息、风控流程概述信息、各风控环节具体明细等构成。基本信息主要指订单关联对象的信息，包括订单基本信息、申请人基本信息、联系人基本信息等。风控流程概述信息主要是指风控流程中各环节的决策结构信息，如准入环节、黑名单环节、反欺诈环节、授信评级环节、贷中监控环节等环节的决策结果。各风控环节明细内容主要是指各环节包含的规则、指标、数据内容等信息，如具体规则的命中结果和对应的数据原值、指标对应的数据原值和预警信号，以及补充的三方数据内容，如司法、公安详细信息等。

　　风控报告展示的内容来源于规则、模型、评分卡、表达式等策略，随着策略调整，风控报告的内容也会发生改变。规则、模型、评分卡、表达式会根据风控策略的优化升级进行持续迭代，因此风控报告展示的内容需要能够灵活变动，并且决策引擎系统需要支撑不同的业务场景，部署不同的风控策略方案，所以决策引擎系统的风控报告功能模块设计核心是风控内容展示以及风控内容可配置，如图 6-21 所示。

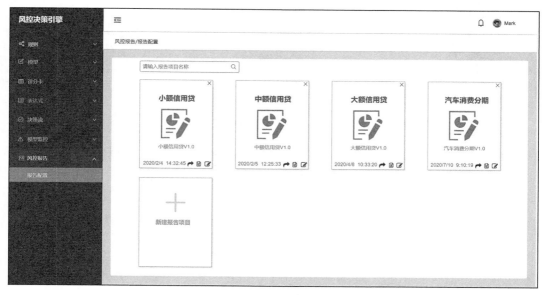

图 6-21　风控报告配置列表

　　风控报告配置列表页面类似决策流管理、模型监控的列表页，风控报告的产品设计也是按照图贴的形式展现，每个图贴就是一个风控报告项目。风控报告配置列表可以实现风控报告的新建、删除、编辑、查询、复制、分享等功能。分享是指对应项目风控报告自动生成链接，鉴于风控报告通常会在业务系统中展现，需要风控报告能够集成到业务系统中，供人工审核人员使用，所以列表页作为风控报告自动链接的生产按钮，需要

能够快速地给外部系统提供集成使用的报告链接地址。通过新增和编辑功能可以进入风
控报告的配置详情页，如图 6-22 所示。

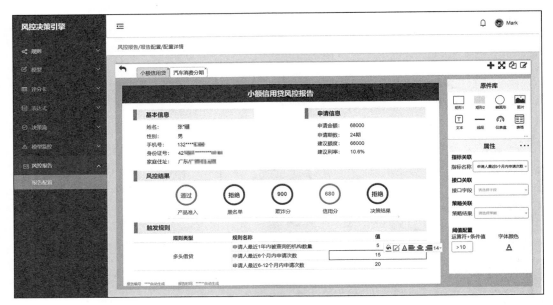

图 6-22 风控报告配置详情页

风控报告配置详情页分为顶部栏、元件库、属性栏、画布区四部分，可以配置详情
页面中打开多个风控报告项目，通过顶部栏实现报告项目间的切换，并且顶部栏能够返
回报告配置页面，包含新增报告项目、预览报告页面、复制报告内容、编辑报告内容等
操作。

元件库存储配置风控报告的模块元件，风控报告的内容主要是基本信息、风控流程
概述信息、各风控环节具体明细信息，涉及的内容主要有数据源的原字段以及码值信息、
风控指标信息、规则信息、决策信息，技术形态主要是键值对（key-value）。风控报告常
用的元件主要有矩形、圆形、图片、文本、线段、仪表盘、表格、固定间距等，通过拖
拉的方式拉入画布区进行格式布局设计。元件能够在画布区实现放大缩小。

属性栏负责画布区的单个元件的内容配置，点击画布区的单个元件即可进行对应
的内容关联。元件的内容关联类型有三种，分别是指标关联、接口关联、策略关联，
并且单个元件只能选择一种类型关联。指标关联是指该元件直接展示对应指标的输出
值，接口关联是指该元件直接展示对应接口的字段值，策略关联是指该元件直接展示

对应策略的决策结果。属性栏不仅能够选择元件的关联内容，还能够设置关联内容的阈值预警，通过表达式对应的颜色进行预警状态的展现，当然图 6-22 中属性栏的配置内容只是针对表单单元格的，不同元件对应的属性配置方式不同。风控报告配置功能的核心设计逻辑是，确认内容的类型抽象出来应该有哪些分类，确认每个分类能够使用的展现形式有哪些类型，确认每个类型对应的元件设计以及属性配置方式都有哪些形式等。梳理清楚这些问题，风控报告配置的基础元件库和属性栏的功能结构的雏形就出现了。

画布区用于风控报告的设计操作，对风控报告的具体内容的打造、布局都在画布区完成。画布区的核心功能是元件与元件自动对齐的辅助线功能，以及元件的通用设置功能，包括填充颜色、字体颜色、字体大小、字体加粗、字体类型、左对齐、居中对齐、右对齐等。不同元件的设置功能也会有所差异，例如线段元件就有箭头样式的设置功能，表格还有合并功能等。画布区设置的所有功能都是围绕风控报告的通用性以及提升操作便捷性而设计的。

风控报告展示功能一般不会单独存在，通常都是包含在风控的订单管理功能模块中，或者集成在风控业务系统的人工审核处理功能模块中，决策引擎系统的风控报告主要在风险审核的功能模块中展示。风控报告的产品设计也可以类似模型监控中项目模板的设计，通过提取风控报告项目通用的展示内容，通常是对原数据值、指标名称、指标预警、策略决策结果、基本信息的展示，分析报告需要呈现的内容，通过固化报告内容框架以及统一技术方案，形成固定框架下报告内容能够根据决策流项目改变、规则改变、模型改变而自动改变的产品设计方案，实现风控报告功能模块只需导入决策流项目就能够快速、便捷、自动生成关联的风控报告的目的。

6.1.9　风险审核

风险审核是决策引擎系统的另一个风控决策入口，决策引擎系统除了能够通过接口请求自动进行风控决策的调用，还能够通过风险审核功能模块手动进行风控决策的调用。决策引擎系统不仅能够满足接口自动对接，实现快速、批量的风险审核，还能够利用风险审核功能模块应对系统接入前期就必须要开展临时风险审核的需求。决策引擎系统的风险审核功能模块主要包含单条审核、批量审核、审核结果查询等功能，如图 6-23 所示。

图 6-23　单条审核页面

　　申请审核页面包含单条审核、批量审核两种申请审核的方式。其中,单条审核是指通过手动录入申请审核使用的入参选项,然后提交审核按钮,由决策引擎系统根据风险审核任务进行决策执行,最后将决策结果输出到审核结果功能模块中。决策引擎系统中承载了许多策略,那么,单条审核和批量审核是如何选择需要执行决策的策略的呢?单条审核的产品设计逻辑的主要依据是在风险审核的时候,首先让用户在自己拥有的策略产品中选择一个策略作为风险审核的策略项目,然后系统会自动根据选中的策略项目匹配需要的入参,自动在页面生成需要录入的入参字段项,最后用户根据入参字段需求录入具体数值提交审核即可。

　　批量审核主要是解决手动的批量申请风险审核,从而实现手动的高效审核操作,如图 6-24 所示。

　　批量审核在提交审核入参的时候也需要先选择策略项目,然后通过离线模板,在线下完善入参数据,通过上传模板批量提交审核。不同的策略项目对应的模板不同,因此选择模板下载前需要先选择策略项目,然后点击模板下载,就能够下载与策略项目匹配的模板了。提交完入参数据项,决策引擎系统会自动执行决策,并将决策结果输出到审核结果功能模块中。

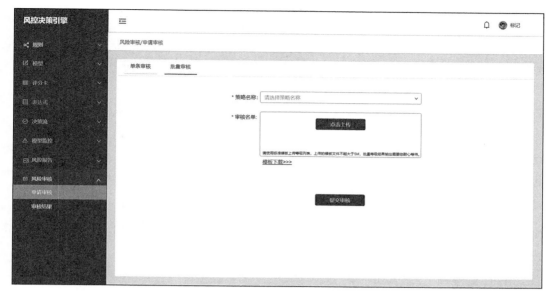

图 6-24　批量审核页面

　　申请审核功能模块主要负责风险审核任务的提交，风险审核的结果则在审核结果功能模块中显示。决策引擎系统的所有决策任务的结果都在审核功能模块中统一管理，如图 6-25 所示。

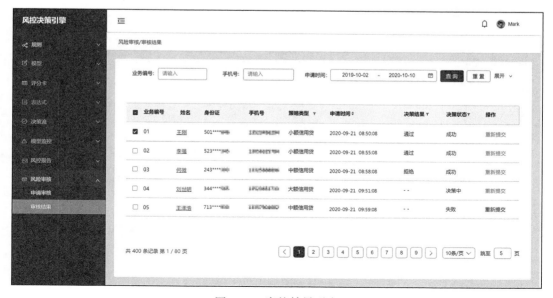

图 6-25　审核结果列表

审核结果列表页分为历史订单查询和历史订单列表两部分。其中历史订单可以针对业务编号、手机号、申请时间、策略类型、决策结果、决策状态进行筛选查询，如果决策引擎系统对接了多个渠道，即同时服务很多机构，则还能够对渠道进行筛选查询。历史订单列表主要展现决策引擎系统已经处理完以及正在处理的订单，会详细地呈现订单编号、策略类型、申请时间、决策结果、决策状态、操作等明细，以及客户的姓名、手机号、身份证等基本信息。历史订单列表还有一个重要的功能就是重新提交决策，由于系统或者三方数据请求等问题有可能导致决策引擎系统的决策计算失败，此时失败的订单就可以利用重新提交进行重新决策计算。审核结果列表页如果只是显示列表中的信息，信息量无法满足风控业务需求，此时常用的解决方式就是将风控报告集成到审核结果中，图 6-25 的产品设计就是通过列表中的姓名进入风控报告详情页面。风控报告详情样例如图 6-26 所示。

图 6-26　风控报告详情样例

审核结果中不同策略类型订单的风控报告的模板不同，模板的样式取决于不同策略项目定制的报告样式。风控报告是一种报告，是风险审核信息传递的媒介，因此风控报告的产品设计通常会有下载功能，只是该功能一般会作为一种操作权限，对不同的角色开放。

6.1.10　通用功能

通用功能是指决策引擎系统的功能模块基本都会涉及的功能，是决策引擎系统的功能模块的常用功能，其产品设计方案具有相通性。决策引擎系统的常用功能主要有增、删、改、查等基础功能，版本管理功能，启用、禁用功能，导入、导出功能，决策结果配置功能，复制功能，以及配置测试功能等。

1. 增、删、改、查

增、删、改、查功能不仅是决策引擎系统的基础功能，也是很多其他 B 端产品的基础功能，决策引擎系统利用增、删、改、查功能能够实现系统数据的新增、删除、编辑、查询，是支持业务开展的基础功能，在 B 端系统产品的设计中应用最为广泛。

2. 版本管理

版本管理功能主要应用于决策引擎系统的规则、模型、评分卡、表达式等功能模块，负责规则、模型、评分卡、表达式的版本管理。在实际的策略配置过程中，策略会根据不同的风控业务需求进行调整，从而产生不同的策略版本。版本管理是指同一个策略的不同版本的管理，其核心是统筹管理策略的版本，实现同一策略不同版本的快速切换，并且切换后不会影响决策流的变动，因此版本管理产品设计的原则是策略使用的指标能够更改，但是策略输出的决策结果类型不能更改，所有策略的版本都必须保证输出的决策结果类型一致，如图 6-27 所示。

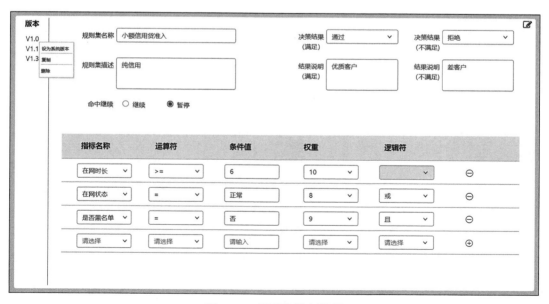

图 6-27　规则集版本管理

通过版本号可以进行不同版本的切换，并且能够选中对应版本将其设置为系统版本，这样决策引擎系统就会默认执行系统版本的决策计算。同时通过版本管理还能够实现版本的快速复制以及删除。

3. 启用、禁用

启用、禁用功能主要是指规则、模型、评分卡、表达式、决策流的启用和禁用。风控工作是一项严谨的工作任务，对于没有启用的策略在使用前必须先启用，对于启用的策略不能直接删除则必须先禁用，启用、禁用这种强逻辑的功能能够减少操作失误带来的风险。同时启用、禁用功能通常还会伴随策略审核功能，为了防止一个人配置策略的偶然错误，可以通过启用和禁用伴随的审核功能进行策略的多人检查，最后都通过后则启用生效。

4. 导入、导出

导入、导出功能是指规则、模型、评分卡、表达式的导入和导出，导入和导出功能对于模型功能模块是必要功能，对于其他的功能模块是辅助功能。作为很多功能模块的通用功能，导入、导出功能增加了规则、模型、评分卡、表达式配置的灵活性。导入、导出功能设计的核心是导入、导出的模板设计，模板的简洁和兼容都是导入、导出功能设计的重点。

5. 复制

复制功能也是决策引擎系统常用的通用功能，复制就是对原有内容进行副本的创建，决策引擎系统规则、模型、评分卡、表达式、决策流、模型监控、风控报告都有复制功能，版本管理也有复制功能。复制功能的目的是减少策略、流程、报告等内容的重复配置，提升配置的效率，用户可以通过复制相同的版本内容再进行修改，最终实现策略、流程、报告的快速修改。

6. 决策结果配置

决策结果配置是指决策引擎系统的输出结果可以自行定义、配置，由于决策引擎系统建设初期的业务场景单一，其风控业务的解决方案比较简单，一般只会设定"自动通过、自动拒绝、人工审核"三种决策结果。但是随着业务场景的拓展，风控业务的决策需求会越来越多，规则的输出结果也不再仅限制于"自动通过、自动拒绝、人工审核"这种分类，因此为了方便规则决策结果的新增和变更，决策结果的输出类型应该设计成可配置的产品方案，并且决策结果配置功能属于系统设置功能，因此功能入口通常放置于决策引擎的系统设置模块中。

7. 配置测试

配置测试功能是指用户在使用决策引擎进行配置的时候，当完成一个规则、模型、评分卡、表达式的配置任务后，能够立即对配置好的策略项目进行手动测试，或者需要修改的策略在调整完成后，能够利用配置测试功能进行手动的验证测试。配置测试功能的逻辑主要是决策引擎系统对已经配置好的策略自动匹配生成入参输入界面。入参类型根据入参的来源分为输入型、选择型，输入型通常是三方数据字段，选择型通常是策略中嵌套的子策略的结果。通过手动输入策略需要的入参项，然后提交，决策引擎会立即对该策略集做实时的决策计算，输出决策结果，通过查看输出的决策结果或者异常信息，能够校验配置策略是否正确。该功能在配置策略很复杂的时候使用较为频繁，通过手动验证每个单元策略以确保单元策略配置精准，最后如果发现总策略输出结果有偏差，用户也能快速定位有问题的单元策略。

决策引擎系统除了以上核心功能和辅助功能外，还会有消息通知、用户权限管理、策略版本对比、密码修改等其他的基础功能。每个机构自有的业务需求不同，决策引擎系统的功能建设也会有区别，但是决策引擎系统的本质原理以及规则、评分卡等功能的本质原理都相同，都是对数据进行科学的逻辑计算。

6.2 指标管理系统

指标管理系统负责指标的维护以及提供指标给决策引擎系统使用，指标管理系统维护的指标就如千千万万的管道，这些管道连接接口的具体字段。决策引擎系统策略的配置需要以指标为基础，即决策引擎系统通过指标联通接口的具体字段。指标更像是决策引擎系统的数据定位器，决策引擎的策略通过指标定位到具体的数据字段。

指标管理系统管理的是指标，那什么是指标呢，在介绍指标之前首先介绍一下什么是变量。

1. 变量

变量来源于数学，是计算机语言中能存储计算结果或者能够表示值的抽象概念，它能够让你对程序中准备使用的每一段数据都赋予一个简短、易于记忆的名字。简单来说，变量是某一类值抽象后所被赋予的名字,例如接口文档中的参数就是变量。

2. 指标

指标是衡量目标的方法,是预期计划达到的指数、规格或者标准,一般通过数据进行表示。风控指标可理解为对风险因子的定性描述。

3. 变量和指标的区别

变量和指标在风控的作用中其实没有区别,在业务解读上指标具有业务属性,变量基本不带业务属性。策略的新增会导致使用的数据字段的数量增多,以及策略需要频繁、灵活变动,这些都需要体系化、灵活的指标去支撑,指标相比变量更加利于管理。决策引擎系统早期就是通过变量配置规则,随着风控业务的发展,逐渐产生了许多数据字段需要维护,进而形成了体系化的指标管理系统,才有了通过指标配置规则,不管是通过变量配置规则还是通过指标配置规则,其本质相同。

指标的管理实际是从最初的变量逐步发展衍生出指标的概念,然后经历指标的数量逐渐增多的过程,最终形成体系化的指标管理方案以及辅助支撑的指标管理系统。指标管理的建设对变量赋予了更多的业务属性,使其更加体系化,更加利于管理,更加利于对风控业务的解读。现在的智能风控平台受益于之前的系统建设经验,在平台建设之初就应该充分地考虑指标管理系统的建设。

6.2.1 指标管理系统的定义

指标管理系统是对定性变量即指标的标准化管理的系统产品,不仅负责指标的增、删、改、查以及指标的函数计算,还负责指标与数据字段的关联。

风控指标贯穿整个信贷生命周期,并且作为决策引擎系统运算时的最小维度,在策略的构成中起着基础的、重要的作用。不同的信贷场景使用的指标不同,一个成熟的指标管理系统能够支撑很多信贷业务场景,包含着成千上万的指标。面对成千上万的指标,就需要指标模块实现指标分类的管理。指标的分类没有具体的方法,有的按照信贷场景划分,例如,现金贷、消费分期、汽车分期、房抵贷等;有的按照业务场景划分,例如,贷前、贷中、贷后;有的按照风控策略流程划分,例如,准入、反欺诈、信用评级、贷后监控;有的按照数据属性、类型划分,例如,消费行为、社交关系、黑名单、基本信息等。目前主流的指标模块是按照数据属性、类型划分,这样利于指标在不同业务间扩展。

指标的管理通常分为线上管理和线下管理，线上管理主要是通过指标管理系统进行全面的维护，而线下管理主要是利用线下文档进行指标的统一维护和记录，表 6-1 列举了一些常用的线下信贷风控指标。

表 6-1　常用的线下信贷风控指标

指标编号	指标模块	指标类型	指标名称	数据源名称	接口字段	参数值	描述	是否上线
ap_state	信贷行为	string	信贷申请状态	信贷行为详情	state apply	1（是），0（否）		
ap_allnum		string	信贷申请次数		num apply	数值：贷款申请总次数		
pa_state		string	贷款通过状态		state pass	1（是），0（否）		
pa_allnum		string	贷款通过次数		num pass	数值：贷款通过总次数		
re_state		string	贷款驳回状态		state rejection	1（是），0（否）		
re_allnum		string	贷款驳回次数		num rejection	数值：贷款驳回总次数		
ba_state		string	贷款还款状态		state back	1（是），0（否）		
ba_allnum		string	贷款还款次数		num back	数值：贷款还款总次数		
ov_state		string	贷款逾期状态		state over	1（是），0（否）		
ov_allnum		string	贷款逾期次数		num over	数值：贷款逾期总次数		

线下指标和线上指标核心要素相同，线上指标创建前通常会先进行线下指标的梳理和分析，以便线上指标的快速、高效创建。

指标管理系统的核心功能有指标编辑（即增、删、改、查），指标数据源配置，指标计算，指标启用／禁用，指标的批量导入／导出等，这些功能主要集成在指标管理系统的指标列表、指标配置两个功能模块中，如图 6-28 所示。

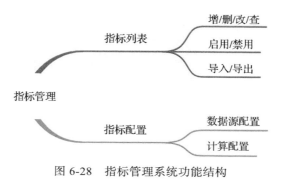

图 6-28　指标管理系统功能结构

6.2.2 指标列表

指标列表就是指标池，负责统筹管理决策引擎使用的指标，指标列表功能模块集成指标的新建、删除、查询、修改，以及指标的启用、禁用、导入、导出等功能，如图 6-29 所示。

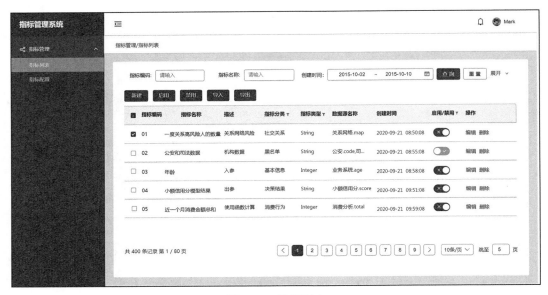

图 6-29 指标列表

线下管理的指标可以通过新建、导入添加到指标列表，指标列表中的指标通过指标编码、指标名称、创建时间、指标模块、指标类型、启用禁用状态被查询或者筛选。指标列表中的指标也能够被导出、删除，指标创建后不能直接使用，必须启用后才能被策略绑定，指标创建后一般需要重复检查，确保指标的正确性后才能使用，因此指标需要利用启用和禁用的功能来应对风控业务的操作风险。指标管理系统通过指标唯一编码区分指标，指标编码可以是自己创建，但必须确保指标编码不会重复。

6.2.3 指标配置

指标列表展示的是指标的基本信息，指标除去基本信息还有很多属性需要配置，包含指标的计算公式、指标对应的数据源字段等，指标配置功能可以通过编辑进入，也可以通过指标配置功能模块直接进入，如图 6-30 所示。

图 6-30　指标配置

指标的配置主要分为指标目录、基本信息、数据源信息、计算信息四部分。

1. 指标目录

指标目录主要负责指标分类、添加、删除、复制等操作的管理，以及指标的快速查询和新建。通过指标目录能够快速地定位需要配置的指标并且快速编辑。

2. 基本信息

基本信息负责指标基本信息的编辑，包括指标名称、编码、分类、类型、描述的编辑。

3. 数据源信息

数据源信息负责指标数据源信息的关联配置，主要是选择接口名称以及接口中具体的字段，以及字段的"是否必填""默认值"等属性，其中"是否必填""默认值"存在关联关系，有且只有字段不是必填字段的时候才会有默认值，"长度校验""正则校验"主要用于字段精准度的判断，方便对数据源的监控以及风险审核功能页面手动录入策略入参的校验。

风控指标都会对应数据源的字段，可能是一对一也可能是一对多的关系，数据源信息还能够添加多个接口多个字段的关联配置。在指标创建的时候需要绑定其对应的数据源字段，这样策略运行的时候才能定位具体的字段，获取到字段下的值。

4. 计算信息

如上指标的映射是一对多的关系，最终策略判断的数据实际上是一对多指标处理后的参数，如"最近1年逾期次数"指标，对应的是对一个接口下多个逾期状态的次数的统计，此时就需要对多个状态进行算术累计，则指标就需要对映射的多个参数进行计算，计算信息主要用于指标层面字段参数的运算处理，通常指标的运算处理都使用自助式脚本语言编辑。

以上指标管理系统核心功能主要是满足内部智能风控平台需求，服务于自有业务。除此之外指标还可以封装成独立的指标产品对外输出，如果是对外服务指标管理系统的功能，则还需要在此基础上构建指标产品化框架以及用户体系等功能，包括指标的权限、指标的计费和指标使用的配套策略等。很多金融科技公司输出的全套的业务场景方案就包含指标和数据的产品服务。

6.3 接口管理系统

接口管理系统管理的接口是指 API 应用程序接口，智能风控平台输入的风控数据以及输出的风控结果，都是以接口的形式进行服务。最初智能风控平台接入的数据项目较少，提供服务的渠道也只有一两个，接口管理系统还没来得及设计开发，接入服务或者输出服务的接口通常都采用硬编码的方式作为临时的解决方案，但是随着接入数据项目不断增加，提供服务的业务场景不断拓展，如果依旧采用硬编码的接口机制，对于接口的新增、迭代升级等任务就很难管理。长远看来，虽然起初硬编码的方式比较方便、快捷，但是随着各种项目的不断加入，硬编码的方式反而给后期接口的维护和管理造成了较大的困难，因此接口管理系统作为智能风控平台的核心系统产品，在智能风控平台建设前期就应重点设计。

6.3.1 接口管理系统的定义

接口管理系统负责智能风控平台数据的输入以及数据的输出管理，通过接口管理系统自动调用三方接口和提供被调用的自动服务接口，实现智能风控平台尤其是决策引擎系统的全自动决策。智能风控平台的接口管理系统核心功能是实现风控数据的接入以及风控结果的输出的灵活配置，实现接口自动化、标准化、统一化的高效、便捷管理。

　　接口管理系统的核心目标是使智能风控平台接入的接口都能够通过产品页面进行可视化接入以及实现接入的接口的可视化管理。不同的数据接口、不同的对外服务接口都有固定的唯一格式，包括请求入参、输出结果等内容都是唯一的。接口管理系统需要对这些唯一的参数内容进行统筹管理，产品的设计就需要对这些参数内容进行标准化的映射，因此接口管理系统的产品设计通常分为前端、后端，通过前端和后端的映射将非标准参数转化为标准参数。

　　通过接口管理系统接入接口的要素有接口文档、IP 地址、AppKey，接口接入的步骤主要分为：

　　1）分析接口接入需求，设计接入方案，确认接入方案；

　　2）查看接口文档，获取 AppKey 密钥，配置接口内容；

　　3）配置正式环境、测试环境的 IP 地址；

　　4）测试验收接口测试环境，上线接口正式环境。

　　简单的 API 接入步骤串联接口的全生命周期管理，涵盖接口管理系统的文档管理、IP 管理、API 管理、码值管理、自动测试、流量管理和监控预警等功能，如图 6-31 所示。

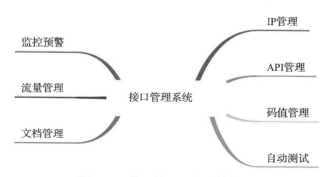

图 6-31　接口管理系统功能结构

　　虽然接口管理系统是智能风控平台的核心系统，但是接口管理系统主要服务于内部研发团队，方便研发团队快速、高效地接入 API，其业务场景比较固定，因此接口管理系统的产品设计不需要大而全的复杂功能，只需要定位小而精的产品功能，其核心目的是通过灵活的配置功能实现 API 的快捷接入。市场上开源的接口管理产品类型很多，接口管理系统可以借助开源的系统产品进行二次的产品设计和研发，实现系统产品的快速上线。

不管是开源的接口管理系统还是自研的接口管理系统，IP 管理、API 管理、码值管理、自动测试、文档管理、流量管理、监控预警等都是接口管理系统的核心功能模块。

6.3.2　IP 管理

IP 管理是指对三方机构请求决策引擎系统服务的 IP 地址的管理，以及接口管理系统请求三方机构接口的 IP 地址的记录。IP 管理的核心功能是对 IP 地址的增、删、改、查。IP 管理的目标是建设请求用户的 IP 地址白名单，实现用户的访问限制，提升接口的访问安全性。

IP 管理的产品设计有两种维度，一是 IP 地址和服务机构（即用户）的绑定，二是 IP 地址不仅和服务机构绑定，还和具体的服务产品绑定，目前一般使用的产品设计方案是 IP 地址和服务机构的绑定。IP 管理功能模块和用户绑定，该功能模块有时会和平台的用户管理系统一起设计和研发，但是这里放置到接口管理系统中，主要是方便接口接入工作中 IP 白名单的添加能够直接在接口管理系统中完成。

IP 管理的功能简单，主要的产品页面就是 IP 管理列表页，如图 6-32 所示。

图 6-32　IP 管理列表

IP 管理列表主要分为查询、表单两部分。查询功能利用机构名称、IP 地址对表单内容进行搜索，表单主要展示机构编号、机构名称、描述、IP 地址、更新时间等信息。默认 IP 地址栏显示一条信息，鼠标移到具体的 IP 地址显示该机构开通的所有的 IP 地址白名单弹窗。IP 管理列表中还能够对已添加的机构进行单个删除以及批量删除。通过添加、编辑按钮能够激活 IP，添加弹窗，进行 IP 地址的维护，如图 6-33 所示。

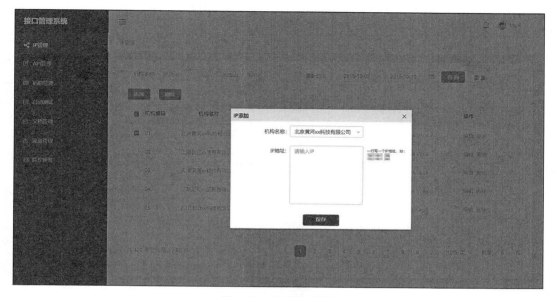

图 6-33　IP 添加弹窗

IP 管理中的机构名称自动同步智能风控平台的机构管理系统的名称，用户在添加 IP 之前需要选择对应的机构名称。

如果是金融科技输出型企业，在建设智能风控平台时，通常 IP 管理的产品设计还会加入机构用户自动维护 IP 地址的前端功能，即机构用户在金融科技企业提供的门户平台中自行添加 IP，然后由系统把用户自行添加的 IP 同步到接口管理系统。

6.3.3　API 管理

API 管理就是接口的配置管理，是接口管理系统的核心功能模块，不仅负责智能风控平台的决策引擎系统的数据输入接口和决策输出接口的配置，而且负责决策引擎系统需要的多个渠道接口的适配。

API 接口根据调用返回的时效性通常分为同步接口调用、异步接口调用：同步接口调用是指程序直接调用外部接口 A，A 接口会立即返回结果；异步接口调用是指程序直接调用外部接口 A，A 接口不会直接返回结果，而是返回对应的调用事件 ID，程序获得

ID后再通过B接口获取结果。不管是同步接口调用，还是异步接口调用，在智能风控平台中都有所应用。智能风控平台每完成一次风险决策，都需要业务系统、决策引擎系统、指标管理系统、接口管理系统相互配合，所有的请求都通过接口管理系统进行统一的管理，包含业务系统对风控平台的请求、风控平台对三方数据的请求、接口管理系统对决策引擎系统的请求等，如图6-34所示。

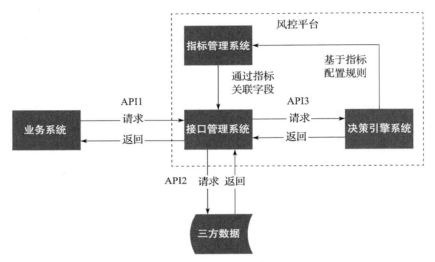

图 6-34　风控决策系统请求流程

　　决策引擎系统执行决策计算的数据来源于业务系统渠道、三方数据渠道、自有平台渠道等多种渠道。每一次的风险决策，接口的请求调用顺序基本都是首先进行API1请求，再进行API2的请求，然后接口管理系统把API1传入的数据和API2返回的数据进行统一整合后，再进行API3的请求，最后决策引擎系统拿到接口管理系统传入的数据进行决策计算，输出的结果返回到接口管理系统，再由接口管理系统将结果返回给业务系统。其中的核心系统逻辑是接口管理系统准备数据传给决策引擎系统，那么，接口管理系统是怎么知道决策引擎系统需要哪些数据的呢？这就不得不提到指标管理系统的作用，决策引擎系统决策的规则或者模型基于指标配置，指标管理系统的指标同数据源接口的具体字段关联，这样接口管理系统就能够通过读取决策引擎系统配置好的指标自动识别、定位具体需要提供的数据项，从而完成风险决策数据入参项的准备。

　　接口管理系统在准备决策引擎系统使用的入参数据项的过程中，其核心的功能是接口适配、接口转发。接口适配是指不同渠道的数据源即多个接口相互串联调用的情形，某些接口的调用请求入参依赖其他接口的传入参数，以此形成接口调用的先后调用顺序以及调用的嵌套逻辑。接口转发是指不同渠道的数据源被请求调用后结果字段被汇总，在输入决策引擎系统前，因为决策引擎系统识别参数的字段类型是固定不变的（即指标的编码），但是汇总的结果字段名称和指标编码不相同并且不能完全匹配，所以就需要接口管理系统进行接口请求的转发，即数据源字段和指标编码的关联。指标管理系统在关联数据源字段的时候会自动同步接口管理系统中创建的字段，指标创建完成（即指标关联完数据源字段），此时指标管理系统又会同步这种关联关系到接口管理系统，作为接口管理系统中接口转发的默认配置。接口管理系统的 API 管理模块主要负责实现接口配置、接口适配、接口请求转发等功能，API 管理的产品功能逻辑不仅复杂，而且 API 管理的产品功能还是接口管理系统的核心功能，因此产品功能在设计之初就应尽可能地完善。

API 接口的配置通常分为四步：

1）API 接口基本信息编辑；

2）API 接口请求参数配置以及接口适配配置（该过程时常伴随接口适配配置）；

3）API 接口请求转发配置；

4）API 接口返回结果配置。

转化为 API 管理功能模块的产品设计如图 6-35 所示。

图 6-35　API 管理列表

API 管理列表就是接口池，它统筹管理每个接口，不仅可以搜索接口池中的具体接口，还可以新增接口、复制接口、启用和禁用接口，以及批量删除接口。API 管理表单主要展示接口 ID、接口名称、地址、协议类型、请求方法、描述、更新时间、启用和禁用状态等内容，通过新建和编辑入口开启接口配置功能。

1. 基本信息配置

API 基本信息的配置主要负责接口的基础属性的配置，包括接口名称、描述，以及插件配置、缓存等，如图 6-36 所示。

图 6-36　API 基本信息配置

基本信息中的接口 ID 是接口的唯一识别编码，通常由系统自动生成，用于系统对接口的识别；插件配置主要是指接口管理系统与其他应用的通信配置，通常是与 Redis、MongoDB、Kafka、RabbitMQ 等应用的通信，并且接口属性编辑的时候还能够绑定多个插件应用；缓存是指对接口数据的缓存设置。

2.API 请求配置

基本信息配置完成后就是 API 请求配置，即接口请求配置，如图 6-37 所示。

API 请求配置就是对新建的这个接口的请求参数的配置，其功能分为协议类型、请求方式、内容格式的设置以及请求参数的设置。协议类型、请求方式、内容格式都是 API 接口常见的属性，这里不再赘述。请求参数设置主要是对接口字段即参数名的编辑，以及每个参数对应的属性的编辑，包括参数的位置、类型、是否必填、默认值、示例、描述等，参数设置的表单也具备行的增加和删减功能，参数的设置功能设计可以考虑平常接口文档中的参数属性，进行属性的归类，同时还要着重考虑接口中的逻辑关系，如接口管理平台的接口主要用于风控的决策，因此在数据缺失的情况下，模型的取值通常会使用默认值，但是如果是必填参数，前端就必须传入，所以产品的设计逻辑就应该是必填参数，而不能是默认值。

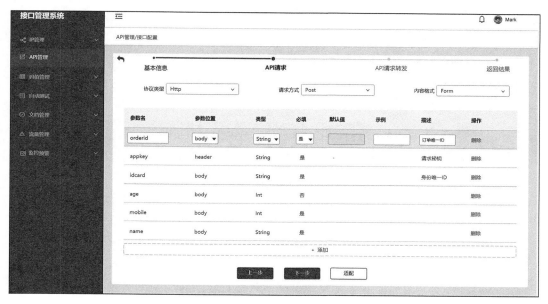

图 6-37　API 请求配置

在 API 请求的过程中通常还会发生接口管理系统对三方数据的调用请求，即接口适配的功能，接口适配是 API 请求的部分功能，通常在参数设置后就会进行接口适配。接口适配是指把 API 请求接口的参数映射为其他三方接口请求的参数，实现外部应用在请求 API 的时候接口管理系统自动去调用其他三方接口并且自动按照后端服务需要的数据把调用的结果全部抽取准备好，如图 6-38 所示。

接口适配可以实现多个接口的适配，接口适配的功能设计分为选择适配接口、映射适配接口参数两部分。选择适配接口是指选择之前已经在 API 管理中配置完成的三方请求接口，映射适配接口参数是指在适配映射表单中编辑需要适配接口的参数以及其对应的原接口中的参数，包括参数名称和参数位置。

图 6-38　接口适配功能

3.API 请求转发配置

　　API 请求转发就是接口管理系统把前端对风控平台的请求转变成接口管理系统对决策引擎系统的请求，如图 6-39 所示。

　　API 请求转发通俗地讲就是把决策引擎中已经封装好的风控策略服务项目的请求参数映射成 API 管理的接口参数以及适配的三方接口参数，从而实现系统间参数的无缝转换以及自动请求调用。API 请求转发主要分为后端服务应用属性的编辑以及参数映射的编辑两部分，后端服务实际就是决策引擎系统中封装好的策略服务项目，其属性主要包括后端服务名称、后端服务地址、后端请求 Path、协议类型、请求方式、超时时间等，参数映射的编辑是对决策引擎系统封装的具体策略服务项目的请求参数的编辑即后端参数名，产品可以设计成直接通过策略服务项目的编号自动同步请求参数，当然也能够进行参数的新增和删除，每个参数在决策引擎系统的服务接口中也有其位置。映射参数需要先选择需要映射的接口即来源接口，再关联接口下具体的参数，同时系统会自动带出参数对应的位置，这里的来源接口以及映射的参数实际就是 API 请求中配置的接口与接口下的部分参数，以及接口适配配置的接口与接口下的部分参数。

图 6-39　API 请求转发

4. 返回结果配置

API 接口配置的最后一步是接口的返回结果配置，即决策引擎系统的策略服务返回的通过接口输出编辑后的结果，如图 6-40 所示。

接口返回结果的配置主要分为成功返回结果的示例配置以及失败返回结果的示例配置，通常返回结果的格式都是 JSON 形式且在示例框中直接编辑。

接口配置分为四步，以小额信用分接口为例，先编辑该接口的基本信息，然后编辑小额信用分的请求参数，在编辑请求的过程中配置三要素实名验证接口以及黑名单验证接口，如把小额信用分接口的 orderid、idcard、mobile、name 等请求入参映射成三要素实名验证接口的 orderid、credential、phone_number、name 等请求入参，实现在调用小额信用分时自动调用三要素实名验证。之后再把请求小额信用分转发给请求决策引擎小额信用分策略项目，即小额信用分的入参参数以及三要素实名验证等三方接口的返回结果参数映射成决策引擎小额信用分策略的请求入参参数。最后编辑小额信用分策略的返回结果，以接口的形式输出，至此 API 管理的接口配置全套流程完成。

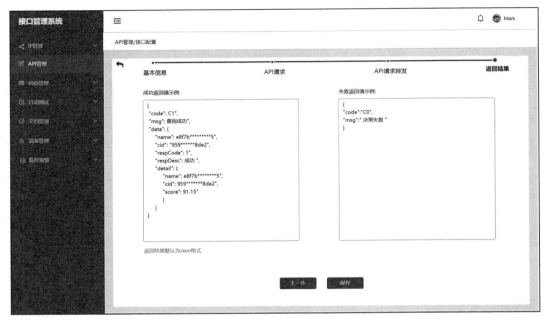

图 6-40　API 接口返回结果页面

6.3.4　码值管理

码值管理是指对接口中的参数以及参数值的管理，包含参数的抽取和参数值的定义。API 管理是对接口请求参数以及返回参数的配置，因为接口间的适配导致某些接口的返回参数可能是另一些接口的请求参数。实际接口返回结果包含的参数可能有成百上千个，尤其是三方数据厂商接口返回的风控数据，而决策引擎后端服务接口或者其他三方接口使用的参数并不是返回的全部参数，只需要接口返回结果中的个别参数，因此就需要码值管理功能模块进行返回结果参数的抽取、编辑。

码值管理实际是对键值对（Key-Value）的配置，键是指接口中的字段（即参数），值是指接口中字段对应的值（即参数值），码值管理模块的核心功能是对接口中需要使用的参数进行抽取以及对需要配置的参数值进行编辑，码值管理功能模块主要分为参数配置、参数值配置、参数关联三部分，图 6-41 是码值管理模块参数配置页面功能的设计示例。

参数配置页面功能分为三部分，包含参数名称、参数代码以及更新时间等条件的查询功能，参数表单展示功能，以及参数添加、导入、导出、删除、编辑等功能。参数配置的参数是三方数据接口以及决策引擎系统服务后端接口的参数，根据参数的业务作用通常会对参数进行分类定义，如接口中常有的返回系统状态的参数、返回业务结果的参数、返回业务明细的参数等。查询功能主要用于对参数表单参数的搜索，参数表单主要展示参数的类型、名称、代码、更新时间等信息。添加参数可以通过导入进行批量添加，也可以单个添加，参数添加功能如图 6-42 所示。

图 6-41　码值管理的参数配置页面

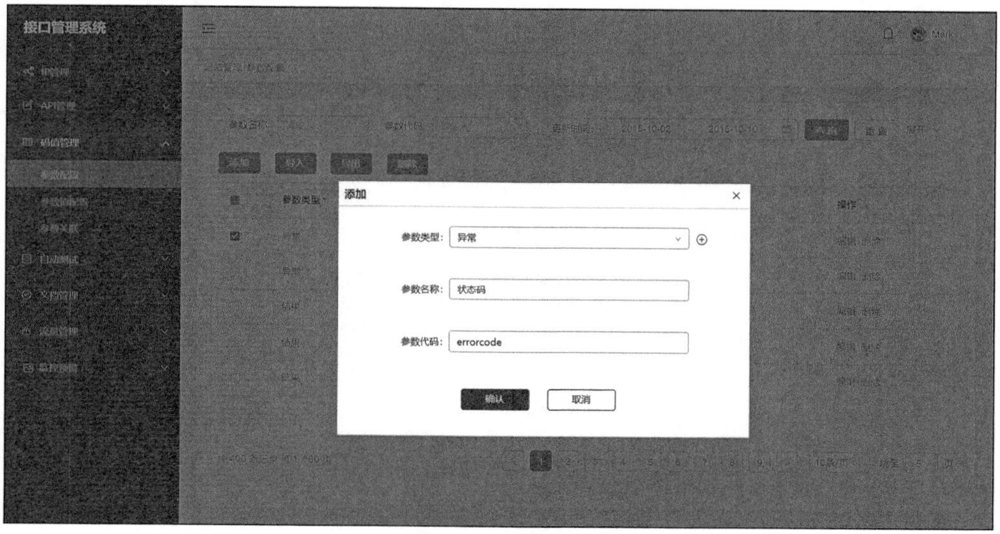

图 6-42　参数添加

　　参数添加主要是参数类型、名称、代码的新增编辑，同时还能够进行参数类型的新增。

　　参数新增完成后还需要对参数对应的参数值进行新增，参数值和参数是关联关系，通常有 1 对 1 和多对 1 的关系。参数值配置应用于接口返回参数对应的固定值的编辑，如图 6-43 所示。

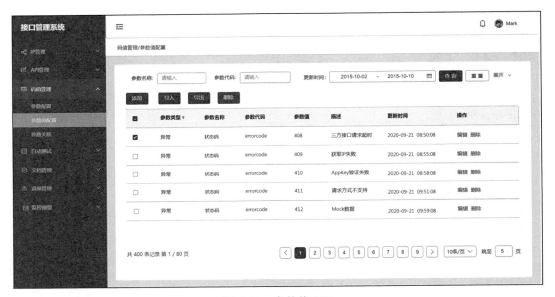

图 6-43　参数值配置

　　参数值配置功能模块包含查询、参数值表单、添加、导入、导出、编辑、删除等功能，功能模块的产品设计类似参数配置功能模块。

　　参数和参数值的配置完成，只是实现了参数池以及对应值的编辑，在使用过程中可能会出现参数名称对不对应以及参数值不对应的情况，码值管理的参数关联模块核心功能就是对不对应参数以及参数值的转码配置。参数关联是指提前定义好的参数或者参数值同接口抽取的参数或者参数值进行关联，这样才能解决接口与接口间参数以及参数值不能匹配的问题。通过接口与参数的关联，实现接口返回参数与参数值的兼容，如图 6-44 所示。

　　参数关联功能模块包含查询、参数关联表单、添加、导入、导出、删除、编辑等功能。参数关联表单的参数代码实际是对接口返回结果的参数代码的抽取，参数值是对抽取参数的值的列举，关联是对参数和参数值的映射。API 管理的接口配制功能能够实现参数与参数的映射，但是参数值的不匹配就需要码值管理来进行参数值间映射兼容，这样不仅能够实现参数与参数的映射，还能够实现参数值与参数值的映射。

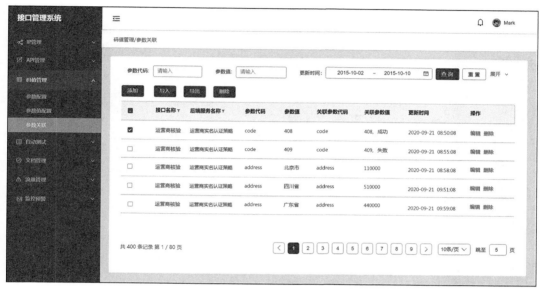

图 6-44　参数关联

6.3.5　自动测试

接口的接入都需要测试，通常没有接口管理系统的接口接入测试都需要技术人员通过硬编码手动调用测试。手动测试的效率低、便捷性差、精准度无法保证，而智能风控平台的三方风控数据接入以及风控的对外服务都会涉及许多 API 接口的接入以及接入后的大量接口测试，因此实现接口的自动测试不仅能够应对接入大量接口测试工作，还能够提升技术人员的工作效率、工作质量。

接口管理平台的自动测试是指技术人员利用可视化的测试页面，直接输入简单的入参参数值，然后通过自动测试功能模块实现接口的自动调用并返回调用结果，如图 6-45 所示。

自动测试功能模块分为接口列表、接口请求信息、接口返回结果三部分。自动测试功能模块自动同步 API 管理中已经配置完成的接口，测试人员在接口列表中选择一个接口，接口请求信息会自动生成对应接口的请求参数表单，表单展示参数名称、参数位置、类型、必填选项、测试参数值、加密等内容。接口的请求参数虽然同步的是 API 管理中已经配置好的参数，但是除必填参数外其余的参数也可以进行新增、删除。三方数据由于数据安全等问题，接口的请求参数通常都会加密，自动测试的接口请求信息板块需要支持参数的自动加密，通常使用 MD5、Hash 等方式加密。

图 6-45　接口自动测试

准备好接口请求信息，就可以启用接口测试功能，自动测试功能就会自动去调用 API 管理中的对应接口，接口返回的测试结果也会显示在返回结果中。产品设计的接口结果的展示通常会有两种形式，一种是 JSON 格式化形式展示，另一种是源代码返回的结果形式展示。同时自动测试还会监控接口返回的时间，若超时同样会报送错误。自动测试功能只适用于没有启用的接口，启用的接口因为已经正式上线，通常不允许进行线上环境的测试调用，自动测试和 API 管理之间也可以通过按钮进行来回快速切换，这样便于接口测试地址和正式地址的编辑以及接口其他内容的修正。除此之外自动测试还能够批量测试，通过批量测试批量导入对应接口需要的请求入参，然后提交运行，等待自动测试执行完成后即可下载测试结果，通常批量测试的导入模板格式有 CSV、XLS、JSON 等，产品的页面设计类似决策引擎系统中模型、规则等的导入功能。

接口的自动测试虽然是接口管理系统的一个小的系统功能，但是由于是可视化的灵活配置测试，可以省去很多接口测试的编码工作，通过简单地编辑参数就能实现接口的快速、便捷、精准测试，能够很好地提升接口接入的研发实施能效。

6.3.6　文档管理

接口管理系统管理的每个接口都会有对应的接口文档，接口文档是接口的说明书，它提供接口技术接入的必要信息，接口的技术接入必须依赖接口文档。最初的接口文档都是通过技术人员利用办公软件手动编辑，这样的创建方式效率低并且不便于文档的管理。接口管理系统的文档管理核心功能是快速创建以及统筹管理接口文档。

接口文档根据接口需要传递的信息通常分为"文档信息""接口概述""接口信息"三部分。文档信息包含文档名称、版本、变更记录、编写人、审核人等内容。接口概述包含接口说明、使用规范、请求地址、请求方式等内容，其中请求地址、请求方式等内容都是直接同步 API 管理配置的内容。接口信息包含请求参数、返回参数、返回结果样例、参数对照表等内容，也是直接同步 API 管理以及码值管理中配置的内容。文档管理根据配置好的接口的请求参数、返回结果参数以及配置好的码值等，实现一键快速生成基础版本的接口文档，还能导入三方接口的接口文档，实现已配置好的接口与导入的接口文档绑定，提升接口文档的编辑效率，实现所有接口的接口文档线上化管理，如图 6-46 所示。

文档管理包括文档的查询、生成、导入、导出、删除等功能，能够自动同步 API 管理中配置完成的接口。

通过文档名称和编辑按钮能够查看接口文档的具体内容并且进行编辑，如图 6-47 所示。

根据内容模板可自动生成基础版本接口文档，研发人员通过内容编辑页面能够再次编辑接口文档的文档信息、接口概述、接口信息。内容编辑部分的功能设计就是文本内容编辑功能，包含字体、表格、对齐方式、链接、图片等形式的编辑。内容编辑不仅能够保存编辑后的内容，还能够保存编辑的内容的新版本，以便迭代管理。

图 6-46 文档管理列表

图 6-47 接口文档内容编辑

6.3.7　流量管理

流量管理功能模块负责风控服务接口的流量控制和流量分发管理。智能风控平台通过接口管理系统提供风控服务时，如果服务的渠道很多，接口的调用并发程度会特别高，尤其是某些渠道请求异常可能造成请求堆积，使服务器的压力骤升。为了平衡各接口的调用并保证服务的稳定，就需要对接口的调用流量进行控制管理。智能风控平台的风控服务接口关联的后端服务可能有多个，后端服务与服务间的被请求关系可能存在优先级、占比等区分，因此接口的服务也常常会用到流量的分发管理。

智能风控平台服务的流量管理通常是对并发的控制，并发是对线程的并发执行数进行控制，它的本质是限制对某个服务或者服务的方法的过度消费，避免消耗过多的资源而影响其他服务的正常运行。流量管理的产品设计比较简单，通常根据服务的划分方式不同可以从两个维度进行限制，当服务实体的定义是以机构为对象的时候采用机构维度进行调用限制，当服务实体的定义是以服务接口为对象的时候采用接口维度进行调用限制，这里以服务接口为对象举例说明流量管理功能模块的产品设计，如图 6-48 所示。

图 6-48　流量管理

流量控制功能模块包含接口查询、流量控制表单、限流规则配置三部分。接口查询利用接口 ID、接口名称、更新时间检索流量控制表单中的接口，流量控制表单展示接口 ID、名称、限流规则、更新时间等信息，限流规则配置负责制定接口被调用的频次。流量控制功能模块的核心目标是控制高并发对服务器的影响，接口管理系统流量的控制是通过限定接口调用频率实现的，产品的设计通常默认是以秒、分钟、小时、天为单位频率，同时初始接口能够通过新建规则批量设置统一的限流规则，并且能够通过编辑规则来修改编辑限流规则。

　　流量的管理有控制，还有分发。接口管理系统的流量分发主要是针对不同后端服务（即不同策略项目）的分发和单个后端服务内部不同计算流程的控制。接口管理系统 API 管理中配置接口的后端服务被称为策略项目，一个策略项目实际是由很多策略通过决策流组合在一起的。单个策略项目内部策略的计算和执行的顺序由策略流控制，单个策略项目对应的数据源的调用也由策略流控制，但后端服务项目与后端服务项目间的流量分发则是通过接口管理系统的流量分发控制的，如图 6-49 所示。

图 6-49　流量分发

　　流量分发主要应用于同一请求接口对应多个后端服务的场景，通常是在不同策略项目间需要进行 A/B 测试的时候使用，或者需要为策略项目准备备用数据源的时候使用，对应的流量分发产品设计形式有两种，一种是占比的分发，一种是权重形式的优先级分发。流量分发功能模块的产品设计框架类似流量控制，也是主要由查询、流量分发表单、分流规则配置三部分组成。查询是指利用接口名称、后端服务、更新时间等条件进行流量分发表单的检索，流量分发表单主要展示接口 ID、接口名称、后端服务名称、分流规则、更新时间等内容，分流规则配置是指对制定接口服务的流量进行分发规则编辑。分流功能在前文已有类似的介绍，流量管理的分流功能和决策流管理的分流功能的区别在于流量管理的分流功能固定，主要形式就是百分比占比和权重优先级两种，而决策流管理的分流功能除了固定的百分比占比和条件逻辑判断两种，还能够进行自定义分流脚本的编码。例如，三要素实名验证接口的后端服务有 A 渠道实名验证和 B 渠道实名验证两个，分流规则是占比型，分别是 A 渠道占比 60%、B 渠道占比 40%，则三要素实名验证接口的请求调用会自动按照比列 3∶2 进行 A 渠道和 B 渠道的调用。又如黑名单验证接口的后端服务有身份证黑名单和手机号黑名单，分流规则是权重型，身份证黑名单权重是 10，手机号黑名单权重是 8，则黑名单验证接口的请求会自动按照权重的高低先调用身份证黑名单，再调用手机号黑名单。分流功能的产品设计还应注意许多功能细节，例如占比方式的分流规则必须满足接口中所有后端服务的占比总和为 100%。后端服务最初是在 API 管理中配置，但是这里的分流功能实际是对后端服务进行分流，因此在流量管理中最好也提供进入 API 管理后端配置的入口，以便在编辑分流规则的途中修改后端服务的配置。

6.3.8　监控预警

监控预警功能模块负责接口管理系统的运行监控以及异常预警，类似决策引擎系统的模型监控功能，但是接口管理系统的监控预警维度单一，主要涉及接口的调用监控和接口返回数据的存储监控，相比决策引擎系统的模型监控，其产品功能更简单。

接口管理系统的监控预警产品功能的核心目的是及时发现接口管理系统运转的异常风险，并且快速响应接口管理平台的异常风险，从而确保接口管理系统能够稳定、准确地运行。监控预警的产品设计根据接口是主动调用还是被动调用分为监控三方接口的服务是否正常、监控外部应用请求智能风控平台的服务是否正常、监控请求参数以及返回参数的存储是否正常，如图 6-50 所示。

监控预警产品页面类似流量管理产品页面，也分为查询、表单、监控预警设置三部分。只是表单展示的内容不同，监控预警的表单自动同步 API 管理中已经配置并且启用的接口，展示接口 ID、接口名称、监控范围、责任人、预警方式、更新时间等内容。监控预警设置负责监控预警的策略配置，点击"编辑预警"按钮进入监控预警设置页面，如图 6-51 所示。

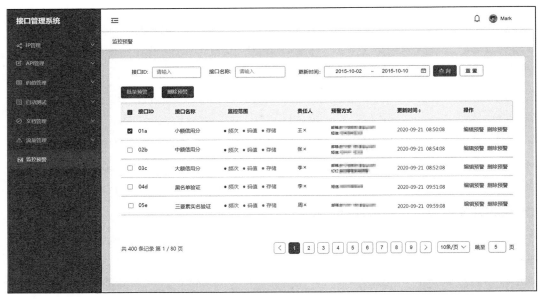

图 6-50　监控预警

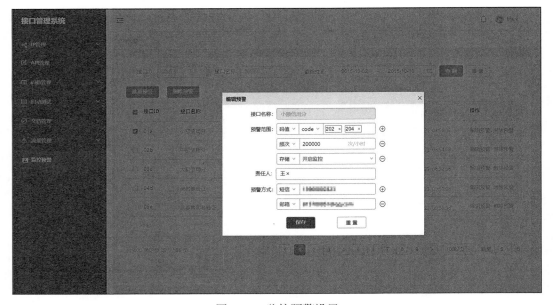

图 6-51　监控预警设置

监控预警设置是指对预警范围、责任人、预警方式的设置，预警范围有码值、频次、存储三种。

接口管理系统是智能风控平台对外传递信息的渠道，系统产品的功能相对比较简单，但是作为智能风控平台的核心系统，其作用不可小觑。接口管理系统负责统筹整个智能风控平台的输入和输出，实现智能风控业务离不开完善的接口管理系统。

6.4　风险管理系统

介绍风险管理系统的产品设计前，请先思考智能风控业务的本质是什么，以及智能风控平台的本质是什么。智能风控业务以及智能风控平台的本质实际是风险，所有的风控都是围绕风险而存在。风险是本质，风控业务是方法，风控平台是工具，通过方法利用工具去探索本质就是风控的真谛。回归风控的本质即风险，风控能力的基础是对风险的管理，风险管理系统作为风控的基础以及核心系统，在智能风控平台的建设初期就应该重点设计。

6.4.1　风险管理系统的定义

风险管理系统是指负责记录金融业务场景中实体对象的风险信息的产品，其核心作用是对特定业务场景中客户的全生命周期风险以及全部干系对象风险的记录。风险管理系统的业务目标简单，主要围绕所有业务场景的风险进行统筹标准化管理，其功能核心是风险信息的记录。

第 5 章中已介绍过风险管理系统的业务意义，风险管理系统是专注风险的 CRM 系统，其系统产品的功能相对简单，主要是对各维度的风险特征标签的记录管理以及对黑、白、灰等定性名单的记录管理，是一个集风险信息采集、汇总、显示的系统。风险管理系统最初的雏形就是一个黑名单库，但是随着风险管理的不断深入，风控业务以及智能风控平台系统需要更加专业、精细，风险管理系统需要尽可能全面地囊括对象的风险特征信息，以便实现单一对象以及群体对象的风险追踪和运营，从而能够反哺风控技能，提升风控能力。通俗地讲风险管理系统就是对对象风险信息的持续全面记录，通过沉淀风险信息，便捷地向风控人员提供对象的风险信息，从而方便风控人员进行风险溯源以及风险研究。

风险管理系统的核心是风险信息的记录，系统产品的设计思路重点是围绕业务场景的风险划分，划分的维度通常分为面向对象划分、面向流程划分两种。面向对象划分主要理清业务中对象种类和数量，例如按揭房贷业务场景中包含的对象除了借款人以外，还会有开发商、客户经理、审核人员、借款人联系人、担保人、房产等重要关系对象，风险管理系统中对风险的划分应该包含所有重要的对象。面向流程的划分通常是围绕时间线进行风险信息的划分，例如线上现金贷业务场景，首先是借款人申请，再系统进行一系列风险自动审核，然后是人工审核，再放款，最后才是还款，不同阶段暴露的风险信息不同。因为业务场景的不同，风险划分的具体内容也会不同，但是风险划分的维度方式通常不会改变，风险管理系统的设计思路不会改变。本节主要基于线上现金贷业务场景的风险管理系统进行介绍，其核心功能模块如图 6-52 所示。

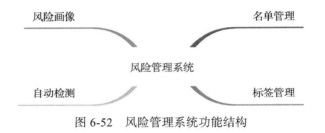

图 6-52　风险管理系统功能结构

风险管理系统主要有四个功能模块，分别是名单管理、标签管理、自动检测、风险画像。标签管理和名单管理是风险管理系统的基础功能，自动检测和风险画像是风险管理系统的延伸功能。风险管理系统会记录对象风险信息，然后输出给风控业务使用，例如对于已经是黑名单的客户，重复进件会直接命中风险管理系统的黑名单客户，系统会自动拒绝。风险管理系统虽然功能简单，但却是最直接、最便捷的风控工具。

6.4.2　名单管理

名单管理是指机构用于识别客户的唯一识别码（即能够验证客户身份信息的识别码）的管理以及客户唯一识别码的定性管理，常用的定性名单有黑名单、灰名单、白名单、普通名单。

第 3 章介绍过欺诈风险的操作手段，其中最简单的防控方式就包含使用最基础的黑、灰、白名单库。线上现金贷业务场景客户是利用手机远程进行纯线上申请，客户的身份信息识别通常采用身份证号码、手机号码、设备唯一 ID、MAC 地址等多维度的识别码。

名单管理功能模块的核心是负责识别码记录以及名单定性的管理，它就像一个池子，不断有名单注入其中,然后被定性划分。系统产品的设计要充分考虑名单管理的输入、输出,通常名单管理的输入分为系统自动输入以及人工手动输入两种类型,输入的名单又会根据业务产品的不同进行区分;名单管理的输出分为接口输出和页面查询输出两种类型。名单管理功能模块定性名单的简单方式就是系统自动定性,但是系统无法判断时就需要人工进行定性,名单管理功能模块不仅需要有系统自动定性功能,还需要有专业人员使用的人工定性功能。名单管理通常包括名单池、定性审核两个模块。

1. 名单池

名单池负责识别码以及其关联业务订单的记录和展现,如图 6-53 所示。

图 6-53 名单池列表页

名单池列表页的核心功能是展示对象识别码,以及识别码关联的业务订单的基本信息,包含业务编号、产品名称等内容。列表页类似智能风控平台的其他列表页,主要由查询功能,名单表单展示功能,以及新建、导入、导出、类型变更、编辑等功能组成。查询利用身份证号码、手机号码、设备 ID、业务编号、名单类型、产品名称等条件进行检索;表单展示身份证号码、手机号码、设备 ID 等重要的唯一识别码信息以及名单的黑、白、灰定性信息;通过新建、导入功能手动添加名单,通过导出功能手动导出名单,并且可以利用类型变更对名单类型进行手动修改。

名单池通过同步业务系统的客户信息，实现不同渠道即不同金融信贷产品的客户识别码的统一管理以及名单类型的统一判定、划分。纯线上金融信贷业务场景下的名单池的建设通常以身份证号码为主要识别码，手机号和设备 ID 为次要识别码，且次要识别码同身份证号码是绑定关系，然后结合实际业务再对识别码进行业务订单的绑定。目前设备 ID 受限于设备厂商隐私保护，已经很难实现单一的设备码作为设备 ID，因此现在更多的是机构通过多种设备信息进行算法加成，以生成自己机构的设备 ID 识别码。

通过主要识别码身份证号进入绑定的名单详情页面，如图 6-54 所示。

图 6-54　名单详情页

名单详情页内容的设计需要结合风控业务实际情况，充分利用面向对象和面向流程的方式进行风险内容的划分。图 6-54 中名单详情页面的内容展示若是运用面向对象方法抽取出名单关联的业务订单信息，名单可能会关联多个金融信贷产品的订单，并且单个订单中又有很多个对象，所以就需要对多个订单的风险详细信息以及单个订单中的多个对象的风险信息分别展示。单个订单的内容呈现应当清晰、合理，此时常用面向流程的方式，根据风控流程进行风险信息的展示，如图 6-54 中贷前、贷中、贷后的流程划分。

名单详情页主要展示黑名单关联订单的风险信息以及名单分类的备注信息，其中以风险标签和基本信息为主。订单的详细信息可以通过在名单详情页中添加风控报告和业务信息的入口获取，利用新增风控报告页面和业务信息页面能够详细了解关联订单的具体内容。名单分类备注主要是记录名单类型变更，包括系统自动变更名单类型以及人工手动变更名单类型，并且名单分类备注还应用于名单定性审核的说明记录。

2. 定性审核

定性审核是指系统无法自动决策名单类型的时候就会通过人工对名单的类型做决策。人工对名单类型进行定性审核，需要依靠丰富的风险信息和业务信息才能够做出判断。名单池模块实际已经包含全面的风险信息和业务信息，定性审核模块的功能设计可以基于名单池功能进行适当改造，如图 6-55 所示。

图 6-55　定性审核

定性审核列表页类似名单池，只是定性审核列表页中的名单类型都是待定性且增加了定性审核的功能。风险管理系统的名单类型通常分为黑名单、灰名单、白名单、普通名单、待定性名单五种。黑名单是指高风险客户，如欺诈类客户，这类客户的唯一识别码会被加黑；灰名单是指一般风险客户，这类客户的唯一识别码不会被加黑，但会做风险警示；普通名单是指基本无风险客户，这类客户泛指一般客户，无特殊标识；白名单是指无风险的优质客户，如历史的优质存量客户，这类客户会有特殊表示，并且享有较好的产品额度、利率优惠；待定性名单是指系统不能直接判断、决策的名单，会进入定性审核模块进行人工审核。当然名单的定性并非一定是如上所说的五种类型，各机构的名单根据实际的业务情况会有所不同。

名单的定性可以通过表单操作栏中的定性按钮直接进行定性，也可以通过名单详情页中的定性按钮确认名单类型，如图 6-56 所示。

图 6-56　名单详情页中的定性审核

名单管理的业务人员利用定性审核查看订单的详细风险信息，然后根据风险信息内容判定名单的类型，完成名单定性审核的全套流程，名单详情页中的信息内容范围应贴合定性审核的业务逻辑。

6.4.3　标签管理

标签管理负责风险管理系统中所有对象不同时间风险特征的记录。标签管理是名单定性的基础，名单定性是基于不同风险特征组合进行综合定性决策。标签管理功能模块的产品设计方向以风险特征即标签为主，如图 6-57 所示。

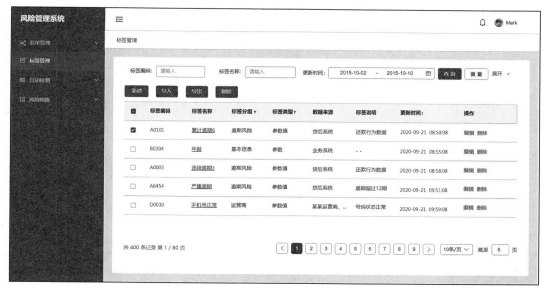

图 6-57　标签管理列表

标签管理列表像是一个标签的字典表，所有需要写入风险管理系统的标签都会汇总到标签管理。标签的基础形态分为参数标签、参数值标签两种，参数标签如年龄、性别，参数值标签就是以参数的值作为标签。标签管理列表的设计同其他的列表页，主要区别在于标签管理的表单是以标签为主维度，每个标签有一个唯一的标签编码且对应一个唯一的标签分组，同时标签会关联相应的数据源，一个标签可能对应多个数据源，标签还会有标签说明，用于解释标签自身的业务含义。

风控人员通过标签管理查询风险管理系统中的标签信息，通过新建和导入功能添加标签，通过导出功能导出标签内容，通过删除功能删减标签内容，通过编辑功能修改标签的基本信息。

标签管理列表汇总已有的标签，类似标签码表，名单管理中的标签随着业务时间不断新增，但是新增的标签内容都来自于标签管理列表中汇总的标签。标签本身自带风险属性和时间属性，风险属性通过标签的分类和命名确定，时间属性则需要通过每个标签在名单管理中生成记录确定，利用标签和生成记录时间绑定，实现标签的时间属性，如图 6-58 所示。

标签记录首先在外部应用中动态生成，然后标签记录根据获取规则通过外部不同的应用获取。在标签管理列表中，通过标签名称进入标签记录。标签记录负责单个标签在每个业务订单里生成情形的记录，是一种增量事件的记录。记录每个标签的具体生成情形，不仅方便风控人员及时掌握客群风险变动，还能够为风控人员提供分析风险在时间维度上变化的数据。

图 6-58　标签记录

6.4.4　自动检测

　　自动检测是指名单的定性审核检测，通过设置名单的定性检测策略，决策引擎会自动执行名单定性审核。名单类型的确定基于名单定性规则的决策结果，名单定性规则通过决策引擎系统执行决策，依赖的数据基础是风险管理系统的标签，名单类型会随着标签的更新而发生改变，所以名单类型需要持续地通过决策引擎进行定性更新。

　　自动检测功能模块的核心任务是配置名单自动检测的策略以及记录名单定性变更信息，如图 6-59 所示。

　　自动检测列表产品设计类似名单管理列表，主要显示增量的检测结果，名单每次的检测结果都会加入列表显示，通过自动检测列表可以知道单个名单截至当前时间的类型变化。点击手动检测可以立即触发对应名单的类型检测，通过批量检测也能够手动更新名单的类型检测。点击检测配置能够设置自动检测的策略，如图 6-60 所示。

图 6-59　自动检测列表

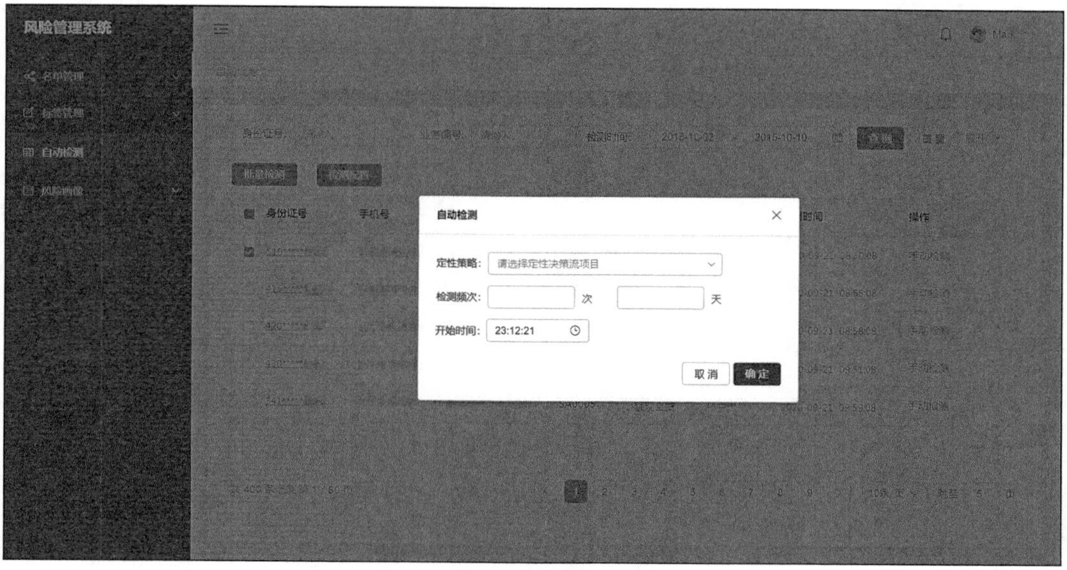

图 6-60　自动检测配置

自动检测功能模块同步决策引擎系统已配置完成的定性检测决策流项目，然后在自动检测配置中选择需要使用的定性检测决策流项目，设置检测频次，设置开始检测时间，即可完成名单自动检测策略的配置。自动检测功能模块根据设置的策略规则会自动调用决策引擎系统进行更新名单的定性审核。

6.4.5　风险画像

名单管理和标签管理负责单个客户风险特征的记录，风险画像则负责所有客户即客群的风险特征的统计和记录。单个客户的风险能够通过风险标签和名单定性持续捕捉，但是客群风险的变化则需要在对所有客户的风险特征做画像后捕捉。

风险管理系统的风险画像的数据基础是标签，并且生成的标签需要提前定制，很多标签的获取方式并非实时。风险管理系统的风险画像功能模块设计简单，目的是负责客群基础风险特征的统计和记录，对风险特征进行计算或者决策主要还是由决策引擎系统完成，对风险特征进行实时画像则由分析引擎系统完成。

风险管理系统的核心作用是对名单的管理以及标签的管理，风险画像的作用是统计名单和标签。统计的维度很多，如图 6-61 所示。

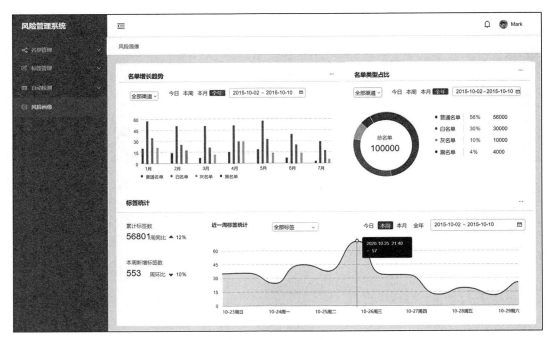

图 6-61　风险画像

风险画像的产品设计的方案比较简单，主要是利用图、表展示需要统计的名单、标签数据，如图 6-61 利用饼图反映名单类型的占比情况，利用柱状图反映名单增长的趋势等。风险画像的产品设计的关键思路是首先明确统计名单、标签数据的核心目标，其次根据确定的目标构建反映统计目标的指标体系，然后确认指标使用的数据以及指标呈现的具体图、表形式，最后输出产品设计的完整方案。图、表是数据统计展示的工具，这里不再详细介绍。数据统计的核心不在于图、表，而在于数据统计目标到统计指标的转化。风险管理系统的风险画像主要围绕名单、标签两个方向展开，通过加入时间、区域、渠道等维度，实现客群名单类型、标签变化情况的可视化展现，方便风控人员追踪客群风险的变化。

风险管理系统是传统的管理系统，虽然产品功能单一，但是作用却很显著。这里的风险管理系统主要应用于纯线上现金贷业务场景，其核心功能名单管理、标签管理、自动检测、风险画像等和其他系统交互，如名单定性调用决策引擎以及名单绑定标签来自于决策引擎、业务系统、三方服务应用等，其中决策引擎的调用也能够通过接口管理系统配置，标签的获取则主要通过同步底层数据实现，对应的系统产品相关配置通过后台实现。

6.5　核心系统运作方式

决策引擎系统、指标管理系统、接口管理系统、风险管理系统共同组成智能风控平台的核心系统，四个系统联合实现了智能风控风险计算、决策的基础功能，是智能风控平台完成风控决策的基础系统。

智能风控平台完成一次最基础的风控策略计算和决策需要的核心系统间的运作关系如图 6-62 所示。

业务系统和风险管理系统向接口管理系统发起风控计算和决策的请求，接口管理系统转接请求到决策引擎系统，决策引擎系统进行策略的计算和决策，再将结果返回给接口管理系统，接口管理系统转将结果返回给业务系统和风险管理系统，指标管理系统同步指标给决策引擎系统并且使得指标与接口管理系统的参数绑定，从而让决策引擎系统在计算、决策的时候能够定位具体的参数并获得参数值。风险管理系统和接口管理系统通常是双向的请求，风险管理系统在进行名单定性的时候请求接口管理系统，而在其他的风险策略计算、决策的时候，如黑名单筛查时就是接口管理系统主动请求风险管理系统获取黑名单数据，正和之前的请求返回结果方向相反。

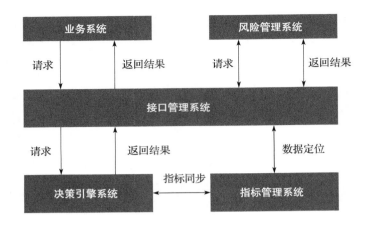

图 6-62　智能风控平台核心系统间的运作关系

　　智能风控平台通过决策引擎系统、指标管理系统、接口管理系统、风险管理系统运作基础的风险计算和决策，是实现风控的产品系统基础，但是智能风控如果只是利用决策引擎系统、指标管理系统、接口管理系统、风险管理系统就能输出理想的风控结果了吗？

　　实际业务中的风控依靠智能风控平台核心系统无法完全达到风控目的，成熟的风控方案有一套严谨的策略体系，智能风控平台核心系统要结合科学、严谨的风控策略体系，最终才能达到风险控制的目标。信贷智能风控根据风控业务流程分为贷前、贷中、贷后全信贷生命周期风控，主要运用规则、评分卡（模型）两种技术，通常评分卡的开发需要丰富的数据支撑，在信贷业务初期由于数据不充分，则不具备评分卡的开发，这时候就会选择规则判断进行初期的风控，更详细的介绍可参见第 5 章。

　　决策引擎运算的规则和数据有先后顺序，因此规则和数据的设置有优先级概念。优先级制定的原则主要是从数据源、规则的强弱（强规则指命中直接拒绝的规则，弱规则指需要组合其他规则才能确定决策结果的规则）、数据成本、效率、数据积累等方面进行考虑。

　　1）自有数据源对应的规则优于三方数据源对应的规则。自有数据源在接口请求、性能、价格等方面都优于三方数据源，如自有的黑名单库数据，在命中黑名单规则时可以直接拒绝。

　　2）强规则优于弱规则。很多决策引擎的性能伴随着规则数量的增加而下降，为更好地利用决策引擎的资源，强规则决策优于弱规则决策。例如命中前可拒绝这种强规则，应该优于命中多头借贷且命中逾期 3 次拒绝这种组合的弱规则。

3）低成本数据对应的规则优于高成本数据对应的规则。大数据风控，数据的费用在整个智能风控中占据着较重的比例，在制定风控策略流程的时候，低成本规则优于高成本规则。三方数据服务主要由查得、查询两种计费模式，其中查得是指三方数据返回有结果就计费；查询是指请求三方数据，不管三方数据是否返回结果都计费，因此查得对应的规则优于查询对应的规则。

4）效率高的规则优于效率低的规则。有些规则比如规则甲只需要一个接口 A 就能做出决策，而规则乙则需要三个接口 B/C/E 才能做出决策，因为接口的请求需要时间，这时候就需要考虑规则效率，效率高的规则优于效率低的规则。

5）需要积累数据的规则优于无须积累数据的规则。在模型冷启动的时候，有些变量可作为后期模型的潜在核心变量，需要尽可能多地收集这些数据，此时需要积累数据的规则优于无须积累数据的规则。

6）前期数据积累优于数据成本，后期数据成本优于数据积累。风控规则和模型冷启动的时候需要尽可能多的数据去进行规则、模型的迭代优化，在数据量较少的情况下，为了便于模型、规则的迭代，通常通过减少数据节约数据成本的优先级偏低，数据的积累优先级更高；随着规则、模型的不断迭代、优化，风控精准度也会更高，此时就转变为数据成本优于数据积累，在合理的原则上尽可能地节约数据成本。

优先级原则不都是固定不变的，很多数据源的优先级制定都是基于多个原则综合考虑。

6.6　本章小结

本章从宏观层面介绍了智能风控平台核心系统的运作方式，并从微观层面介绍了决策引擎系统、指标管理系统、接口管理系统、风险管理系统内部功能模块的详细设计，生动、直观地还原了智能风控系统功能架构中核心系统产品的具体设计方案以及设计思路。

智能风控平台次核心系统

智能风控平台次核心系统包含分析引擎系统、数据挖掘系统、关系网络系统、贷中监控系统、贷后管理系统、贷后催收系统、智能语音机器人、风险报表系统、风险服务管理系统、平台管理系统、数据平台。这些系统之所以归类为次核心系统，不是因为它们对智能风控平台不重要，而是因为按照平台建设流程以及时间先后顺序，这些系统的建设都在核心系统的后面。

智能风控平台共涉及 15 个系统产品，其中次核心系统包含 11 个系统产品，如此多的系统产品伴随风控业务不断发展以及金融科技不断创新而逐步完成建设，不同业务场景类型机构的次核心系统的建设名单不同，并且根据风控业务紧迫度，通常次核心系统产品的建设优先级以紧贴风控业务为判定标准。由于次核心系统产品较多，就不再一一进行产品设计方案的介绍，这里只抽取次核心优先级较高的贷中监控系统、贷后管理系统、平台管理系统重点介绍。

7.1 贷中监控系统

金融信贷风控业务分为贷前、贷中、贷后全生命周期风控业务，贷前风控属于流程节点风控，贷中和贷后的风控属于流程持续风控。客户在业务的全周期流程里都可能会出现信贷风险，贷前风控只能判断贷前时间节点客户的风险情况，对于已经成功放款的客户，其在后期的风险情况无法预测，此时就需要引入贷中风险监控策略对客户进行持续的风险预测，从而能够提前预防信贷风险。虽然贷中风险监控策略能够很好地应对贷中风险的预测，但是如果没有支撑监控策略自动化运行的系统产品，贷中风险监控也就无法批量发起，贷中风险监控的效率、质量都会受到严重影响，所以贷中监控系统作为监控策略的执行载体，在贷中风控业务中起着重要的作用。

7.1.1　贷中监控系统的定义

贷中监控系统是指在信贷流程中期通过承载监控策略预测目标对象风险以及风险等级的系统产品，贷中监控瞄准的是信贷中期的风险防控，监控的目标是业务中包含的对象，主要是指业务关联的客户以及客户关联的其他对象。

不同的业务场景贷中监控的对象会不同，如纯信用贷款贷中风险监控通常只会监控借款客户；担保贷款贷中监控通常不仅会监控借款客户，还会监控担保人员；抵押贷款贷中监控通常不仅会监控借款客户，还会监控抵押的资产。贷中监控风控模型构建思路类似贷前风控，只是贷中监控是时间周期里的持续监控，并且贷中监控也会用到三方数据服务，需要充分考虑三方数据成本的开销，通常在制定监控策略执行规则时，监控结果会随着监控时间的推移而发生变化。

贷中监控系统虽然是支撑贷中风控业务的主要系统，但是实际的贷中风控策略的计算还是由决策引擎系统完成的，贷中监控系统更侧重贷中监控任务的管理。贷中监控系统借助智能风控平台核心系统完成贷中的风险控制，贷中监控系统专注监控任务的管理，把专业的活儿交给专业的系统来处理，这样的产品设计规划初衷是整合智能风控平台的计算资源，实现计算资源的统一利用，也能够让平台的功能效用尽可能地大。贷中监控系统的功能定位更侧重风控业务管理，系统产品的功能主要包含自动监控管理、风险预警管理、监控统计管理，如图 7-1 所示。

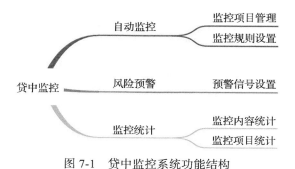

图 7-1　贷中监控系统功能结构

贷中监控系统功能相对比较简单，部分产品功能的设计类似风险管理系统中的功能模块。

自动监控功能模块实际是监控项目管理模块，负责监控项目的增、删、改、查以及监控规则的配置；风险预警模块负责预警信号设置，实现监控和预警关联；监控统计模块负责监控规则或模型内容的统计以及监控项目执行的统计。

7.1.2　自动监控

自动监控是指对贷款中期业务订单包含的对象进行自动化风险预测监控。自动监控的执行不需要人工操作即可实现监控自动化，其监控对象的任务都是以一个项目的形式发起，其产品设计是以监控项目为主维度。自动监控建立在监控项目的基础之上，其核心是对监控项目的管理以及对监控规则的设置。

贷中风险监控的业务流主要由准备监控数据、设计监控规则和模型、部署监控规则和模型、配置监控执行频率、获得风险监控结果五部分组成。其中监控数据的准备依靠接口管理系统完成，监控规则和模型的设计能够通过离线方式或者数据挖掘系统完成，监控规则和模型的部署在决策引擎系统中完成，监控执行频率的配置在贷中监控系统的自动监控中完成，风险监控结果的获取通过决策引擎系统输出到贷中监控系统。贷中监控系统类似业务系统对决策引擎系统的调用，自动监控功能模块利用监控执行规则自动触发监控任务，实现决策引擎系统对贷中风险监控策略的自动计算和决策。自动监控功能模块的产品设计如图 7-2 所示。

贷中监控都是以项目的形式创建的，自动监控功能模块主要负责管理监控项目，包括创建监控项目、配置监控项目执行规则、启用和禁用监控项目、查询监控项目、删除监控项目等功能。监控项目通过绑定具体的监控策略以及具体需要监控的业务订单，从而将需要监控的业务订单推送到决策引擎系统，执行对应的监控策略计算，然后输出监控决策结果。自动监控中的监控项目的产品设计需要展示项目名称、策略名称、执行规则、项目说明、创建时间、项目状态（启用 / 禁用）等内容，并且需要体现项目和监控策略的绑定关系、项目和执行规则的绑定关系、项目和业务订单的绑定关系，因为监控项目绑定关系较多，其产品设计路径较多且路径较深，所以为了方便项目内容的展示和查看，可以采用两种产品页面切换显示的设计思路，图 7-3 所示的是另一种页面的自动监控。

图 7-2　自动监控（一）

图 7-3　自动监控（二）

　　图 7-3 是监控项目管理的另一种产品设计方案，同样包含创建监控项目、配置监控项目执行规则、启用和禁用监控项目、查询监控项目、删除监控项目等功能。相比图 7-2 的产品设计，自动监控（二）直接展示了监控项目与监控策略、业务订单的关系，突出展示了监控项目关联的业务订单（即项目的任务详情），而自动监控（一）展示的是监控项目的基础信息，如果需要查看监控项目的任务详情，则需要通过项目名称进入下一级任务详情列表。

　　监控项目的创建功能可以有多种设计形式，可通过自动监控（一）的新建项目功能按钮实现创建监控项目，或者通过右击自动监控（二）的项目列表空白处创建监控项目以及点击项目列表查询栏旁添加图标创建监控项目，新建项目功能的产品设计类似风险管理系统，自动检测的检测配置模块包含选择监控策略和配置执行规则两部分，只是新建项目的执行规则形式更加丰富，并且通常支持自定义设置。

　　用户通过项目名称进入项目任务详情列表，如图 7-4 所示。

图 7-4　任务详情

　　任务详情列表类似自动监控（二）中绑定业务订单的表单，负责展示监控策略关联的需要监控的详细订单内容，包含业务编号、借款人身份证号、借款人手机号、产品名称、添加时间等信息。任务详情能够利用业务编号、身份证号、手机号、添加时间等条件对订单进行不用维度的查询和筛选。默认业务订单加入业务详情并且监控项目启用就会自动进行监控，在监控的过程中也能够暂停订单的监控，并且删除任务详情列表中的订单。有些自动监控的产品设计还会有产品监控的时间配置功能，通过该功能能够实现订单监控时间自动控制，方便监控任务的自动暂停。

监控项目需要添加监控的业务订单，通常添加功能的产品设计会提供两种形式：一是通过页面手动添加单条或者小批量的订单，二是直接通过导入的形式大批量地添加订单。用户点击添加监控按钮即触发添加订单监控的功能，如图 7-5 所示。

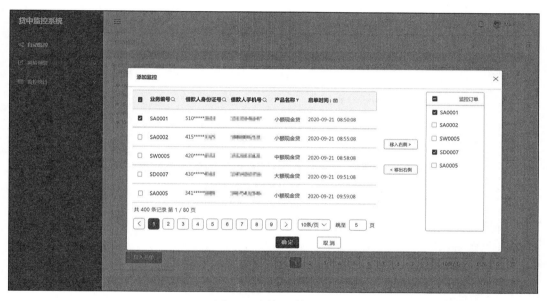

图 7-5　添加监控页面

添加监控页面会自动同步业务系统的所有订单，展示业务订单的业务编号、借款人身份证号、借款人手机号、产品名称、启单时间等内容。同时支持业务编号、身份证号、手机号的查询，以及产品名称、启单时间的筛选，方便用户快速定位需要监控的订单，如通过时间筛查批量加入某个时间节点的业务订单进行监控。选中的业务订单通过移入右侧功能按钮加入监控订单，最后确定添加即可把选中的业务订单添加到监控任务，实现系统的自动监控。通过批量导入也能够把需要监控的订单批量添加到监控任务中，批量导入的产品设计形式类似之前介绍的很多导入功能，自动监控功能模块妙在自动化，这里介绍的自动监控只是实现了监控执行的自动化，监控执行任务的创建和监控执行业务订单的添加都需要手工操作。自动监控功能模块如果想要实现全面的监控自动化，通常还会在添加监控里实现自动添加监控业务订单的规则设置功能，如自动把状态为放款的业务订单添加到监控名单或者自动把某个渠道的业务订单按照时间规则加入监控名单等，这样就可以利用自动添加监控功能实现贷中监控系统自动生成业务订单的监控任务并且自动执行监控。自动添加监控功能产品设计主要是实现监控规则配置功能，产品的设计整体比较简单，主要考虑添加订单的条件类型，通常有订单的时间、状态、区域、渠道等条件。

7.1.3　风险预警

　　风险预警主要负责设置监控策略命中时的预警信号。贷中监控系统的监控策略的命中风险不同，对应的风险预警等级也会不同。风险预警就是实现对风险策略命中风险的精准分级。划分风险的不同等级，更利于规范处置风险的策略，如人工风险处置就能够根据不同风险等级采取对应的处置方式。

　　自动监控的产品设计核心是风险的监控，而风险预警的产品设计核心是风险的预警，预警的形式根据每个机构的业务情况以及业务需求不同，其产品设计也会不同。通常根据风控业务需求，风险预警的等级会划分为十个等级或者五个等级，预警的表达形式有阿拉伯数字、罗马数字、英文、颜色等。产品的实际设计方案如图 7-6 所示。

图 7-6　风险预警列表

风险预警列表主要展示贷中监控策略内容以及关联预警内容。列表页分为查询、预警内容表单、预警设置三部分。预警内容表单自动同步贷中监控策略，展示策略编号、策略名称、预警类型、说明、创建时间等内容。预警设置就是风险预警信号的设置，如图 7-7 所示。

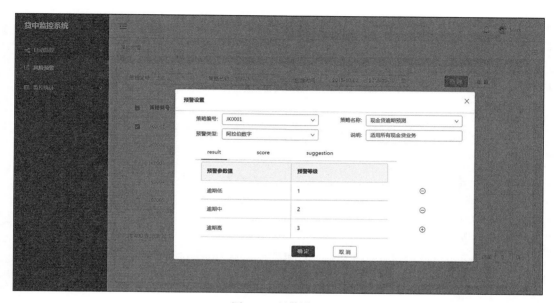

图 7-7　预警设置

预警设置就是对监控策略不同命中项的预警等级的设置，通过策略编号和策略名称可以选择需要设置预警等级的监控策略，同时预警等级设置列表会自动同步监控策略的输出参数，如图 7-7 中现金贷逾期预测策略会输出 result、score、suggestion 三个参数，在预警等级设置列表中就可以将 result 的参数值逾期低、逾期中、逾期高分别设置为 1、2、3 的预警等级。参数值的预警等级设置能够通过增减符号进行添加、删除。

风险预警的产品功能简单，但其风险等级的划分对后期风控业务的处置指导以及其他风控业务的分类具有重要的意义。

7.1.4　监控统计

监控统计负责监控策略执行情况以及执行结果的记录和展示。贷中监控系统负责调用决策引擎系统计算部署在其上的监控规则或模型，决策引擎系统计算的结果分为两种，一种是规则集或者模型的决策结果，另一种是规则集或者模型的详细结果，包含入参明细数据等内容。这两种结果通常都需要返回给贷中监控系统，方便负责贷中监控系统的用户查看，只是这两种返回结果的展示设计有所不同，通常决策结果直接返回贷中监控系统，系统直接整合内容后展示，而详细结果是通过集成决策引擎系统的风控报告展示。

监控统计作为展示贷中监控策略结果的功能模块，其展示维度主要分为监控策略执行情况的统计，以及监控策略执行结果的统计，通常产品设计分为项目执行明细、订单执行明细两部分。

1. 项目执行明细

项目执行明细功能模块是对监控策略执行情况的统计，如图 7-8 所示。

图 7-8　监控项目执行明细列表

项目执行明细负责记录、展示项目执行过程的情况，包含统计项目监控的次数，每个项目风险预警的次数。项目执行明细列表的主要功能是通过项目编号、项目名称、策略编号、监控次数、开启时间来筛选以及查询监控项目，并且展示各项目的基本信息以及统计其累计监控次数。项目执行明细表单设置了详情按钮，点击详情按钮可弹出项目执行详情的弹窗，用于展示监控项目风险预警的统计，如图 7-9 所示。

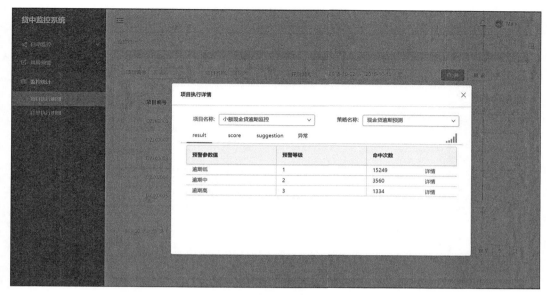

图 7-9　项目执行详情

　　项目执行详情负责风险预警情况的展示，其功能设计主要考虑正常状态、异常状态两种监控情况的统计，正常状态展示项目关联监控策略返回结果字段正常预警命中次数的统计，异常状态展示项目关联监控策略执行异常时的次数统计。图 7-9 展示的是小额现金贷逾期监控项目的执行详情，result、score、suggestion 三个参数是正常状态的预警统计，异常是异常状态的预警统计。预警次数的统计展示功能设计通常还会加入柱状图显示，使得不同预警的趋势更加明显。执行详情不仅显示预警统计的次数，而且通过执行详情的详情按钮还能查看对应预警命中的具体内容，包括预警命中所有订单的业务编号以及命中时间。

2. 订单执行明细

　　订单执行明细功能模块负责统计、显示业务订单执行对应监控策略的结果，是一个显示订单执行监控策略任务的结果池，汇总所有监控项目下所有业务订单执行对应监控策略的明细数据，如图 7-10 所示。

　　订单执行明细列表功能简单，主要由查询、表单展示、重新执行功能组成。查询功能类似项目执行明细，只是查询的条件不同；表单展示的内容包含业务编号、项目名称、策略名称、参数名称、预警等级、参数值、执行时间等，其中表单不仅显示执行正常的，还显示执行异常的订单，执行异常的订单可以通过重新执行按钮手动触发监控。

图 7-10　订单执行明细列表

　　贷中监控系统的核心目标是负责贷中监控任务的配置、管理。系统产品的目标单一，产品的整体设计简单。利用贷中监控系统能够实现贷前、贷后风控业务的串联，贷中监控系统只着眼于贷中风险监控，通过向贷后管理系统等外部系统输出风险预警信号，提升贷后等风控业务高效、差异化、精细化开展，实现风控业务系统自动化。

7.2　贷后管理系统

　　信贷业务贷前风控是风险的咽喉，卡住高风险客户；贷后风控是风险的修复剂，弥补风险损失。信贷业务贷后流程的任务是管理贷后风险且兼具管理贷后业务，智能风控平台的贷后管理系统主要支撑贷后风险的管理，为信贷业务的贷后流程提供自动化系统产品。泛化的贷后管理不仅包含贷后风险管理，还包含很多贷后业务的管理，例如档案管理、合同管理、财务管理、逾期管理、结清管理、资产管理、客户管理、法务管理、回款管理等。相比泛化的贷后管理，智能风控平台的贷后管理重点关注贷后风险的管理，本节贷后管理系统的产品设计主要围绕贷后风险管理的功能。

　　不管是传统的贷后管理，还是当前互联网化的贷后管理，贷后管理的核心目标都不曾改变，都是围绕优化、提升资产质量而实施一系列业务操作。传统的贷后风险管理主要是线下制定好固定的贷后风控业务流程，通过人工进行贷后风险的检查来实现贷后风险的识别和处理。互联网化的贷后管理主要是利用系统产品联通目标的所有数据并且自动生成相应的贷后风险检查任务，然后通过系统或者人工在贷后管理系统上进行风险任务的处理。互联网化的贷后管理能够利用的客户数据更多，处理贷后风险的效率、质量更高，并且能够节约贷后管理的成本。

7.2.1　贷后管理系统的定义

准确来说，智能风控平台的贷后管理系统是贷后风险管理系统，主要负责贷后风险的管理，核心作用是解决处理贷后风险，为风控人员提供解决贷后宏观风险和贷后微观风险的工具。

贷后风险分为宏观风险、微观风险，宏观风险是指业务整体的资产风险，具体包含资产逾期率增高、资产损失增大、资产质量下降等；微观风险是指单个客户的还款能力风险以及还款意愿风险，具体包含偿债能力下降、多头申请、司法公安事件新增、逾期、失联等。贷后风险的类型根据业务场景的不同而不同，如现金贷、抵押贷、消费贷的预警风险不同，不同渠道的风险类型也不同，如贷中监控系统输入的行为评分卡或者监控规则等预警风险，贷后业务管理系统输入的逾期、坏账、投诉等预警风险，关系网络系统输入的关系异常、位置异常、时间异常等预警风险都不同。

贷后风险的管理是一个体系化的工作，分为风险扫描、风险识别、风险预警、风险处理等步骤，整个流程都是系统自动化处理和人工处理相互结合，涉及智能风控平台的多个系统，其中决策引擎系统主要负责风险识别，贷中监控系统负责风险扫描任务和风险预警信号的制定，贷后管理系统负责风险的处理，三个系统相互配合，一起完成贷后风险的管理。贷后管理系统的核心功能模块包含贷后风险管理、资产风险管理、贷后流程管理、贷后任务管理，如图 7-11 所示。

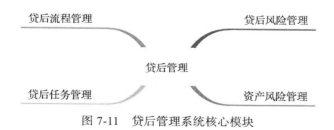

图 7-11　贷后管理系统核心模块

　　贷后风险管理功能模块对应的是贷后微观风险的管理，资产风险管理功能模块对应的是贷后宏观风险的管理，贷后管理系统的产品设计把贷后风险管理、资产风险管理区分开的主要原因是两种风险类型需要不同的风控专业人员来处理，并且机构资产属于公司的核心机密内容，产品最好单独设计。

　　相比贷后业务管理系统，贷后管理系统风险控制的功能更加专一，主要是瞄准贷后风险的管理，为贷后风险管理提供系统产品的支持。贷后管理系统通过汇总所有的贷后风险，配置相应的风险处理流程，然后自动生成风险处理任务，下发到系统自动进行核查或者人工进行核查。

7.2.2　贷后风险管理

　　贷后风险管理是指对不同系统渠道不同类型的贷后风险的管理，如汇总各渠道贷后风险、划分贷后风险的风险等级、编辑贷后风险的风险类型等，如图 7-12 所示。

图 7-12　贷后风险管理列表

　　贷后风险管理列表主要是负责汇总不同系统渠道过来的贷后风险，包含贷后风险查询功能，贷后风险列表展示功能，贷后风险新建、导入、删除、编辑等功能，许多功能的产品设计框架和之前类似。贷后风险来源渠道有贷后业务系统、贷中监控系统、关系网络系统、分析引擎系统等。贷后业务系统会更新并推送客户的逾期风险信息到贷后管理系统，包括首次逾期、累计逾期等风险；贷中监控系统会推送命中的贷中监控风险，如多头借贷、失信被执行、征信异常等风险；关系网络系统会推送扫描到的主贷人关系异常、联系人关系异常、地理位置预警等风险；分析引擎系统会推送设备状态、设备使用行为等风险。不同渠道的风险汇总后会被统一划分风险类型以及风险等级，通常风险类型划分准则是面向对象划分，再以对象下不同风险细分；风险等级的划分以风险处置的紧急度为基准，通常分为五个等级，不同等级的风险处理政策不同。

贷后风险管理列表通过新建、导入按钮创建贷后风险，新建是指单条贷后风险的创建，导入是指批量贷后风险的创建。新建功能如图 7-13 所示。

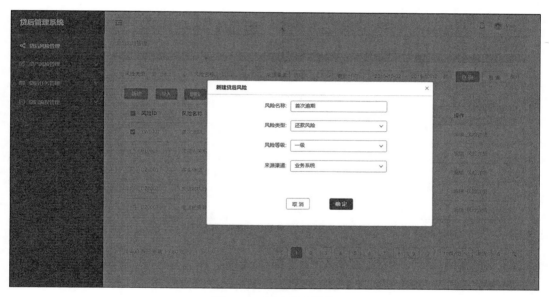

图 7-13　新建贷后风险

新建贷后风险主要是创建风险名称、风险类型、风险等级、来源渠道，表单中的风险 ID 会根据选择的风险类型、风险等级、来源渠道自动生成。手动创建的贷后风险是依据贷后风险管理办法制定的风险，每一个贷后风险都对应一个渠道的具体风险。这里的新建功能只是用于贷后风险管理展示风险，实际展示的风险都需要和渠道风险做关联配置，风险的关联配置功能模块属于贷后管理系统后台管理配置功能，功能设计类似接口管理系统中参数的映射功能。贷后风险的批量导入功能主要还是利用固定模板上传风险信息，如利用 Excel 文档上传，其产品设计核心是设计内容模板和制定校验规则。

除此之外，贷后风险管理列表还应包括风险详情。风险详情主要用于展现贷后风险的详细内容，包括命中风险的规则、原始值等。针对每个渠道过来的贷后风险，风险详情会集成该渠道的风险详细内容进行统一展示，产品设计的方案类似决策引擎系统的风控报告功能模块，风险详情只是用于展示贷后风险报告。贷后风险报告的内容编辑和风险的关联配置功能规划相同，都是在贷后管理系统的后台管理功能模块统一完成，贷后风险报告编辑功能的产品设计类似风控报告的配置报告功能，只是贷后风险报告的数据源是各个渠道系统。

7.2.3 资产风险管理

资产风险泛指贷后资产风险、运营风险，贷后风险管理负责管理微观的单笔订单贷后风险，而资产风险管理负责管理宏观的所有风险，包括资产风险、运营风险。资产风险管理负责汇集所有的资产风险和运营风险，划分风险等级并对风险分类，形成线上资产风险、运营风险体系化管理，为后续宏观风险处理提供基础。

资产风险的来源渠道主要是风险报表系统，风险报表记录了整体资产质量情况以及运营情况。不同业务场景的资产风险指标不同，通常资产质量包含的通用指标有放款本金、本金余额、本息余额、Vintage、滚动率、迁徙率、逾期率、不良率、损失率、回收率、入催率等；运营包含的通用指标有启单数量（或启单金额）、审核数量（或审核金额）、批准数量（或批准金额）、拨贷数量（或拨贷金额）、核准率（指批准数量与审核数量比）、拨贷率（拨贷数量与批准数量比）以及各风控结果等级分布占比等。

风险报表系统的核心作用是统计分析资产、运营的数据并通过图表展示结果，但是对于资产以及运营指标反映出来的风险却没有体系化地解决。贷后管理系统通过搭建体系化的资产风险管理系统产品，实现资产风险的及时、有效处理。资产风险管理功能模块的产品设计类似贷后风险管理模块，如图 7-14 所示。

资产风险管理核心功能有风险查询、风险展示、风险单条新增和批量导入、详情查看等，产品设计与贷后风险管理功能模块相同。资产风险表单中的风险类型根据资产统计的主题进行划分，通常包括逾期风险、不良风险、现金流风险、流量风险等。运营数据虽然来自业务系统，但是运营数据的分析统计一般还是在风险报表系统中完成，风险的来源渠道主要还是风险报表系统。每项风险关联渠道风险的配置同样也是在贷后管理系统的后台管理模块完成，其中每项风险的风险详情可以直接集成风险报表系统中的报表内容，减少后台配置风险详情的工作任务。

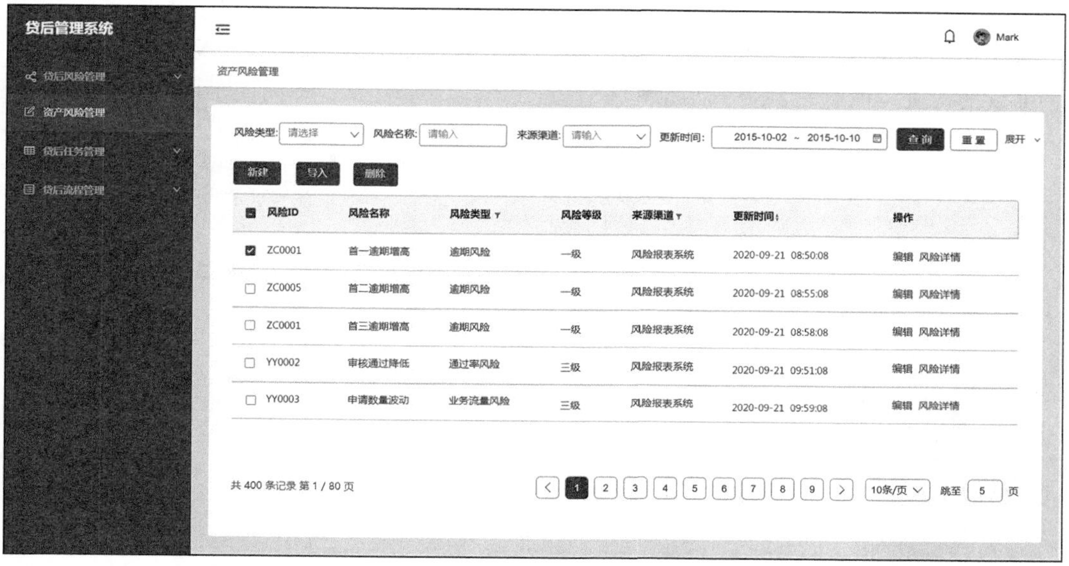

图 7-14　资产风险管理列表

7.2.4　贷后流程管理

贷后流程是指贷后风控业务流程，贷后流程管理是指对贷后风控业务流程的管理，核心是贷后风控业务流程的环节配置以及贷后业务流程的流转配置。传统的贷后流程管理根据贷后管理办法通过人工进行贷后风险检查，采用人工主动检查的方式，而智能风控的贷后管理主要基于传统贷后管理办法通过智能系统解决方案实现自动和人工相结合的贷后检查，采用系统主动检查的方式。智能风控的贷后管理通过对传统人工贷后流程进行精细、简化、自动处理，利用系统和人工相结合的方式，实现高效、便捷的贷后流程管理。

不同机构的不同业务场景的贷后管理办法不同，贷后业务流程也不同，贷后流程是贷后管理的核心功能，贷后流程管理的目的就是灵活、便利地实现不同贷后任务流程的配置，如图 7-15 所示。

贷后业务流程和决策引擎的决策流程类似，也是以项目的形式存在，每个贷后流程管理项目就是一个贷后检查任务，每个贷后检查任务绑定一种贷后业务检查流程。贷后流程管理通过创建贷后流程管理项目，并且设置每个项目的贷后任务流程，最后再关联每个项目对应的业务产品，在相同业务产品中的订单命中风险后自动传入贷后管理系统，并触发相应的贷后任务检查流程。贷后检查任务根据检查方式不同分为人工手动检查、系统自动检查，两种检查方式对应的贷后业务流程因检查方式不同而不同，是贷后任务检查中两种主要的业务流程。

图 7-15　贷后流程管理列表

贷后流程管理列表主要负责贷后检查项目的管理，包含查询贷后项目，展示贷后项目，新建、启用、禁用、删除贷后项目，编辑贷后项目任务流程和预览贷后项目等功能。查询贷后项目的产品设计核心是设计表单的查询维度和查询方式，图 7-15 中主要以项目编号、项目名称、产品名称、更新时间作为查询维度，查询方式通常采用模糊查询。展示贷后项目的主要目标是呈现项目的基础信息，包括项目编号、项目名称、产品名称、描述、更新时间、启用 / 禁用状态等内容，项目编号是项目内容的唯一识别 ID，产品名称绑定贷后检查项目需要检查的业务产品。新建主要通过弹窗的形式新增贷后项目，启用、禁用是项目的开关，负责项目运作的控制。通常只有禁用的项目才能从贷后流程管理列表中移除。流程编辑负责项目任务流的配置，包括节点内容和节点流转的配置，其功能设计在贷后流程管理中最复杂。预览是指对项目的贷后流程进行预览，包括任务流程的预览和角色操作内容的预览，预览功能能够方便流程、业务内容的查看与检查。

　　贷后流程管理核心是流程，流程编辑的功能设计就像一个简约的流程引擎，能够实现任务流程的轻松定义和灵活配置。点击流程编辑按钮进入流程配置板块，如图 7-16 所示。

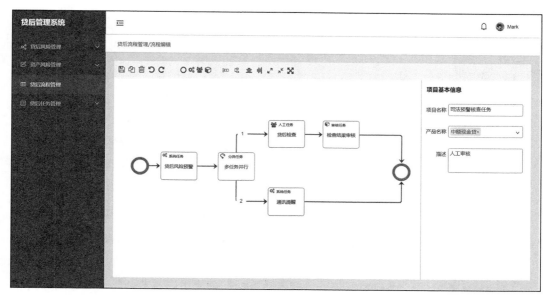

图 7-16　流程编辑页面

　　贷后管理系统的流程编辑功能与决策引擎系统的决策流功能类似，两者的区别主要是组件类型不同。流程由一系列活动流转形成，活动的元素包含活动节点、活动边、活动角色，其概念如下。

- 活动节点是指构建一系列动作和触发动作执行的过程，根据在流程中的作用通常分为动作节点、控制节点、对象节点。动作节点自身能够调用数据并且自助进行逻辑计算；控制节点以规则决策为主，主要负责流程分解和合并；对象节点表示活动处理的对象。

- 活动边是指流程的流，负责活动节点的传递，一般出现在活动节点之前或者之后，根据活动节点的类型，活动边又分为控制边、对象边。控制边是指能够控制节点的边，对象边是指连接对象的边。

- 活动角色是指流程中承载活动执行的对象，活动角色有系统和人（即用户）两类。

贷后流程管理的功能打造基于活动节点设计，但是也会简化流程中活动节点的高可配形式，主要通过对流程中的动作节点、控制节点进行封装，形成不同场景的组件，从而实现简单配置整个贷后风控业务流程。

贷后流程管理的流程编辑页面主要分为工具栏板块、信息编辑板块、画布板块。工具栏板块主要用于承载流程编辑组件，其中有很多与决策引擎系统的决策流类似的组件，这里就不再重复介绍，只介绍不同的组件。活动组件根据任务类型不同又分为开始或结束组件、系统任务组件、人工任务组件、审核任务组件、分流任务组件。贷后流程和决策流程不相同的组件主要就是图 7-16 工具栏中间的 4 个任务组件，其说明如下。

❏ 系统任务组件 类似动作节点，表示系统自动通过设计好的逻辑运算规则执行活动任务，产品设计可以基于系统需要执行的任务对系统任务组件进行任务场景的封装，例如设计的风险预警任务、自动提醒任务、自动转催收任务等，不同的机构能够根据自有的贷后业务进行个性化定制设计。

❏ 人工任务组件 类似动作节点，表示人工参与执行活动任务，产品设计也是提前研发封装好人工任务的场景，例如设计的贷后检查任务、风险核实任务等。

❏ 审核任务组件 类似控制节点，表示人工参与控制活动节点的流程，通常贷后风控业务流程都比较简单，审核任务组件的控制类型主要有通过、驳回、终止等。

❏ 分流任务组件 类似控制节点，表示系统根据分流规则或者合并规则对流程进行自动分流、自动合并。

默认未选中任何组件的时候信息编辑板块呈现的是项目的基本信息，如图 7-16 中通过信息编辑栏可以对项目名称、产品名称、描述信息进行编辑，产品名称可以选择多个产品，即一个项目能够绑定多个信贷产品，绑定的信贷产品业务订单就能够自动加入对应的任务列表，实现贷后风控业务的处理。拖动工具栏中的活动组件到画布板块即可创建任务组件，并且结合保存、删除、复制、撤回上一步、进入下一步、链接等功能元件，实现贷后流程的编辑。

1. 系统任务组件

图 7-17 所示是系统任务组件的活动信息编辑，选择具体的任务组件，信息编辑板块对应展示该任务组件的内容。

系统任务组件的信息编辑板块产品设计通常根据不同业务场景进行不同任务类型的封装，图 7-17 中风险内容命中任务只是用于对贷后风险的捕捉，即产品设计只需要同步贷后风险管理和资产风险管理的风险，然后具备筛选需要关注的风险的功能，最后确认捕捉的是命中或未命中的条件。还有风险等级命中任务，通过名称可知产品逻辑其实是根据风险等级进行风险的捕捉。图 7-17 中通讯提醒的系统任务组件的任务类型是预警风险分级提醒，适用的具体场景有还款期前 3 天的客户、逾期前 3 天的客户、逾期 4 至 10 天的客户，以及逾期 10 天后的客户，分别进行短信还款提醒、短信逾期还款提醒、语音自动还款提醒、人工语音还款提醒等，通讯提醒根据风险业务规则自动输出对应的结果到通讯实施系统执行系统或者人工提醒的动作。在打造活动组件的任务类型的时候，需要充分考虑业务场景的通用模型，如这里抽象出来的模型就是对不同风险进行不同维度的划分，比如根据风险内容、风险等级、发生时间等属性划分，然后基于不同维度制定对应的规则，最后输出需要的结果，最终产品的设计归类为三个对象，属性维度、规则实现形式、结果类型，这样就能够较好地抽象出产品的通用模型。

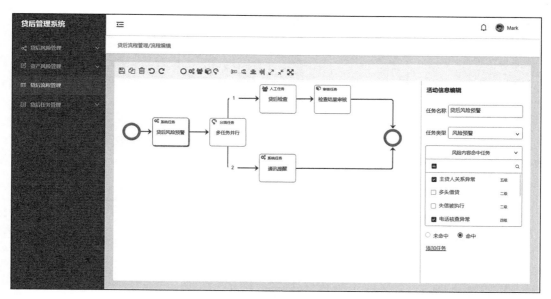

图 7-17　系统任务组件的活动信息编辑

2. 分流任务组件

分流任务组件类似决策流程管理中的决策组件，分流类型分为条件分流、流量分流，在贷后风控业务流程中条件分流运用较多，图 7-18 所示是分流任务组件的活动信息编辑。

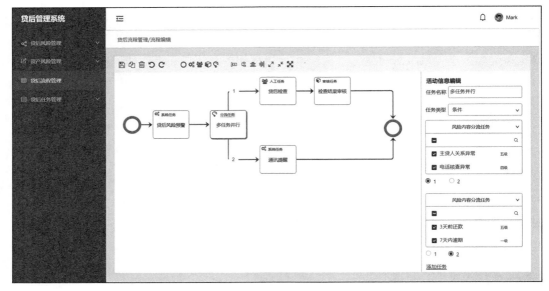

图 7-18　分流任务组件的活动信息编辑

分流任务组件会自动同步上一个组件的风险内容，然后配置人员可根据风控类型如条件、流量进行分流配置，选择条件类型，创建风险内容分流任务并且关联具体的风险项与流程通道。分流任务组件的产品设计需要考虑两个核心点，一是分流任务的设计根据不同分流业务场景进行分流任务的封装，如根据风险内容、风险等级、时间、区域分流；二是不同分流任务的分流逻辑关系设计，通常包含并行分流、互斥分流等。如果把分流类型换成流量，还需要加入流量分配的设置。

3. 人工任务组件

设计人工任务组件的时候需要提前确认人工任务的类型有哪些，然后针对不同任务进行封装。图 7-19 所示是人工任务组件的活动信息编辑。

贷后风控业务的人工任务类型主要分为人工贷后风险检查、人工贷后风险核验。人工贷后风险检查是指贷后风控人员利用贷后管理系统定期进行贷后风险检查或者在某特定场景的任何时候发起对订单的贷后风险检查。人工风险检查的业务逻辑是风控人员通过贷后管理系统触发各风险预测系统（如贷中监控系统、关系网络系统、信贷业务系统、风险报表系统）进行风险的预警，然后各系统返回预警结果到贷后管理系统。通常这样处理的风险都是系统不能直接定性判断的风险，需要人工参与风险的识别和决策，如裁判文书的风险一般需要人工进行文书内容的核查并做风险影响判断。

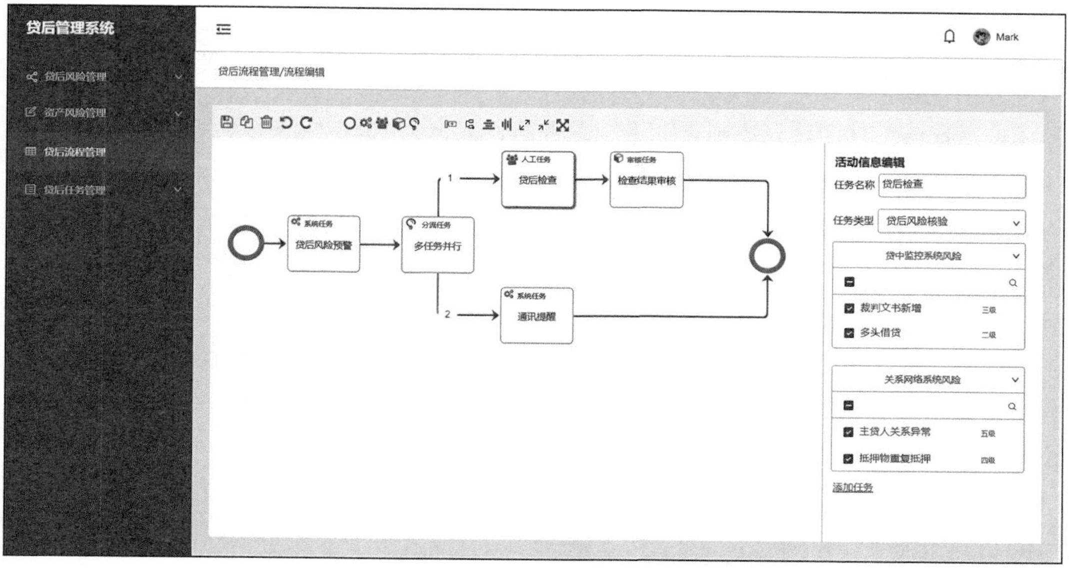

图 7-19　人工任务组件的活动信息编辑

人工任务组件封装是贷后流程管理中最复杂的任务。贷后检查活动信息编辑主要由任务名称、任务类型、任务内容组成，任务内容会自动同步、流转上个活动节点的风险内容到人工任务组件，然后人工任务组件会把流转的风险内容按照来源系统划分且默认风险项是选中状态，每个任务下具体风险项的状态表示风险项触发后是否需要人工核验。

人工核验风险离不开核验处理的内容和核验处理的操作。其中人工核验处理的每条风险内容都对应一个风险详情，风险详情根据系统来源都会归集到一个风险报告或者风险内容展示模块，贷后管理系统通过直接集成风险报告或者风险内容展示模块，形成人工贷后风险核验的详细信息。人工核验处理每个订单属于风控核验任务，这种操作流程通常不会完全僵硬地按照系统流程的方式制定，而是通过对操作流程抽象归类，定义出通用的操作方案，再根据操作方案设计封装操作页面的布局。两种产品的封装设计都在贷后管理后台完成，通过对内容范围和操作流程的框架结构固化，形成固定的人工任务模板，贷后任务管理模块会直接复用对应任务模板，通过简化配置人工任务组件过程，进而实现整个贷后风控人工操作的产品设计。

不管是人工贷后风险核验还是人工贷后风险检查，其产品的设计本质无外乎就是通过后台管理系统对任务进行封装，然后在贷后管理系统配置活动组件中选择已经设计好的任务，这样系统就会按照配置的任务自动生成任务需要的内容和操作事项。任务类型如果数量多、更新快，则还可以考虑对后台任务设计封装的过程进行配置化开发。

4. 审核任务组件

审核任务组件的设计原则类似人工任务组件，也是把不同审核类型的过程封装成审核任务，包含每个任务需要具备的查阅内容和操作流程。

贷后流程管理的产品设计核心是对任务的封装设计，业务订单进入贷后风险管理系统，订单根据贷后风控流程流转至相应节点并触发组件任务，流程中系统任务组件、分流任务组件、人工任务组件等组件的联通主要依靠贷后风险项。贷后流程管理负责配置流程，流程包含各种任务、任务绑定操作过程和详细内容，操作过程和详细内容的产品页面能够通过贷后流程管理表单中的预览按钮查看，预览的产品页面实际就是贷后任务管理的处理页面，其产品设计放在 7.2.5 节介绍。

7.2.5　贷后任务管理

贷后任务管理是贷后风险处理的人工操作平台，它预制贷后风控任务，当有业务订单命中相应风险触发贷后风控任务时，贷后风控任务会以工单任务的形式呈现到贷后任务管理功能模块，不同角色的用户根据自己负责的任务自动获取贷后风险控制任务，然后由风控人员通过贷后任务管理在线核查、处理贷后风险。

贷后任务管理的核心目标是为风控人员提供风控业务操作的系统产品，风控任务类似工单任务，风控人员接收到风控任务后会根据任务类型开展风险排查。贷后任务管理承载了风控人工操作的大部分工作，其产品设计如图 7-20 所示。

每个风控人员都会被分配很多任务，因此每个风控人员都需要一个任务管理池统筹管理自有的风控任务。贷后任务管理列表包含查询、表单展示、风控处理、查看、即时检查等功能。表单包含任务编号、姓名、身份证号、手机号、产品名称、任务类型、状态等基础信息。系统层面贷后管理系统可以直接和业务系统联通，同步业务订单，以方便选择即时检查的订单。

贷后管理系统实际就是一个简约版的工单管理系统，其产品功能不只如上所述，还有很多其他配套的功能，这些功能有的在贷后任务管理中实现，有的在后台管理中实现。如风控任务分配功能，常用的设计方案有系统自动分配和人工自动领取两种：系统自动分配的前提是需要有分配规则，分配规则的编辑功能一般就放在后台管理系统；人工自动领取的前提是需要获取待处理订单，因此需要一个额外的待处理的风控任务池。

图 7-20　贷后任务管理列表

　　产品的设计方案多种多样，但是每一种方案都会有很多功能细节、业务细节需要考虑，这是打磨产品的基础。如刚介绍的系统自动分配虽然更加快捷、方便，但是也不得不考虑分配对象是什么状态，比如分配的用户可能存在离职、请假等状态，这就需要引入对象状态这个概念；又如人工自动领取虽然在风控任务的管理上更加灵活，但是其对应的操作风险也更高。

　　贷后任务管理不仅提供风控任务管理功能，还提供人工风控处理功能。风控人员通过每条风险的风控处理按钮进入人工风控处理功能页面，如图 7-21 所示。

　　风控处理集成了风控人员实施贷后风险检查的内容和过程，风控处理页面主要由风控信息、操作功能两部分组成。

1. 风控信息

　　风控信息根据贷后风控业务检查的内容分为基础信息、风险信息、检查意见。基础信息是指风险任务信息，包含任务编号、借款人姓名、身份证号、手机号、业务编号、产品名称、任务类型、创建时间等。风险信息是指贷后风险管理、资产风险管理中的风险内容以及风险内容对应的详情。风险内容详情根据来源系统可划分为业务风险、贷中监控风险、关系网络风险、资产风险、贷前风控报告以及订单信息，具体说明如下。

图 7-21 风控处理页面

- □ 业务风险是指信贷业务系统输出的风险信息，包括逾期、催收等内容。
- □ 贷中监控风险是指贷中监控系统输出的监控风险详情，主要是指三方数据风险，包含运营商、征信、借贷行为、消费行为等内容。
- □ 关系网络风险是指关系网络系统输出的关系异常风险，包含订单关系、借款人关系、地理位置关系等内容。
- □ 资产风险是指风险报表系统输出的资产质量详情，包含业务整体的逾期、坏账风险详情。
- □ 贷前风控报告和订单信息分别由决策引擎系统和信贷业务系统输出，为人工处理贷后风险提供必要的参考信息。

不同系统的风险详情之间利用标签页进行切换，对于来源系统不同的风险详情，在对其进行产品设计时，可以直接集成各系统的风险内容展示模块以减少研发工作量。

2. 操作功能

操作功能是指人工进行贷后风险任务处理需要的系统功能，主要包含检查意见录入、即时检查、人工催收、强制结清、核销清算、提交审核、退回、标签定性等。意见录入用于风控人员填写风险核查的结果；即时检查与贷后任务管理列表的即时检查相同，用于核查过程中对业务订单当期风险的更新；人工催收是指业务订单立即转入人工催收；强制结清是指业务订单立即转入强制结清；核销清算是指业务订单立即转入核销清算；提交审核是指业务订单风险核查完成，提交到审核确认环节；退回是指把风险任务退回到上一环节，即把任务退回到风险任务池；标签定性是指风控人员进行贷后风险核查时，能够对风险内容手动添加相应的风险特征标签，如图 7-22 所示。

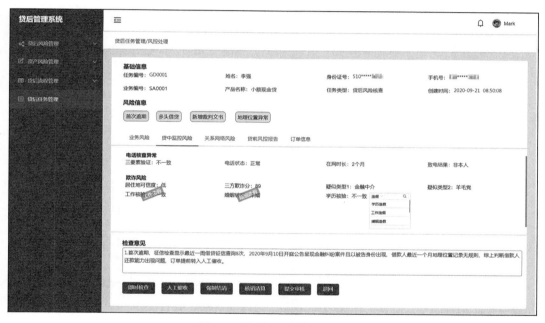

图 7-22　添加风险特征标签

风险特征标签主要是对风险点定性，贷后风险核验过程会查看很多信息，包含订单信息、风险信息，有些信息带有很强的风险属性，但因为这类信息是非标准的结构化风险特征，风险点不够明显且不规范，所以在贷后任务管理中设计了手动添加风险特征标签的功能，同时特征标签的添加也有利于后期风险分析。风险特征标签只针对风险详细内容制定，通过选中具体风险内容右击弹出特征标签添加框，选中对应特征标签，标签会自动显示到风险内容上，当然，也可以删除风险标签。选中风险特征标签后，系统后台会自动把风险内容和特征标签关联。风险特征标签在后台管理系统中维护，贷后任务管理中只是特征标签的关联选择。

贷后任务管理主要负责贷后风控任务管理，风控任务流程包含许多不同的业务处理方法，且关联了许多其他的业务系统，包含催收系统、贷后业务系统、风险管理系统等。人工催收、强制结清、核销清算等属于贷后流程的控制功能，贷后任务管理功能模块负责生成这些功能对应的任务，然后这些任务会自动传送到对应的处理系统，由贷后风控人员处理任务风险。

贷后任务管理页面展示的内容以及操作功能都和风险类型——关联。当具体的业务订单触发任务检查时，贷后管理系统会自动生成风控任务，然后贷后任务管理模块会自动汇集任务处理需要的信息内容，形成一个完整的贷后风控管理闭环。

贷后任务管理的产品设计通用化程度不会特别高，不同的贷后风险任务类型，其风控信息框架、操作功能框架不同，同种任务类型不同任务项的风控信息也不同，所以贷后任务管理的产品设计核心思路还是以任务为对象，通过对不同任务抽象归类，然后对风控信息、操作功能的框架进行封装，输出不同任务组件。

7.3 平台管理系统

智能风控平台是智能化系统群，囊括了贷前、贷中、贷后全流程的风控系统，许多系统都会涉及后台配置管理功能，许多用户会同时使用多个系统产品，研发人员也需要对多个系统进行日志监控管理、安全管理等，这就需要有统一的用户管理体系、统一的系统登录体系、统一的后台配置体系、统一的系统监控体系等提供集中服务的功能。平台管理系统是智能风控平台的基础服务系统，应提前规划、设计。

7.3.1 平台管理系统的定义

平台管理系统负责智能风控平台所有系统的基础服务，是对基础服务功能的实现，主要面向对象有平台的研发管理员以及平台中各系统的管理员。平台管理提供的基础服务包含两个维度：一是提供研发层面的配置、安全、监控等功能，二是提供业务层面的角色管理、权限管理、用户管理等功能。

相比其他系统，平台管理系统的业务意义并不突出。其他的系统都只是瞄准一种风控业务提供专业的解决方法，而平台管理系统因为需要提供的基础服务类型较多，所以其业务意义不突出且功能独立性高，需要提供多种不同的专业功能。

平台管理系统的配置、安全、监控等功能主要是研发人员使用，其产品设计的需求比较简单且有许多现成的开源产品，因此不再针对研发层面的功能展开详细介绍，只介绍业务层面的核心功能模块，如图 7-23 所示。

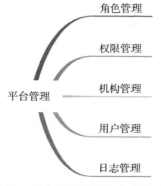

图 7-23　平台管理系统核心业务功能

平台管理系统核心业务功能主要包含角色管理、权限管理、机构管理、用户管理、日志管理，这五个功能直接面向平台所有系统产品，是平台所有系统产品的通用功能。

7.3.2　角色管理

角色管理实际是指角色权限，是一种基于 RBAC 模型（Role-Based Access Control Model，角色访问控制模型）为框架搭建的角色访问控制管理体系，通常用于 ToB 型产品不同用户间的区分。角色权限管理分为角色的管理、权限的管理，角色是指用户的类，泛指一类有相同特征的用户，权限是指职能权利范围，是类的属性。权限是角色的基础，确定的职能权利范围可以定义为一种角色。

早期的系统产品基本都是单系统产品，产品的用户类型单一、固定并且产品间的关联较低，通常都是直接用固定编码的形式定义产品的使用角色，角色所赋予的页面、数据内容、功能都固定不变，用户创建的时候直接关联相应的角色即可拥有对应的页面、数据内容和功能。有的系统产品甚至没有角色概念，没有功能权限和数据内容权限的区别，在创建用户时直接开通或者关闭相应的功能权限和数据内容权限即可。随着系统产品不断增加、功能不断增多，早先的权限功能无法适应多功能、多用户的灵活变动，显得格外笨重。智能风控平台是一个多系统、多功能、多用户的平台，在建设初期就应该规划完善的角色权限体系来保证智能风控平台的有序、稳定运行。

权限管理的初级阶段基本没有角色这个概念，通常采用用户与功能权限直接绑定的方式，如图 7-24 所示。

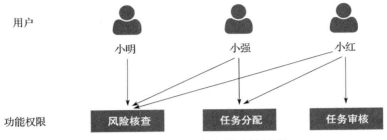

图 7-24 用户与功能权限直接关联

小明只拥有风险核查权限，小强拥有风险核查权限和任务分配权限，小红拥有风险核查权限、任务分配权限和任务审核权限。这种方式的权限设计在产品研发的时候就必须确认业务场景的用户有哪几类、固定的功能有哪些，并且在产品完成后均无法更改。这种权限功能基本能够应对简单业务场景下的功能权限的管理以及大板块的内容权限的管理，对于具体字段等数据项的细微权限管理就很难适用。

随着系统产品的发展，权限的产品设计也在不断更新，为了应对多系统、多功能、多用户的复杂业务场景，角色的概念被提出。如图 7-25 所示，引入角色后，小明的实际角色是风控专员，小强的实际角色是风控组长，小红的实际角色是风控经理，用户不再和功能权限关联而是和角色绑定。

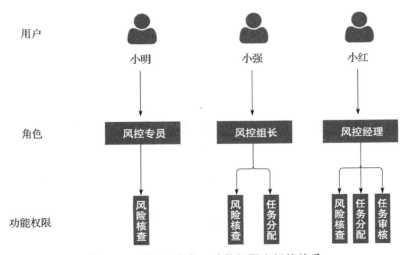

图 7-25 用户、角色、功能权限之间的关系

新增角色的概念后，权限的产品设计逐步形成角色访问控制模型。

RBAC 模型根据角色间的关系通常又分为继承类型、限制类型。继承类型是指角色间存在继承关系，例如风控组长拥有风险核查功能、任务分配功能，而风控专员只有风控组长的风险核查功能，在设计角色的时候可以定义风控专员是风控组长的子角色，即风控专员可继承风控组长的部分功能，默认父集拥有所有子集的权限。限制类型和继承类型相反，限制类型是指角色和角色间互斥，某个用户拥有 A 角色后就不能拥有 B 角色，此时的 A 角色和 B 角色属于互斥角色，即属于限制类型。目前，智能风控平台更多是应用继承类型。

基于 RBAC 模型设计角色权限管理功能模块，其核心思路是深度分析业务场景和业务的用户类型，确认页面、功能、数据项权限边界并研发封装页面、功能、数据项的最小单元，最终抽象出覆盖业务场景的角色，如图 7-26 所示。

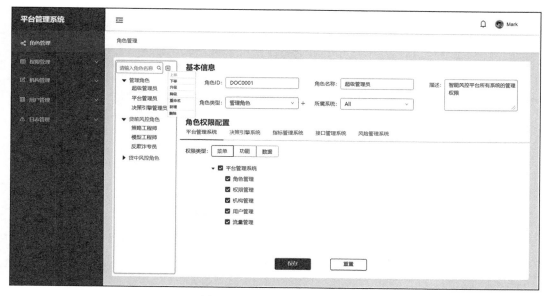

图 7-26　角色管理功能模块

角色管理功能模块主要负责新增角色以及角色权限的配置。最初的系统产品权限划分主要是以菜单、功能为最小维度，随着业务场景越来越复杂，业务中涉及的角色越来越多，权限的控制维度愈发精细，权限的划分也由菜单、功能变为菜单、功能、数据三种类型。

图 7-26 中的角色管理功能模块主要由角色栏、基本信息、角色权限配置三部分组成。下面展开详细介绍。

角色栏负责角色的增删改查，角色栏默认有管理角色分类，且默认有超级管理员角色。超级管理员包含所有的权限。角色栏顶部是角色的搜索功能，通过搜索框能够对角色进行模糊搜索，搜索框旁边是角色新增按钮，新增按钮默认新增同级角色。右击角色能够上移、下移、升级、降级、重命名、新增、删除角色，还能够通过长选中角色以及拖曳角色实现角色的移动，通过双击角色实现修改角色名等。

基本信息主要负责角色属性的配置，基本信息包括角色 ID、角色名称、角色类型、所属系统、描述等。角色 ID 由系统自动生成；角色名称同角色栏的角色名称；角色类型默认自动显示角色对应的父集名称，如果有父父集则显示多级类型；所属系统用于设置角色对应的系统，是多选型选择框。超级管理员默认拥有所有系统的权限，对应选项是All。

角色权限配置负责每个角色包含的每个系统的菜单、功能、数据权限的设置，每个系统的菜单、功能、数据权限在权限管理功能模块编辑完成，再在角色权限配置中配置角色拥有的权限，图 7-26 是超级管理员配置平台管理系统的菜单页面。菜单是指系统的导航栏，包括系统的一级导航和子集导航；功能是指每个导航的类似增删改查、跳转、流转等功能；数据是指每个导航的表单内容，通过对功能、数据项的选择，可以设置对应的功能、数据权限。

7.3.3 权限管理

权限管理功能模块负责系统产品菜单、功能、数据权限的封装，通过配置系统产品的权限元，为角色管理系统提供可选的权限元，最终实现系统产品的角色权限访问控制。

权限管理是角色管理的基础，权限管理的核心是对系统产品的菜单、功能、数据进行可视化编辑，如图 7-27 所示。

权限管理功能模块由系统产品菜单栏和权限元编辑区域组成。

菜单栏负责展示智能风控平台所有系统的菜单，包括一级导航和二级导航，菜单栏拥有增删改查功能以及其他操作功能。权限管理的菜单栏和角色管理功能模块的角色栏，以及其他功能模块的类似列表栏，在产品设计方式上相同，具体设计的思路、方式可参考角色管理的角色栏，它们的常用操作功能基本相同，主要区别是选中权限右击时会以弹窗的形式展示权限已经绑定的角色类型，如图 7-28 所示。

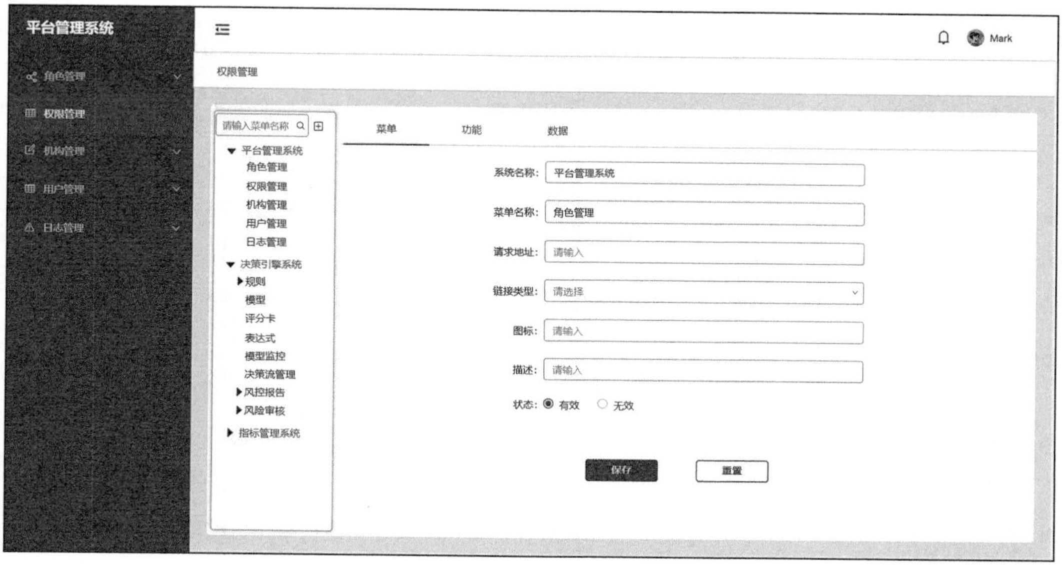

图 7-27　权限管理

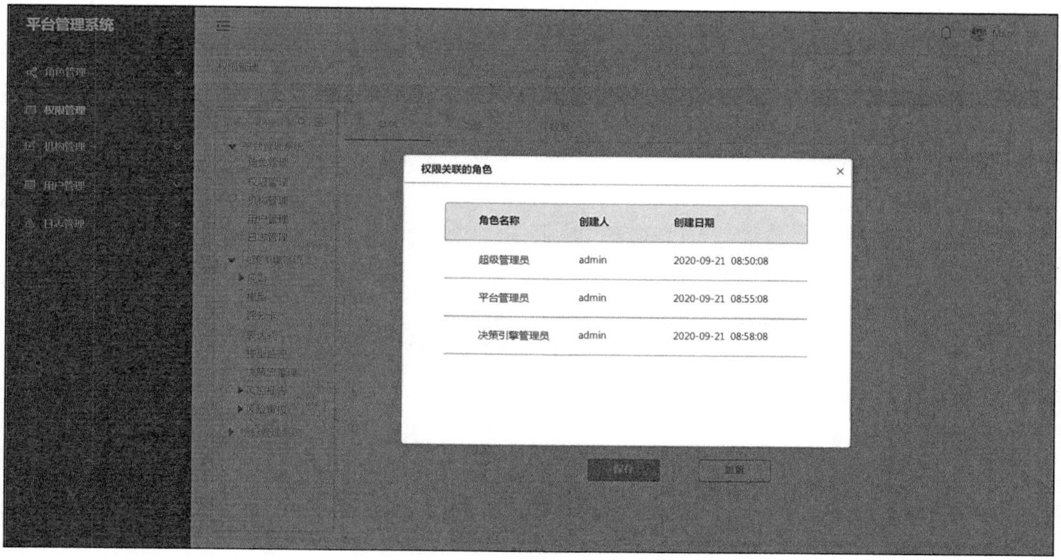

图 7-28　权限绑定详情

　　权限元编辑区负责不同维度权限的封装，根据当前常用的权限划分方式，权限维度被分为菜单、功能、数据。菜单、功能、数据相互关联，菜单包含功能，数据是其父集。选中菜单栏的导航，权限元编辑区会自动生成菜单需要编辑的属性项，包含系统名称、菜单名称、请求地址、链接类型、图标、描述、状态等内容。系统名称和菜单自动同步菜单栏；请求地址是指该菜单页面的请求地址；链接类型是指页面打开的方式，通常有当前浏览器窗口、新增浏览器窗口、当前弹出窗口、新增弹出窗口；图标是指导航栏的图标，允许以图标代码的形式输入；状态分为有效和无效两种，无效表示该菜单不能使用，此时菜单会自动隐藏。功能和数据作为菜单的子集，会自动继承菜单包含的功能项、数据项，功能和数据的编辑页面与菜单编辑页面类似，都会根据编辑完成的菜单自动生成该菜单对应的功能和数据，最后通过功能页面、数据页面选择可以确定该菜单最终能够提供的功能点和数据项。

7.3.4　机构管理

机构管理功能模块负责入驻机构的管理，包括机构的增删改查等。入驻机构既可以是内部组织，又可以是外部组织。设计机构管理的目的主要有两点，一是便于对外服务与对内服务的区分；二是对内服务时，有些机构的部门组织庞大，部门间需要权限隔离，此时也需要采用机构的模式进行管理。并且不管是对外、对内的机构，如果出现突发紧急状况，都可以采用禁用机构的方式来控制机构旗下所有账号的使用。

机构管理功能模块主要由查询、表单展示、新建、启用、禁用、删除、编辑等功能组成，如图 7-29 所示。

图 7-29　机构管理列表

查询功能主要分为机构编号、机构名称、联系人、联系电话、启用 / 禁用状态等条件的筛选查询；表单展示机构编号、机构名称、联系人、联系电话、邮箱、描述、产品名称、状态等内容；新建和编辑都是对单条机构的信息进行编辑，新建和编辑中最主要的是选择机构开通的产品，通过选择机构开通的产品，限定机构下用户的权限；启用 / 禁用控制该机构是否有效。机构的联系人默认是用户管理中该机构的管理员账号。

机构管理不是平台管理系统必须存在的功能模块，如果设计的智能风控平台规模不大、服务用户类型不多、服务的业务类型少，则可以省去机构管理功能模块的建设，直接使用用户管理。

7.3.5　用户管理

用户管理功能模块负责入驻机构的用户的管理，包括用户的增、删、改、查等，如图 7-30 所示。

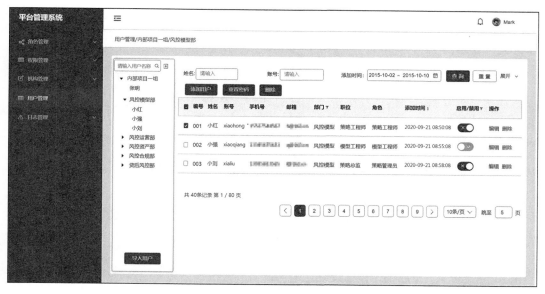

图 7-30　用户管理列表

用户管理列表由用户栏、信息表单、查询、添加、重置密码、编辑、删除等功能组成。用户栏展示机构下的所有用户，图 7-30 中的机构是内部项目一组，旗下划分风控模型部、风控运营部、风控资产部、风控合规部、贷后风控部，属于三级结构，用户栏根据机构的实际情况支持多级结构。选中用户栏的风控模型部，信息表单会自动展示该模块下所有用户的信息，展示的内容包括编号、姓名、账号、手机号、邮箱、部门、职位、角色、添加时间、启用／禁用状态。编号是系统自动生成的。部门和职位可以直接同步人事管理系统的组织架构，如果在角色管理功能模块新增角色和职位的关联关系，则可以实现用户管理系统直接同步人事管理系统，通过读取用户的职位可自动生成用户对应的系统产品权限，实现员工入职即可自动打通系统产品权限的闭环。启用／禁用控制单个用户或某个部门的用户使用系统的有效性。用户管理功能模块还能够实现用户账号密码的重置，用户的账号可以利用一些规则自动生成，并且对应的账号密码能够通过邮件或者手机短信自动发送给用户。添加用户分为单条添加和批量导入两种，不管是单条添加还是批量导入都是通过弹出的操作窗口完成，这里不再赘述。

基于 RBAC 模型构建的系统产品、权限、角色、用户之间的关系，也是单点登录功能的基础，单点登录的实现需要系统产品、权限、角色、用户相互之间打通，最终实现一个账号访问用户拥有的所有系统产品。

7.3.6 日志管理

日志管理功能模块负责记录用户登录行为、操作行为，方便追踪用户的操作情况。日志管理功能模块实际包含日志内容配置、日志内容展示功能。日志内容配置是指配置需要展示的日志内容，属于研发层面，不再赘述，这里重点介绍日志内容展示功能，如图 7-31 所示。

日志管理功能模块主要提供查询、表单展示功能。查询负责对操作菜单、操作用户、IP、操作时间等维度的查询。表单负责展示日志编号、操作菜单、操作用户、IP、操作内容、操作时间等内容。日志管理能够自动记录机构下所有用户的操作记录，通常只有机构的管理员拥有查看日志记录的权限。通过日志管理列表能够清晰地追踪用户的操作行为。

平台管理系统是智能风控平台的基础系统，包含诸如用户管理、角色管理、权限管理、安全管理、单点登录、配置管理、资源管理、机构管理等功能模块，其中角色管理、权限管理、机构管理、用户管理、日志管理是平台管理系统的基础功能。虽然平台管理系统所需要的功能模块较多，但是功能模块的产品设计却相对简单。平台管理系统通过串联权限、角色、用户的关系，为智能风控平台提供了一个清晰合理、权责明确的用户管理方案，是智能风控平台的基础核心。

图 7-31　日志管理列表

7.4　本章小结

本章主要介绍智能风控平台重要的三个次核心系统，包含贷中监控系统、贷后管理系统、平台管理系统。贷中监控系统通过制定监控规则、调度监控任务，实现监控贷中业务风险；贷后管理系统汇集全部贷后风险，生成贷后风险检查任务，并利用规范的操作流程减少风险的发生概率、降低风险的损失；平台管理系统提供灵活、便捷的角色权限管理等基础服务，不仅确保了组织架构合理分工，也确保了智能风控平台的稳定、有序运转。

虽然贷中监控系统、贷后管理系统、平台管理系统只是智能风控平台次核心系统的很小部分，但是从专注贷前风控业务的核心系统，再到专注贷中、贷后风控业务的次核心系统，我们已经基本串联起贷前、贷中、贷后全风控业务信贷流程，实现了初版轻量级的智能风控平台。随着信贷业务的不断拓展，风控业务的不断深入，以及更多其他次核心系统的加入，智能风控平台的能效会更加优秀。

推荐阅读

智能风控：Python金融风险管理与评分卡建模

本书基于Python讲解了信用风险管理和评分卡建模，用漫画的风格，从风险业务、统计分析方法、机器学习模型3个维度展开，详细讲解了信用风险量化相关的数据分析与建模手段，并提供大量的应用实例。作者在多家知名金融公司从事算法研究工作，经验丰富，本书得到了学术界和企业界多位金融风险管理专家的高度评价。

全书一共9章，首先介绍了信用风险量化的基础，然后依次讲解了信用评分模型开发过程中的数据处理、用户分群、变量处理、变量衍生、变量筛选、模型训练、拒绝推断、模型校准、决策应用、模型监控、模型重构与迭代、模型报告撰写等内容。

所有章节都由问题、算法、案例三部分组成，针对性和实战性都非常强。

智能风控：原理、算法与工程实践

本书基于Python全面介绍了机器学习在信贷风控领域的应用与实践，从原理、算法与工程实践3个维度全面展开，包含21种实用算法和26个解决方案。

作者是智能风控、人工智能和算法领域的资深专家，曾在多家知名金融科技企业从事风控算法方面的研究与实践，经验丰富，本书得到了风控领域10位专家的高度评价。

智能风控与反欺诈：体系、算法与实践

这是一部指导信贷业务如何用智能风控、反欺诈的技术和方法实现风险控制的著作。本书不仅体系化地讲解了智能风控和反欺诈的体系、算法、模型以及它们在信贷风控领域实践的全流程，还从业务和技术两个角度讲解了传统的金融风控体系如何与智能风控方法实现双剑合璧。

作者是资深的智能风控算法专家，先后就职于头部的互联网公司的金融部门以及头部的公募基金公司，致力于人工智能算法在信贷风控领域的应用。

推 荐 阅 读

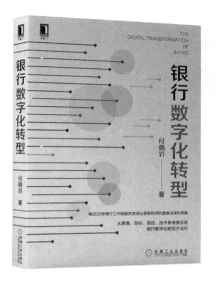

银行数字化转型

这是一部指导银行业进行数字化转型的方法论著作，对金融行业乃至各行各业的数字化转型都有借鉴意义。

本书以银行业为背景，详细且系统地讲解了银行数字化转型需要具备的业务思维和技术思维，以及银行数字化转型的目标和具体路径，是作者近20年来在银行业从事金融业务、业务架构设计和数字化转型的经验复盘与深刻洞察，为银行的数字化转型给出了完整的方案。

银行数字化转型：路径与策略

银行数字化转型的内涵和外延是什么？
银行为什么要进行数字化转型？
先行者有哪些经验和方法值得我们借鉴？
银行数字化转型的路径和策略有哪些？
……

本书将从行业研究者的视角、行业实践者的视角、科技赋能者的视角和行业咨询顾问的视角对上述问题进行抽丝剥茧般探讨，汇集了1个银行数字化转型课题组、33家银行、5家科技公司、4大咨询公司的究成果和实践经验，讲解了银行业数字化转型的宏观趋势、行业先进案例、科技如何为银行业数字化转型赋能以及银行业数字化转型的策略。

推 荐 阅 读

RPA：流程自动化引领数字劳动力革命

这是一部从商业应用和行业实践角度全面探讨RPA的著作。作者是全球三大RPA巨头AA（Automation Anywhere）的大中华区首席专家，他结合自己多年的专业经验和全球化的视野，从基础知识、发展演变、相关技术、应用场景、项目实施、未来趋势等6个维度对RPA做了全面的分析和讲解，帮助读者构建完整的RPA知识体系。

智能RPA实战

这是一部从实战角度讲解"AI+RPA"如何为企业数字化转型赋能的著作，从基础知识、平台构成、相关技术、建设指南、项目实施、落地方法论、案例分析、发展趋势8个维度对智能RPA做了系统解读，为企业认知和实践智能RPA提供全面指导。

RPA智能机器人：实施方法和行业解决方案

这是一部为企业应用RPA智能机器人提供实施方法论和解决方案的著作。

作者团队RPA技术、产品和实践方面有深厚的积累，不仅有作者研发出了行业领先的国产RPA产品，同时也有作者在万人规模的大企业中成功推广和应用国际最有名的RPA产品。本书首先讲清楚了RPA平台的技术架构和原理、RPA应用场景的发现和规划等必备的理论知识，然后重点讲解了人力资源、财务、税务、ERP等领域的RPA实施方法和解决方案，具有非常强的实战指导意义。

财税RPA

这是一本指导财务和税务领域的企业和组织利用RPA机器人实现智能化转型的著作。
作者基于自身在财税和信息化领域多年的实践经验，从技术原理、应用场景、实施方法论、案例分析4个维度详细讲解了RPA在财税中的应用，包含大量RPA机器人在核算、资金、税务相关业务中的实践案例。帮助企业从容应对技术变革，找到RPA技术挑战的破解思路，构建财务智能化转型的落地能力，真正做到"知行合一"。